政策科学
的
理论建设

THEORY BUILDING IN POLICY SCIENCES

李兵　岳经纶

主编

社会科学文献出版社
SOCIAL SCIENCES ACADEMIC PRESS (CHINA)

序　言

2006 年夏着手撰写博士学位论文《中国老龄政策研究》之际，我明显感到在政策理论知识方面的欠缺，于是到中国人民大学图书馆检索政策研究方面的文献。当我发现《政策科学》（*Policy Sciences*）这本杂志时，立刻被其刊登的论文尤其是理论文章所吸引，可以说正是这本杂志引领我走向政策科学研究之路。也正是从那一刻起，我开始通过各种途径收集与政策科学相关的研究文献。我获取文献的途径主要有三种：第一是从国家图书馆和中国人民大学图书馆外文期刊阅览室复印；第二是从知网、JSTOR、Sage、Springer、Wiley、Taylor & Francis、EBSCO、ProQuest 和 ScienceDirect 等数据网站下载；第三是从英国、美国和德国的亚马逊（Amazon）网站购买。虽然收集政策科学方面的文献耗费了很大的精力和财力，但我乐在其中，对得到的经典文献更是爱不释手。我经常利用空闲时间检索文献，把检索文献当作休闲活动。还有就是，我舍得花大价钱在网上购书，且乐此不疲，例如，*A Pre-View of Policy Sciences* 一书就花了 400 美元，*The Science of Public Policy：Essential Readings in Policy Sciences Ⅰ & Ⅱ* 两套书花了 4700 元。

在收集文献的同时，我还花费大量时间阅读、做笔记（积累了 30 多万字），把有益的思想、理论和观点摘译并记录下来。我在此基础上发表了几篇政策科学方面的论文，并出版了《政策科学：理论新发现》一书（社会科学文献出版社，2022）。随着时间的推移，我越来越觉得仅仅满足于自己阅读和研究所需远远不够，还有两项基础性工作必须做：一是针对政策理论建设，需要将已有的文献进行整合以呈现出来，并加以论述；二是针对一些重要的政策理论，由于其分散在多个文献中，需要将其汇集起来并完整呈现。因此，我认为，很有必要找一位合作者对我手头上的文献进行再开发，编写一本描写如何做政策理论研究和进行政策理论呈现的工具书，或者称之为政策研究手册，以把相关文献分享给更多的政策研究者。我把这一想法告诉中山大学的岳经纶教授后，立即得到他的积极响应。岳老师多年来像兄长一样关心我，指导我的研究工作，我非常尊敬他，把他当成良师益友。"兄弟同心，其利断金"，经过我们的共同努力，本书终于完成。

本书分上篇和下篇，各7章，共14章。上篇主要就如何加强政策理论建设进行文献整合和论述，下篇主要汇集和呈现分散在多个文献中的一些重要政策理论。

第一章重温基础研究和创造力的内涵，阐明其对政策科学的意义。为此，我们必须立足当代政策实践，积极营造有利于政策科学发展的场景，真正树立起"移步不换形"的守正创新精神。

第二章对理论的定义、用途和形式进行归纳，指出政策理论的性质主要在于它是一种社会和行为的假设体系，它是以命题形式重新表述政策的基础。政策理论形成了一个认知框架，促使行动者以特定的方式实施政策。

第三章指出必须对理论建设的价值取向、范式、启发式视角和一般策略、主要方法，以及良好理论的标准五个维度有基本的认识。政策理论建设原则上要遵循理论建设的一般规律；要善于吸收和借鉴相关科学的理论成果，走交叉研究路线；在方法上，要有针对性地使用恰当的分析技术。只有这样，政策科学研究才能更深入。

第四章指出交叉学科实践已经在当前学术研究和围绕知识生产的讨论中占据重要位置。交叉学科研究的价值在于：第一，分析复杂问题时，交叉学科研究相对于单一学科研究更具有规范价值；第二，交叉学科展示了学术创新的辩证发展情况；第三，交叉学科研究能够在各种学科的互动中产生新的知识形式。因此，有必要回顾和选择一些对政策科学具有重要意义的交叉学科研究文献，以供政策科学家参考和使用。

第五章指出自 2000 年以来，无论是在科学哲学中还是在认识论中，理解的概念都受到了不同程度的重视，已经为推动科学哲学、心理学、生物学、物理学、工程学、社会学和政治科学等学科的发展做出了重要贡献。理解和行动是紧密相连的，在人文和社会领域，理解是对人类行动或社会行动的理解。政策是一种人类行动或社会行动，我们必须对它的性质、要素、过程、情境等进行理解。所以，理解应该在政策科学的理论建设上有所作为。

第六章指出在政策科学领域，政策科学家经常使用概念、命题、框架、类型学和模型等工具构建和发展政策理论。所以，我们有必要重温、寻找和整合经典作家的相关论述，了解这些工具的内涵及其对理论建设的作用，并从他们的真知灼见中获得新的启迪。

第七章指出政策科学家不仅要继续创造新的政策理论，还要探索政策理论是如何被创造出来的。相应地，元理论化议题就被提上日程。为此，本书考察了政策科学中的元理论化的命题设置、心智模型与关键策略等议题，旨在回答政策科学的理论方向与演化路径，从而不断强化政策科学的生命力与实践影响力。

第八章指出政策问题的概念贯穿政策制定和政策实践。所以我们必须知道政策问题是什么、分析政策问题诸议题、洞察社会科学对解决政策问题的责任和贡献，以及了解哪些社会科学知识可用于解决政策问题。

第九章指出政策议程研究的核心是关注新思想、新政策建议和对问题的新理解在政治体系中被接受或不接受的动态。关于政策议程的研究文献主要是以美国为背景发展起来的，尽管有一些人认为它们不会在很大程度上被应用到其他政治制度中，但我们还是觉得有必要将政策议程理论的主要观点系统地整理出来，以供参考和借鉴。

第十章和第十一章对政策贯彻落实的概念、规范性和方法论、框架、模型，以及勉强的伙伴和贯彻落实悖论、政策分歧和贯彻落实失灵、有效贯彻落实、贯彻落实的业绩、改进政策贯彻落实和改进的建议等思想观点进行了系统的整合，以供读者、政策研究者学习和参考。

第十二章整理了政策风格、政策企业家、治理和渐进主义四个方面的理论研究文献的主要观点和内容，提出其对于我们采用相关政策策略，以适应经济社会的快速发展和科学技术日新月异的变化，形成政策风格具有借鉴意义。

第十三章指出"经验教训吸取"和"政策移植理论"已经成为有影响力的政策分析方法。其中的一些理论和思想观点对于中国各级政府借鉴国外经验、制定和完善政策具有积极意义。为此，我们整理出了关于经验教训吸取和政策移植理论的一些经典文献的论述，以供读者参考。

第十四章通过对知识效用、研究效用、连接研究和政策的理论与模型、社会科学与政策分析四个议题的经典文献的整理可以发现，虽然研究成果不多，但都是基础性和导向性的。其为我们促进政策理论建设、理解和实现知识的政策用途、解决实际问题提供了借鉴，我们应予以足够的重视。

本书在编写过程中，难免存在遗漏偏颇之处，敬请批评指正。

李　兵

2023 年 3 月

目　录

上　篇

上　篇

第一章　基础研究和创造力

当今社会正面临越来越复杂的挑战，我们必须找到应对之策。政策科学研究方面的知识和见解能够为应对当今和未来的社会挑战提供重要思路，并且对知识的利用增加了政策科学研究影响社会的机会。正如凯斯凯梅蒂（Kecskemeti，1952：520－535）所认为的那样："当代政策科学的概念意味着，关于社会现象的纯粹事实和专门知识，如果被决策者应用，就将在社会和政治领域带来巨大和有益的变革。"

虽然政策科学是一门以问题为导向、注重实用性和实践性的应用科学，但其自诞生之日起，就非常重视基础研究（Basic Research），即政策理论研究。正是因为重视政策理论研究，政策科学的地位才得以不断巩固和提升。因此，根据政策科学的现代概念，我们必须持续推进基础研究，在系统知识和结构理性的基础上进一步提高政策研究水平（Dror，1970：101－121）。当然，无论是对政策科学的基础研究还是应用研究，都需要有创造力（Creativity），政策科学家的创造力可以凸显其革故鼎新的魅力。为此，我们有必要重温基础研究和创造力的内涵，并阐明其对政策科学的意义。

第一节　基础研究

基础研究的概念不是从纯科学的传统中产生的。相反，这一概念出现在19世纪末20世纪初，当时科学家正面临对科学的社会效用越来越高的期望。科学家使用这个概念，是为了试图弥合效用承诺和科学努力的不确定性之间的差距（Schauz，2014：273－328）。在1945年之后，当美国的科学政策塑造了基础研究的概念时，这一概念才回归纯科学的旧理想，并成为主流（Pielke，2012：339－361；Schauz，2014：273－328）。

基础研究是在不考虑实际目的的情况下进行的，产生了有关自然及其规律的一般知识。一般知识提供了回答大量重要实际问题的方法，它可能没有对其中任何一个问题给出完整的答案，而应用研究却可以。从事基础研究的科学家可能对一般知识的实际应用根本不感兴趣，但如果长期忽视基础研究，工业发展最终就将停滞（Bush，1945：13）。根据这样的定义，美国国家科学基金会（NSF，1953：38）对基础研究进行了如下论述："基础科学研究工作者的动机是对未知事物强烈好奇。当他因探索而产生新的知识时，他就体验到了那些首先到达山顶或未测绘区域的河流上游的人的满足感。发现真理和理解自然是他的目标。他的专业地位取决于作品的独创性和可靠性。科学家的创造性与诗人或画家的创造性是一体的。"

"基础研究"仅仅是为了获取新知识，而不是实现更实际的目的（Calvert，2006：199－220）。就研究者而言，基础研究的定义仅仅是一种假设的陈述，即那些思想不受限制的人比那些自由较少的人更有可能提出广泛或深刻的科学思想。从研究者的动机和意图来看，这一定义本质上是一种对信念的陈述，即那些具有广泛的、天生的好奇心的人，比其他人更有可能发现一般知识（Kidd，1959：368－371）。

鉴别基础研究的两个重要标准是认识论标准（Epistemological Criteria）和意向标准（Intentional Criteria）（Calvert，2006：199－220）。第一，基础研究通常被认为会产生某种类型的知识，在定义知识时，似乎最直观的标准就是认识论标准。基础研究的认识论特征是不可预测性（有时被称为新颖性或不确定性）和一般性（比如，解决了一个问题后，一系列问题有可能解决）。第二，基于意向标准定义基础研究的意义在于，如果研究的意图是产生某种将被应用的东西，那么无论研究在认识论意义上多么具有基础性，都将不再被归类为基础研究。

根据基础研究的相关定义，基础研究具有四个一般性特征（Shneider-man，2016：17－20）。

（1）基础研究是由好奇心所驱动的，而不是基于解决现有问题的需要。它源于对世界的观察，对获得新的或未知知识的渴望，以及预测行动的热情。

（2）基础研究可以采用还原论模型，它假定可以通过每次改变一个变量来研究现象。

（3）基础研究寻找科学领域的普遍原理，基础研究可以提出一般理论和预测（这一点对于中国政策科学建设很重要，因为理论具有一定程度上的普遍性和适用性，如果一味或过分强调政策科学的中国化/本土化的特殊性，那么其普遍性和适用性可能就会大打折扣）。

（4）基础研究依赖简约化和理想化。为了便于研究，可以对复杂现象进行简化或抽象。

斯蒂尔曼（Steelman，1947：6）将基础研究分为两个子类别：第一，"理论分析"的基础研究（Fundamental Research），旨在扩展关于自然或社会现象的一般原则的知识；第二，"背景研究"（Background Research），指"使用已知原则系统地观察、收集、组织和呈现事实，以达到在进行研究之前找到明确定义的目标，从而为后续研究提供基础"。

总的来看，"基础"一词传达了一种承诺，即为基于社会和科学进步的各种未来利益奠定基础（Kaldewey，Schauz，2018：123）。"基础研究"是一个整合的政治符号（Pielke，2012：339－361），具有一套灵活的特征，科学家和政策制定者可以在各种情况下有选择性地利用这些特征保护科学理想（Calvert，2006：199－220）。

第二节　基础研究和应用研究的区别与联系

应用研究是一种寻找现存问题的实际解决方案的研究，其结果具有实用性，通常在完成后实施。根据相关文献，基础研究和应用研究的区别与联系可以归纳为五点。

（1）从事基础研究的人和从事应用研究的人之间的区别在于看待问题

的角度和心中的目标。在基础研究领域工作的人追求的是研究的有趣性，这或许是因为它与基础知识有一定的相关性。相比之下，在应用领域工作的人追求的是一个问题，因为它与特定的实际目标相关（Cohen，1948：303）。

（2）基础研究指的是为了研究本身而进行的研究——增长知识，发展理论，解决一个有趣的理论难题，满足好奇心，而不考虑这样做是否能产生任何有用的或实用的或可推广的东西。相比之下，应用研究会专门针对一个相对紧迫的问题做一些实际的事情（Palys，2008：57）。

（3）基础研究被认为采用自下而上的方法，探索事物为什么处于现在这样的状态。基础研究是为了科学而科学，其主要目标是获取知识。基础研究是在没有估计结果何时有用的情况下进行的，而应用研究的完成则是为了更快地应用研究成果，它的目的是对科学的应用（Reinerman-Jones，Lackey，2011：395－396）。

（4）基础研究的功能是产生科学表征以达到认知目的，例如预测、解释、理解等。应用研究的功能是产生设计表征以实现实用目的，例如解决实际问题、增加效用、提高质量等。基础研究和应用研究以这样一种方式建设性地相互关联，即每一种科学的成果都适用于另一种科学（Yaghmaie，2017：133－149）。

（5）基础研究和应用研究在用途上的区别和联系。第一，在范围上，基础研究的范围通常是普遍的，因为它可能适用于不同的概念。而应用研究的范围在很大程度上是特别的，因为它侧重于分析某些问题的非常具体的主题。第二，在理论形成上，基础研究旨在形成能够解释一个概念、主题或现象并普遍适用的理论。应用研究则研究经验证据，发现与解决特定问题。第三，在具体方法的使用上，基础研究往往采用更普遍的方法，因为它适用于各种概念。而由于应用研究侧重于解决特定问题，因此它往往采用更具体的方法。第四，在推理上，基础研究和应用研究都利用演绎和归纳推理支持假设。在演绎推理中，研究者从观念走向观察；在归纳推理中，研究者从观察过渡到观念。第五，在数据收集上，基础研究和应用研究具有类似的过程，以便收集相关数据并得出最客观的研究结果。研究者通常使用定性和定量的方法，如访谈、问卷和抽样调查等收集信息并得出研究结果。

总之，为自身利益而进行的基础研究通常是未来获得知识和进行应用研究的基础（Palys，2008：58）。因此，在"基础"和"应用"这种二分法中，我们不应该过于僵化。我们要承认这两种"纯"类型的持续存在，不必把这两种类型视为相互排斥的和对立的（Palys，2008：57）。

第三节 创造力

"有创造力的人……可以从更高层次的联想思维中获得优势，因为他们能够有效地处理这些增加的输入，而没有认知超载的风险。创造本质上包括关联元素的新组合……任何有助于汇集不同想法的能力都会促成创造性的解决方案"（Preti，Miotto，1997）。

一 什么是创造力

基础研究需要创造力。关于创造力，我们可以从六个方面理解。

（1）从意识上理解。创造力是部分无意识的个人发现过程，会产生新的和相关的见解（Rickards，1985：5）。也可以把创造力视为一种特殊的认识过程，使得研究者能够从中发现新的、有意义的观点，或者"逃避精神上的困惑"（Rickards，1988：225）。

（2）从能力上理解。创造力是指创作既新颖（即原创、出乎意料）又恰当（即有用）的作品的能力（Sternberg，Lubart，1991：3-15）。创造力要求具有创造性的想法，这些想法必须是新的、高质量的，并且适合用于完成手头的任务（Kaufman，Sternberg，2010：xiii-xiv）。

（3）从价值取向上理解。拉斯韦尔（Lasswell，1959：205）在对创造力的定义中提出了文化和社会群体价值的差异。对他来说，创造力就是创造和认可有价值的倾向。不同的社会认可并重视不同的创新。

（4）从认识论上理解。创造力是认知的核心，也是我们最有代表性的特征之一，它让我们能够超越现在重构过去或者幻想未来（Gabora，2017：35－88）。当我们能够以一种方式组织思想，从而对正在考虑的主题或情况有不同甚至更好的理解时，创造力就出现了（Proctor，2019：3）。

（5）从未来学上理解。创造力是任何预见（Foresight）过程中不可或缺的组成部分，在这个过程中，设计者和实施者会直观地发展创造性能力，以应对快速变化的情境（Cassingena，Pace，2007）。

（6）从类型上理解。创造力被视为有机体与所处环境之间的多维互动过程，这一过程使新的独特的产品出现。"创造力的类型指的是创造力发生的三种主要方式，这些类型是对一个或多个组成部分的强调。这三种主要类型是理论创造力（Theoretical Creativity）、发展创造力（Developmental Creativity）和学术创造力（Scholarly Creativity）。"（Chambers，1969：779－799）

总之，用更简单的话来说，创造力可以被认为是"在任何领域产生新颖和有用的想法"（Amabile et al.，1996：1154－1184）。相应地，创造力理论在日常生活、常规工作、科学发明、社会规划和解决实际问题等方面均发挥重要作用，并且已经在工程学、生物学、计算机科学、教育学、文化艺术、管理学、社会学和组织研究等领域得到应用。可以确信，以创造力概念和创造力理论为基础，提出政策创造力的一般要素和命题，对推动政策科学发展具有重要意义。

二　创造力理论

科兹贝尔特、贝赫托和朗科（Kozbelt，Beghetto，Runco，2010：20－47）总结了创造力理论的 10 个类别：发展型、心理测量型、经济型、阶段/成分过程型、认知型、问题解决型/基于专业知识型、问题发现型、进化型（达尔文主义）、类型学和系统模型。与这些类别相关的四个模型或理论值得关注。

（1）创造力成分模型（Componential Theories of Creativity）（Amabile，

1983：357－376；1996）。这个模型有三个组成部分：任务动机、与某领域相关的技能和与创造力相关的过程。第一，任务动机反映了一个人从事某项任务的原因，其中包括内在动机和外在动机的相互作用。第二，与某领域相关的技能反映了一个人对任务、技能和才能的了解。第三，与创造力相关的过程包括与任务相关的认知技能（包括解决问题的方法和策略），以及坚持和持续关注等个人品质。在创造力成分模型中，创造力是在一个包含五个步骤的过程中进行的创造性生产，这五个步骤包括问题或任务识别、准备、响应生成、响应验证和结果评估。阿马比尔是第一个在社会情境下开发模型的学者（Kuo，2011：65－75）。

（2）创造力系统模型（Csikszentmihalyi，1988：325－339）。该模型研究创造力和文化进化之间的关系，在 DIFI 框架基础上产生。DIFI 框架有三个子系统：个体（Individual）、范围（Domain）和领域（Field）。每个子系统都与其他子系统交互。西克森特米哈利（Csikszentmihalyi，1999：313－335）修改了 DIFI 框架，并将其命名为创造力系统模型。根据该模型，创造力可以被理解为三个子系统的"汇合"。第一，范围包括一套规则和实践。第二，从心理学角度来看，个人是最重要的。一个人在范围中做出一个新的变化，这个变化将由系统模型的第三部分，也就是领域来评估。第三，领域由各种各样的守门人组成，如专家和学者，他们有权选择让哪些变化保留在领域中。

（3）创造力投资理论（Investment Theory of Creativity）（Sternberg，Lubart，1991：1－31）。该理论包括六种创造力资源——智力过程（Intellectual Process）、知识（Knowledge）、智力风格（Intellectual Style）、个性（Personality）、动机（Motivation）和环境情境（Environmental Context）。创造力的表现来自这些元素的融合。创造力投资理论认为，有创造力的人不受大众欢迎，通过在思想世界中"低买高卖"来实现目标。有创造力的人通过产生想法来低价购买，就像低市盈率的股票一样，这些想法往往不受欢迎。他们试图说服其他人相信他们的想法的价值，然后将其"高价卖出"，以继续"低买高卖"他们的下一个不受欢迎的想法（Sternberg，

2018：50－67）。

（4）创造力4P模型（Rhodes，1961：305－310）。根据这个模型，创造力可以从四个不同角度观察：个人（Person）、过程（Process）、压力（Press）和产品（Product）。这里使用的术语"个人"包括关于个性、智力、气质、体格、特质、习惯、态度、自我概念、价值体系、防御机制和行为的信息。"过程"这个术语包括动机、感知、学习、思考和交流。"压力"一词指的是人类与环境之间的关系。"产品"指的是以文字、绘画、泥土、金属、石头、织物或其他材料的形式传达给其他人的想法。该模型认为，要解决的主要问题是如何通过观察每一个角度来激发创造力。同时，该模型认为，创造力的主题具有跨学科的吸引力，因为创造力这个术语所适用的现象是与综合知识相关的现象。

第四节 基础研究和创造力对于政策科学的意义

一 基础研究对于政策科学的意义

根据前文的定义、标准和分类，可以把基础研究对于政策科学的意义归纳为三点。

（1）从利益上讲，政策科学家和政策制定者之间的关系是间接的，基础研究不是为了政策制定者本身的利益，而是为了整个社会的利益（Jones，Seelig，2004）。

（2）从理论上讲，出于对政策未知领域的强烈好奇心，基础研究能够加深研究者对政策及其运行规律的理解，以便获取新的政策知识。尤其是基础理论研究能够使政策科学获得和扩展关于政策现象及其运行的一般原则的理论化知识。

（3）从应用上讲，基础研究对其所产生的概念、理论观点、新知识和新发现以扩散的方式渗透到政策应用研究和政策实践过程中具有指导意义。第一，基础研究具有"为政策提供信息的概念、方向和经验概括的知识背景"（Bulmer，1982：48）。第二，基础研究为政策科学被用于解决实际问题、促进政策革新提供支持。政策创新提出了一些特殊的问题，在我们考虑研究者对这些问题的贡献之前，必须对这些问题进行基础性的探索（Donnison，1972：519 – 536）。

总之，没有建立在有效理论基础上的应用研究几乎不可能为政策提供依据。没有根据趋势数据或特定的社会情境、实验情况进行持续检验的基础理论，可能很快就会失去相关性（Janowitz，1969：305 – 321）。由于基础研究可以为应用研究提供指导，夯实应用研究的根基，因此政策科学应该像自然科学一样，一方面不再局限于在紧急情况下思考，要不断尝试发现广泛应用的原理；另一方面要像自然科学一样，努力通过开发强大的获取知识的技术方法来补充而不是取代常识（Mitchell，1926：84 – 85）。

二　创造力对于政策科学的意义

归纳来看，创造力对于政策科学具有四个方面的意义。

（1）创造力有助于发展政策情境主义框架。无论创造力被认为是个人特质、创造性行动、认知过程，还是可以培育的东西，最终都应该与社会情境联系起来，并被互动过程所理解（Kuo，2011：65 – 75）。这与政策科学强调的情境性相吻合。所以，创造性可以发展政策情境主义分析框架。尤其要注意把具有创造性的政策活动和对于政策创造力的评估根植于参与者的社会和文化情境，要记住这些情境有重要的相似之处，也有显著的差异（Glăveanu，2010：339 – 350）。

（2）创造力的三个函数有助于识别政策创新的行为要素和动力（Woodman et al.，1993：293 – 321）。第一，个人创造力是包括先行条件、认知风格和能力、个性、动机因素和知识的函数。个人创造力既受社会和政策情境因素的影响，也影响这些因素。个人创造力的发展有助于群体创造力的发展。第二，群体创造力不是所有群体成员创造力的简单集合，尽管群体创造力显然是群体中个人创造力的函数。此外，群体创造力受群体构成（如多样性）、群体特征（如凝聚力、群体规模）和群体过程（如解决问题的策略、社会信息发展过程），以及源于组织的情境影响的影响。第三，组织创造力（复杂社会系统的创造性成果）是群体创造力和情境影响的函数。

（3）创造力有助于把控政策活动。创造力是一种行动，而不是一种感觉。政策领域的创造力更是一种基于价值合理性或工具合理性或两者兼而有之的行动。因此，通过创造力将不同类型的人和知识引入政策过程，有助于我们把控政策活动，提醒我们不能从自己的感觉出发从事政策活动，更不能感情用事或主观臆断，尤其是当它与一些重要的事情有关时。

（4）创造力有助于发现和解决政策问题，尤其是非传统思维对政策制定者创新解决各种问题的方案是必要的。第一，创造性思维有助于发现、定义和解决政策问题（Runco，1994：40 - 76）。例如，当政策出现定义不清和政策目标相互冲突时，确实需要某种形式的创造力和解决问题的能力。第二，创造力不仅会丰富决策和政策制定，也是使过程更快、更好的有效方法。第三，创造力会在克服政策不确定性中起作用，这在政策贯彻落实过程中表现得尤为突出。

为此，政策科学理论家必须表现出创造性，并以足够的耐心、细心、信心和毅力，投身于政策理论建设工作。政策科学理论家要做的工作很多，下一节会专门就阅读政策科学经典文献提出一些合理的意见和建议。

第五节　一项阅读和思考建议

政策科学发展至今，积累了大量政策知识和政策理论。政策理论创新一定是在已有研究基础上的创新。在政策创新之路上，阅读政策科学经典文献是发挥创造力、进一步推动政策理论建设的必由之路。有人会问，这么多的文献，该读哪些好呢？怎么才能不遗漏经典文献呢？在阅读过程中该如何思考呢？为此，我们提供两条重要的阅读线索：一是阅读《政策科学》杂志，二是阅读由日本学者宫川忠雄主编的 2 套 7 卷本的《公共政策科学：政策科学必读》（Tadao，1999，2000）。

《政策科学》于 1970 年创刊，尊重由哈罗德·D. 拉斯韦尔（Harold D. Lasswell）和迈尔斯·S. 麦克道戈尔（Myres S. McDougal）创新和阐述的学术传统，致力于实现拉斯韦尔提出的政策科学的愿景，提供研究政策科学规范方面的文章、处理具体政策问题的概念性文章，以及关于特别有争议的分析的文章等。杂志以跨学科和国际化为重点，鼓励观点的多样化，特别欢迎对概念和经验的创新。值得注意的是，除了明确刊登政策科学框架的文章外，《政策科学》还发表利用该框架的各个方面及其中心理论的高质量的概念性文章。这种办刊理念使拉斯韦尔、德洛尔（Yehezkel Dror）、德莱恩（Peter deLeon）、德雷泽克（John S. Dryzek）、布鲁纳（Ronald D. Brunner）、托格森（Douglas Torgerson）等政策科学家写下影响后世的经典之作。立志投身政策理论研究的学生和学者可以从该杂志中挑选名家名篇认真阅读。

由宫川忠雄主编的《公共政策科学：政策科学必读》收集了 1950～2000 年政策科学领域的经典文献，包括论文和专著的章节，涉及政策科学和新公共政策科学的历史发展、基本哲学、途径、方法和问题。其为政策理论研究者提供了一个广泛且详细的参考来源，是任何人研究这个跨学科领域的一个无价的工具。第一卷涉及政策导向和政策科学的演变、政策科学的新概念，以及知识和政治之间的关系。第二卷涉及相关学科和方法的发展、政策研究组织的成长，以及新公共政策民主科学的技术对官僚取向的威胁。第三卷涉及公共政策和政策分析的基本概念和方法，以及决策和政策制定的合理性。第四卷涉及政策分析和政策分析师在政策制定过程中的作用、政策问题的特征，以及对政策的预测和规划。第五卷涉及政策过程、政策网络和变化、政策发展的动力、议程设置和对问题的定义。第六卷涉及政策实施和政策及项目评估。第七卷涉及政策和计划评估、最高审计机构在公共政策中的作用、现代社会背景下的公民公共政策。政策理论研究者可以一边阅读该著作，一边顺藤摸瓜，检索原文原著，以获得更多的知识。

"学而不思则罔"，在阅读经典文献的同时，还要敦促自己思考，努力激发创造力。第一，这些理论是怎么提出的，灵感和动力来自何处。第二，这些理论运用了哪些知识、涉及哪些学科领域，以及这些知识是如何在理论中运用的。第三，寻找这些政策理论的一般或普遍适用的原理和命题等。在此基础上，开动脑筋，再寻找可利用的知识，通过创造、整合、借用和嫁接等方式推陈出新。第四，积极寻找中国元素，以丰富政策理论，这一点对中国学者而言尤其重要。总之，政策理论建设和创新需要研究者有敏锐的直觉力、嗅觉力、洞察力、捕捉力和想象力，需要研究者有执着、坚持、勤奋和豁出去的精神。

总　结

客观地说，在政策科学领域，我们的基础研究还不够厚实，原创性文献还不多见，有信服力的理论还不强大。因此，我们迫切需要把基础研究和原始创新，尤其是政策理论研究放在核心地位。我们必须立足当代政策实践，积极营造有利于政策科学发展场景，真正树立"移步不换形"的守正创新精神，通过政策理论的创新促进政策科学的不断进步。政策理论的发展和创新，首先要认识和理解政策理论的概念、性质、类型和用途；其次要探索政策理论建设的取向、策略和方法；最后，要灵活运用框架、模型、命题和交叉学科的方法等。

参考文献

Amabile, T. M. (1983). The Social Psychology of Creativity: A Componential Conceptualization. *Journal of Personality and Social Psychology*, 45 (2).

Amabile, T. M. (1996). *Creativity in Context: Update to the Social Psychology of Creativity*. Boulder, CO: Westview.

Amabile, T. M., Conti, R., Coon, H., Lazenby, J., Herron, M. (1996). Assessing the Work Environment for Creativity. *Academy of Management Journal*, 39 (5).

Bulmer, M. (1982). *The Uses of Social Research-social Investigation in Public Policy-*

making. London: Allen & Unwin.

Bush, V. (1945). *Science, the Endless Frontier. A Report to the President.* Washington, DC: United States Government Printing Office.

Calvert, J. (2006). What's Special about Basic Research? *Science, Technology & Human Values,* 31 (2).

Cassingena H. J., Pace, G. J. (2007). Creative Processes in Policy Making: A Case for Context in Foresight. *Fifth International Conference on Creative Thinking, Msida.* 1 – 11. http://www.cs.um.edu.mt/gordon.pace/Teaching/Foresight/Papers/context.pdf.

Chambers, J. A. (1969). Beginning a Multidimensional Theory of Creativity. *Psychological Reports,* 25 (3).

Cohen, I. B. (1948). *Science, Servant of Man.* Boston: Little, Brown.

Csikszentmihalyi, M. (1988). Society, Culture, and Person: A Systems View of Creativity. In Sternberg, R. J. (ed.). *The Nature of Creativity.* New York: Cambridge University Press.

Csikszentmihalyi, M. (1999). Implications of a Systems Perspective for the Study of Creativity. In Sternberg, R. J. (ed.). *Handbook of Creativity.* New York: Cambridge University Press.

Donnison, D. (1972). Research for Policy. *Minerva,* 10 (4).

Dror, Y. (1970). Teaching of Policy Sciences: Design for a University Doctorate Program. *Social Science Information,* 9 (2).

Gabora, L. (2017). Honing Theory: A Complex Systems Framework for Creativity. *Nonlinear Dynamics, Psychology, and Life Sciences,* 21 (1).

Glăveanu, V. P. (2010). Creativity in Context: The Ecology of Creativity Evaluations and Practices in an Artistic Craft. *Psychological Studies,* 55 (4).

Janowitz, M. (1969). Sociological Models and Social Policy. *ARSP: Archiv für Rechtsund Sozialphilosophie / Archives for Philosophy of Law and Social Philosophy,* 55 (3).

Jones, A., Seelig, T. (2004). *Understanding and Enhancing Research Policy Linkages in Australian Housing: A Discussion Paper.* AHURI Positioning Paper No. 75, Australian Housing and Urban Research Institute Limited, Melbourne. https://www.ahuri.edu.au/research/position-papers/75.

Kaldewey, D., Schauz, D. (2018). Transforming Pure Science into Basic Research: The Language of Science Policy in the United States. In Kaldeway, D., Schauz, D. (eds.). *Basic and Applied Research: The Language of Science Policy in the Twentieth Century*. New York: Berghahn Books.

Kaufman, J. C., Sternberg, R. J. (2010). Preface. In Kaufman, J. C., Sternberg, R. J. (eds.). *The Cambridge Handbook of Creativity*. Cambridge: Cambridge University Press.

Kecskemeti, P. (1952). The "Policy Sciences": Aspiration and Outlook. *World Politics*, 4 (4).

Kidd, C. V. (1959). Basic Research-description versus Definition: A Definition of Basic Research in Probability Terms Is Useful, but Statistics Based Thereon Are Not. *Science*, 129 (3346).

Kozbelt, A., Beghetto, R. A., Runco, M. A. (2010). Theories of Creativity. In Kaufman, J. C., Sternberg, R. J. (eds.). *The Cambridge Handbook of Creativity*. Cambridge: Cambridge University Press.

Kuo, H.-C. (2011). Toward a Synthesis Framework for the Study of Creativity in Education: An Initial Attempt. *Educate*, 11 (1).

Lasswell, H. D. (1959). The Social Setting of Creativity. In Anderson, H. H. (ed.). *Creativity and Its Cultivation*. New York: Harper.

Mitchell, W. C. (1926). The Contribution of the Social Sciences in Solving Social Problems. *American Labor Legislation Review*, 16.

National Science Foundation (NSF) (1953). *Annual Report: What Is Basic Research?* https://www.nsf.gov/pubs/1953/annualreports/ar_1953_sec6.pdf.

Palys, T. (2008). Basic Research. In Lisa, M. G. (ed.). *The Sage Encyclopedia of Qualitative Research Methods*, Volumes 1& 2. Thousand Oaks, CA: Sage.

Pielke, R. Jr. (2012). "Basic Research" as a Political Symbol. *Minerva*, 50 (3).

Preti, A., Miotto, P. (1997). Creativity, Evolution and Mental Illnesses. *Journal of Memetics-Evolutionary Models of Information Transmission*, 1. http://www.cpm.mmu.ac.uk/jom-emit/1997/vol1/preti_a & miotto_p.html.

Proctor, T. (2019). *Creative Problem Solving for Managers: Developing Skills for Decision Making and Innovation*. London: Routledge.

Reinerman-Jones, L., Lackey, S. (2011). Basic versus Applied Research: The Final Episode! Next Season: Transfer! *Theoretical Issues in Ergonomics Science*, 12 (5).

Rhodes, M. (1961). An Analysis of Creativity. *The Phi Delta Kappan*, 42 (7).

Rickards, T. (1985). *Stimulating Innovation: A Systems Approach*. London: Frances Pinter.

Rickards, T. (1988). *Creativity and Innovation: A Transatlantic Perspective, Creativity and Innovation Yearbook*. Manchester: Manchester Business School.

Runco, M. A. (ed.) (1994). *Problem Finding, Problem Solving, and Creativity*. Norwood, NJ: Ablex.

Schauz, D. (2014). What Is Basic Research? Insights from Historical Semantics. *Minerva*, 52 (3).

Shneiderman, B. (2016). *The New ABCs of Research: Achieving Breakthrough Collaborations*. Oxford: Oxford University Press.

Steelman, J. R. (1947). *Science and Public Policy: A Report to the President*, Vol. 5. Washington, DC: United States Government Printing Office.

Sternberg, R. J. (2018). A Triangular Theory of Creativity. *Psychology of Aesthetics, Creativity, and the Arts*, 12 (1).

Sternberg, R. J., Lubart, T. I. (1991). An Investment Theory of Creativity and Its Development. *Human Development*, 34 (1).

Tadao, M. (ed.) (1999, 2000). The Science of Public Policy: Essential Readings in Policy Sciences Ⅰ & Ⅱ. New York: Routledge.

Woodman, R. W., Sawyer, John E., Griffin, R. W. (1993). Toward a Theory of Organizational Creativity. *The Academy of Management Review*, 18 (2).

Yaghmaie, A. (2017). How to Characterise Pure and Applied Science. *International Studies in the Philosophy of Science*, 31 (2).

第二章　理论的定义和类型

在任何一门科学中，理论研究和经验研究都非常重要。但归根结底，理论建设最为重要。如果忽视了理论建设，就会导致乱用模型或者概念界定错误，以及盲目使用数据和经验材料等问题，因而无法为知识增长做出贡献（Huberman，Miles，1994：428）。因此，我们需要对理论是什么、理论的用途、理论的形式和政策理论的性质等有基本的认识。

第一节　理论的定义和用途

一　理论是什么

在科学文献中，"理论"这一概念经常用于描述对可检验现象的解释和预测（Gregor，2006：611－642）。传统观点认为，"理论"必须由一套系统的思想组成，这些思想为理论提供解释，而且必须是可归纳的（Thompson，2000：24）。一般而言，可以从七个方面理解理论。

（1）理论前提（Theory Presupposition）。任何规范的理论都以形而上学的观点为前提，并受其影响（Hall，2000：52）。因此，诸如定义、标准和目的等议题反映了对某些假设的先验承诺，这些假设涉及知识（认识论）、现实（形而上学）、存在或存在的本质（本体论）、价值（价值论），以及其他基本哲学问题（Gay，Weaver，2011：24－32）。

（2）理论可以被视为"对观察到的或经历的现象的一致性的描述、解释和陈述"（Gioia，Pitre，1990：584－602）。一个理论包括一个持久、系统的结构。在这个结构中，作为现象发生的事件既是主题，也是依据

（Harré，1970：14）。理论在形式化程度、可概括性（Strauss，Corbin，1994：281）、相关性，以及应提供的解释的程度上各不相同，理论可以以因果关系的形式表述（Huberman，Miles，1994：432）。

（3）"理论"可以从一个单一的描述性观念、概念或标签延伸到更为复杂的相关概念集（Fook，2002：79 - 95）。理论由概念和概念集之间的关系构成，基础理论中的概念是密集的，并且在某种情况下以行动者的多重视角为基础（Strauss，Corbin，1994：278 - 280）。

（4）理论是一组相互关联的概念，它们为解释或预测的目的构建了一个系统的现象观。一个理论就像一个蓝图、一个结构建模的指南。蓝图描绘了一个结构的要素以及每个要素之间的关系，就像理论描绘了组成结构的概念以及概念之间的关系一样（Liehr，Smith，1999：81 - 91）。

（5）一个理论可以由一个连贯的命题系统构成，可以被看作一种"用特定的目的和价值来解释事物的观察方式"（Midgley，2000：4）。进一步说，理论是一组相互关联的命题、概念，这些命题、概念提出了一个系统的观点，以用于说明变量之间的关系、预测和解释现象（Fox，Bayat，2007：29）。理论通常指一组由有意义的或具有可推断性的关系构成的假设（Galtung，1970：451）。

（6）因为理论只寻求陈述现实世界现象的一部分，所以一个理论有自己的范围和边界条件（Bacharach，1989：496 - 515；Dubin，1976：26；Whetten，1989：490 - 495）。这些描述支持这样的观点：理论是对现实世界有限部分的简化陈述（Pawar，2009：2）。

（7）理论有不同的目标，包括分析、解释、预测、解释和预测、设计和行动（Gregor，2006：611 - 642）（见表 2 - 1）。

表 2 - 1　理论的目标

理论定位	属性
分析	说的是什么 该理论没有超出分析的范围，没有说明现象之间的因果关系，也没有做出预测

理论定位	属性
解释	说的是什么、如何、为什么、何时、何地 该理论虽然进行了解释，但并不打算精确预测，没有可检验的命题
预测	说的是现在和将来 该理论做出预测，并有可检验的命题，但没有进行很好的、合理的因果解释
解释和预测	说的是什么、如何、为什么、何时、何地、将是什么 该理论做出预测，并有可检验的命题，进行因果解释
设计和行动	说的是如何做某事 该理论给出了构建人造事实的明确规定（例如方法、技术、形式和功能原则等）

资料来源：Gregor（2006：611 – 642）。

总之，理论是对抽象概念或思想的概括性陈述。在理论明确提出的关键边界假设的范围内，概括性陈述可以断言、解释或预测现象之间的关系（Gabriel，2008：173 – 199）。概括性陈述汇集了思想，通过指定变量之间的关系来解释或预测与事件或情况相关的定义和命题（Glanz，2008：114）。理论是一组相互关联的结构、定义和命题，通过指定变量之间的关系提出针对现象的系统观点，目的是解释和预测现象（Kerlinger，1988：9）。这个定义说明了三件事：第一，理论是一组由已定义的和相互关联的结构所组成的命题；第二，理论阐述了一组变量（结构）之间的相互关系，并提出了有关由变量所描述的现象的系统观点；第三，理论可以解释现象，理论可以通过指定变量并分析它们的关联来解释现象，从而使研究人员通过这些变量预测其他变量（Kerlinger，Lee，2000：11）。

二 理论的特征

理论的特征可以概括为 15 点（Kivunja，2018：44 – 53）。

（1）必须是有逻辑且连贯的。

（2）对术语或变量有明确的定义，并有边界条件。

（3）有一个适用的领域。

（4）清楚地描述了变量之间的关系。

（5）描述、解释，并做出具体预测。

（6）包括概念、主题、原则和结构。

（7）必须基于经验数据，其断言必须经过检测和验证。

（8）必须清晰简洁。

（9）其断言或预测必须不同于现有理论中的断言或预测，并且比现有理论中的更好。

（10）其预测必须足够普遍，且适用于多种情况。

（11）其断言或预测是具有适用性的，并且如果断言如预测一样被应用，就可以预测结果。

（12）其断言和预测不是具体设定的，而是随着社会的变化不断改进。

（13）科学家可以用理论来理解所处世界的现象。

（14）其概念和原则解释了正在发生的事情及其原因。

（15）其概念和原则足以让我们预测未来可能发生的事件。

三　理论的用途

科学的主要目标是为产生知识提供解释，而理论构成了这些解释，因此建构理论是科学的主要目标（Pawar，2009：21－22）。理论不仅可以描述特定的知识领域，还可以解释它是如何运作的（Dubin，1978：9；Swanson，Chermack，2013：25）。因此，理论在促进科学知识生成的过程中具有重要的地位和作用。理论的贡献可以提炼为原创性（渐进的或揭示性的）贡献和实用性（科学的或实践的）贡献两个维度（Corley，Gioia，2011：12－32）。同理，理论的用途也可以从两个维度进行概括，这样可以更直观、更具体地体现理论的贡献。

从宏观上看，第一，理论的主要目标是对世界上的经验、现象加以说明，为我们提供一个特殊的有关社会现象的解释（Gabriel，2008：173－199）。第二，理论为一个人看待和解释世界提供了世界观和整体视角，告诉我们应该如何看待、把握和表现世界本身。进一步说，一种理论可以为人们提供一个对真实世界的现象的某些方面的陈述，即人们可以以陈述的形式看待真实现象，而不至于被真实现象的复杂性淹没（Bacharach，1989：

496 – 515；Dubin，1976：26）。第三，理论可以使我们超越过于简单的模型（Cairney et al.，2019：6），以一种简约的方式抓住复杂世界的本质，简化存储大量数据的需要（Mintzberg，1977：88 – 103），从而提高研究的有效性。

从微观上看，第一，理论提供了"对那些事物的构成和行为的描述，这些事物之间的相互作用是行为表现模式的原因"（Harré，1970：35）。第二，理论可以为解释数据提供模式，将一项研究与另一项研究联系起来，提供对概念和变量具有实质意义的框架，允许我们解释在更大意义上的发现（Hoover，Donovan，2001：35）。第三，从研究过程看，对研究的定义表明，研究通过采用科学概述或建议的方法对真实现象进行检验（Stone，1978：11）。理论在研究过程中的指导作用体现在科学研究的定义中（Kerlinger，1988：10）。科学研究是一个过程，理论和关于经验现象的可能性质的相关假设指导这个过程。理论建构的结果是以假定现实的形式描绘对现实的看法，并提供一套关于对在现实中可能观察到的事物的推测。从这些理论中得出的关于现实的推测或暗示，可以作为随后的实证研究活动的基础（Pawar，2009：23）。

综上所述，理论的作用表现为：在简化和排列经验世界陈述中的作用、在促进科学解释和预测目标中的作用、在概念研究和实证研究之间的桥梁作用、在实证检验中促进经济社会发展的作用，以及在指明科学进步领域中的作用（Pawar，2009：30 – 34）。

由于与理论相关的定义和标准的多样性和复杂性，许多研究人员和理论家使用类型学和分类系统来描述理论的类型，包括目的、功能、界限和目标（Gay，Weaver，2011：24 – 32）。本章重点阐述三组理论。

第二节　抽象层次上的元理论、形式理论和实质理论

1. 元理论（Metatheory）是一种理论的理论。元理论指对现实的本质

提出的主张（Allana，Clark，2018：1－9）。元理论不能直接应用于实践，但可以应用于其所研究领域的实践。通过置于具体的社会情境中，元理论被指定为单位理论。可以说，元理论中的一个概念是由一系列概念所确定的意义变量组成的（Vakkari，Kuokkanen，1997：497－519）。因此，元理论支持在一个领域中分析和理解一个概念的含义（Araújo et al.，2017：173－181）。如果没有元理论，我们的形式理论将只适用于某个研究。它在解释某个领域的现象时可能是完全有效的，但不能被推广到其他学科。当建立一个形式理论时，我们仍然必须记住元理论的或多或少的隐喻概念。在形式理论中，元理论的思想以一种更接近现实世界的形式呈现。在某种程度上，形式理论是元理论的合理化（Grover，Glazier，1986：227－242）。

2. 形式理论（Formal Theory）是为一个正式的或概念性的研究领域，即一门学科提供解释的一组命题。形式理论不仅包含一套主要概念及其相互关系，还包含关于现实的学科特定的本体论、认识论和概念假设。与元理论不同，形式理论不以隐喻的形式呈现，也不像元理论那样僵化和稳定，因此更容易改变。这种理论只有在被具体化为实质理论后才能被检验。形式理论很像元理论与实质理论之间的联结：一方面，形式理论的功能是消除元理论的歧义；另一方面，形式理论的目的是将各种实质理论捆绑在一起（Grover，Glazier，1986：227－242）。

由于实质理论是建立在对某一特定领域（工作、青少年犯罪、医学教育、心理健康）的研究的基础上的，因此它几乎自动成为一个基础形式理论（Grounded Formal Theory）发展的跳板或垫脚石。实质理论是基础形式理论形成和发展的一个战略环节。虽然形式理论可以直接从数据中产生，但通常最理想的也是必要的，即从一个实质理论开始（Glaser，Strauss，2006：76）。

3. 实质理论（Substantive Theory）是元理论和形式理论的具体体现，是为应用研究领域提供解释的一组命题（Grover，Glazier，1986：227－242）。换句话说，一个实质理论就是一套概念和它们的相互关系，并为某些现象提供解释。一个实质理论可以被称为理论的"肉"。与元理论和形式理论不同，实质理论是可以通过经验检验的（Vakkari，Kuokkanen，1997：497－519）。

第三节　应用上的描述性理论、规范性理论和规定性理论

1. 描述性理论（Descriptive Theory）是最基本的理论类型。其通过总结在离散观察中所发现的共性来描述或分析个人、群体、情况或事件的特定维度或特征，陈述"是什么"。当对所讨论的现象一无所知或知之甚少时，就需要描述性理论（Fawcett，Downs，1986：4）。描述性理论有两类——命名和分类（Stevens，1984）。命名理论是对某种现象的维度或特征的描述，分类理论指出给定现象的维度或特征在结构上是相互关联的（Gregor，2002：14－22）。描述性政策理论关注的是描述和解释人们倾向于做出的政策选择的规律性（Chandler，2017）。

2. 规范性理论（Normative Theory）在发展描述性理论时是有用的，而且有助于产生强有力的描述性理论。规范性理论试图从本质上把描述性理论引入规范性公理。规范性理论包含两种类型的论证：在既定目标的情况下采用最佳方法的主张，以及关于采用何种目标更好的主张（Vermeule，2007：387－398）。在规范性理论中，情形规范主义（Situational Normativism）值得关注，它是一种操作性的启发式方法，可以作为一种描述性的规范方法来制定政策（Lewin，Shakun，1976：1－10）。总之，任何关于问题的讨论总是涉及规范性理论、价值观、意识形态或任何人们可能愿意称为对社会的思考的主观范畴的东西（Horton，1966：701－713）。

3. 规定性理论（Prescriptive Theory）指向应该如何做决定，可以用来指导未来的行动（Goede，2012：283－304）。基于规范性理论所具有的强大基础和对描述性理论的观察，规定性理论支持从"是"到"应该"的条件论点（Vermeule，2007：387－398）。

第四节　五种类型理论的要素和目的

意义导向的解释性理论、理解性理论、排序性理论、颁布性理论和激发性理论的结构要素和目的如表 2 – 2 所示（Sandberg，Alvesson，2020：487 – 516）。

（1）解释性理论（Explaining Theory）的总体目的是产生关于现象内部运行的知识。一个完整的解释性理论包括四个基本组成部分：第一，假设什么变量是"对感兴趣的现象的解释的一部分"；第二，显示这些变量是如何相互关联的，从而构成所讨论的现象；第三，最关键的是，该理论应该解释为什么变量之间存在关系；第四，该理论应该适用于什么、何时适用，以及适用于在何种意义上阐释边界条件（Whetten，1989：490 – 495）。

（2）理解性理论（Comprehending Theory）用于解释事情发生的"方式"和"原因"，主要目的是通过确定现象的含义来提供对现象的适当理解。

（3）排序性理论（Ordering Theory）强调"理论只是一种将概念秩序强加于现象世界的基于经验的、具有复杂性的方式"（Suddaby，2014：407 – 411）。与其他理论类型相比，排序和区分要素是排序性理论的总体目的，从而界定了其重要的意义和独特性。排序性理论的主要目的不是表示和解释现象的内部运转情况（如解释性理论）或阐明其意义（如理解性理论），而是以理论上有用的方式对现象进行分类。

（4）颁布性理论（Enacting Theory）的总体目的是解释现象是如何不断产生和再现的。也就是说，解释现象随着时间的推移出现、演变、再出现、变化和衰退的过程。换句话说，它关注的是组织现象，如"领导力""战略""创新""平等""权力"是如何产生的，以及它们的持续性和变化情况。

（5）激发性理论（Provoking Theory）的主要目的是展示观察现象的另一种方式，通常是开阔眼界和颠覆性的方式。它关注的焦点是通过现有理论中的辩证法来挑战既定的思维模式，并开启其他思维模式。因此，激发性理论不仅表明事物（现象）可能不是本来的样子，而且事物（现象）已经不是本来的表现方式（Linstead，2016：171）。这意味着似乎"给定"现象的事情，会通过理论化重建而受到挑战。

表 2 - 2　理论的结构要素和目的

理论的结构要素	理论类型				
	解释性理论	理解性理论	排序性理论	颁布性理论	激发性理论
意图	解释现象	理解现象	对现象分类	（再）产生现象	挑战现象
现象	或多或少给定的"存在"	社会定义的，但或多或少又是给定的	不确定和模糊的	过程构造的	通过视角和词语建构和重构的
概念排序机制	与逻辑相关的变量	系统的意义，深入的解释	典型性	对现象（再）产生过程的动态（进化的、辩证的等）排序	对现象的挑衅性和令人大开眼界的情况的描述
相关性标准	什么、如何、为什么、谁、何时、何地；经验的准确性和可检验性	关于人们如何理解现实及相关综合叙述；超越这些，指向一些未被识别的关键方面	理论上有助于现象的典型化	清楚地阐明现象（再）产生的关键过程的逻辑	重构现象以激发、开启新的问题和思维方式
边界条件	谁、何时、何地，旨在明确领域和普遍性	该理论所指的现象的明确含义，侧重于进行特定的群体设置、注意概括	局限于其潜在的结构维度，但目标相当广泛	现象不断（再）产生的过程	在研究团体中对特定思维方式彻底超越
经验主义	理论数据之间应该相互适应	数据应该为理论提供可信的支持	超越经验现实，但是需要对排序和区分予以广泛支持	数据应该支持理论对现象的（再）产生过程的阐述	数据被视为部分有用，需要具有一定的可信度，但理论扩展了思维方式和视角，而非反映现实
智力洞察力	因果相关变量	现象的意义	现象是如何联系在一起的	现象（再）产生的过程逻辑	挑战性视角

资料来源：Sandberg，Alvesson（2020：487 - 516）。

第五节　政策理论的性质

不同的学科使用"理论"这个概念来描述不同的建构方法。在政策科学领域，当代人对政策理论的浓厚兴趣通过考察历史发展情况而获得深度发展，目前讨论的一部分内容旨在提醒注意更值得长期研究和分析的问题（Lasswell，1974：176－189）。政策理论可以被描述为构成政策基础的行动者的一系列假设（Hoogerwerf，1984：493－531）。进一步说，政策理论是一种社会和行动的假设体系，它是以命题形式重新表述的政策的基础。这些主张反映了政策制定者对政策目标群体的认知、态度和行动的信念。但它们有更多的结构性因素，政策制定者一直在对这些因素进行假设（Leeuw，1991：73－91）。政策理论概念与"宏大政策"（Megapolicy）有关（Dror，1971：63）。政策理论形成了一个认知框架，促使行动者以特定的方式实施政策（Pröpper，Reneman，1994：273－292）。

政策理论包括程序层面的要素和实体层面的要素。程序层面的要素包括因果层、价值和规范层、决策层、行动层（Mesarović et al.，1970：34－65；Albinski，1986：154－166）。实体层面有三个核心要素，即现状，目标、价值观和其他规范性要素，以及以现状为起点和以实现目标为目的的行动。具体可以细分为六个要点（Albinski，1986：154－166）：第一，必须包括对相关政策领域的系统性描述；第二，必须包括在政策领域工作的机构的清单；第三，必须概述与在选定区域内工作的机构相关的目标；第四，明确负责在一个政策领域内实现某些目标的机构，其目标在某种程度上与其他政策领域以及文化、道德和法律标准有关；第五，目标可以通过使用有助于达到预期的方法来实现；第六，使用意图达到一定效果的手段并不能保证目标充分实现，可能存在内部或外部（即机构内部或外部）性质的不可控因素，这些因素可能以积极或消极的方式影响目标实现。

如果把假设作为论证的政策理论所具有的特殊结构，那么不同的假设对政策内容具有不同的判断，而且政策理论的结构和质量对政策内容、政策过程和政策结果都有影响（Hoogerwerf，1990：285－291）。表2－3展示了政策理论的结构。

表 2 - 3　政策理论的结构

政策理论指向	要素和维度
政策理论的精确性	政策理论中概念的精确性如何
	因果理论是否用数量术语来讨论
	政策理论在多大程度上规定政策执行应该具有的有效时间段
差异化（分析中的多样性）	信息范围如何，即政策理论讨论的与社会现实相关的部分（变量）在各方面的多样性如何
	政策理论中的因果关系是否朝着一个或多个方向发展
	政策理论是否明确区分可操作变量和不可操作变量（即易受政策影响的变量）
政策理论的系统化和综合化（源于政策理论的一致性）	政策理论是由连贯性理论还是由个别假设构成的
	政策理论所包含的假设是否相互矛盾
政策理论的经验价值	政策理论与实证研究经验的对应程度
	开始研究政策理论时所受到的社会约束与实际约束的程度（只要它们是由经验确定的）

资料来源：Hoogerwerf（1990：285－291）。

总　结

总之，许多理论、框架、模型和概念有助于我们理解决策的复杂世界，有些为实践者提供了额外的见解（Cairney et al.，2019：6）。进行理论导向的政策科学研究还必须认识到，政策建立在决策者主观世界的模型基础上，这些模型为他们提供了如何行动、何时行动，以及为何行动的指导（Allison，1971：1－9）。为此，我们需要探索政策理论建构的一般策略和方法。

参考文献

Albinski，M.（1986）. Policy-oriented Theories：A Programmatic Paper. *Knowledge Cre-*

ation, *Diffusion*, *Utilization*, 18 (1).

Allana, S., Clark, A. (2018). Applying Meta-Theory to Qualitative and Mixed-Methods Research: A Discussion of Critical Realism and Heart Failure Disease Management Interventions Research. *International Journal of Qualitative Methods*, 17 (1).

Allison, G. T. (1971). *Essence of Decision: Explaining the Cuban Missile Crisis*. Boston: Little, Brown.

Araújo, P. C. D., Guimarães, J. A. C., Tennis, J. T. (2017). Metatheory and Knowledge Organization. *NASKO*, 6.

Bacharach, S. B. (1989). Organizational Theories: Some Criteria for Evaluation. *Academy of Management Review*, 14 (4).

Cairney, P., Heikkila, T., Wood, M. (2019). *Making Policy in a Complex World*. Cambridge: Cambridge University Press.

Chandler, J. (2017). Descriptive Decision Theory. In Zalta, E. (ed.). *The Stanford Encyclopaedia of Philosophy*. https://plato.stanford.edu/entries/decision-theory-descriptive/.

Corley, K., Gioia, D. (2011). Building Theory about Theory Building: What Constitutes a Theoretical Contribution? *The Academy of Management Review*, 36 (1).

Dror, Y. (1971). *Design for Policy Sciences*. New York: Elsevier.

Dubin, R. (1976). Theory Building in Applied Areas. In Dunnette, M. D. (ed.). *Handbook of Industrial and Organizational Psychology*. Chicago: Rand McNally.

Dubin, R. (1978). *Theory Building*. New York: Free Press.

Fawcett, J., Downs, F. S. (1986). *The Relationship of Theory and Research*. Norwalk, CT: Appleton-Century-Crofts.

Fook, J. (2002). Theorizing from Practice: Towards an Inclusive Approach for Social Work Research. *Qualitative Social Work*, 1 (1).

Fox, W., Bayat, M. S. (2007). *A Guide to Managing Research*. Cape Town: JUTA and Co Ltd. Shredding.

Galtung, J. (1970). *Theory and Methods of Social Research*. Oslo: Universitetsforlaget.

Gabriel, A. (2008). The Meaning of Theory. *Sociological Theory*, 26 (2).

Gay, B., Weaver, S. (2011). Theory Building and Paradigms: A Primer on the Nuances of Theory Construction. *American International Journal of Contemporary Re-*

search, 1 (2).

Gioia, D. A. , Pitre, E. (1990). Multiparadigm Perspectives on Theory Building. *The Academy of Management Review*, 15 (4).

Glanz, K. (2008). *Health Behavior and Health Education: Theory, Research, and Practice*. San Francisco: Jossey-Bass.

Glaser, B. G. , Strauss, A. L. (2006). *The Discovery of Grounded Theory: Strategies for Qualitative Research*. New Brunswick: Aldine Transaction.

Goede, R. (2012). The Descriptive Properties of Prescriptive Theories: An Application of Systems Thinking in Data Warehousing. *The Journal for Transdisciplinary Research in Southern Africa*, 8 (2).

Gregor, S. (2002). Design Theory in Information Systems. *Australasian Journal of Information Systems*, 10 (1).

Gregor, S. (2006). The Nature of Theory in Information Systems. *MIS Quarterly*, 30 (3).

Grover, R. , Glazier, J. (1986). A Conceptual Framework for Theory Building in Library and Information Science. *Library and Information Science Research*, 8 (3).

Hall, R. (2000). *The Ethical Foundations of Criminal Justice*. Boca Raton, FL: CRC Press.

Harré, R. (1970). *Principles of Scientific Thinking*. Chicago: University of Chicago Press.

Hoogerwerf, A. (1984). Beleid Berust Op Veronderstellingen: De Beleidstheorie. *Acta Politica*, 14 (4).

Hoogerwerf, A. (1990). Reconstructing Policy Theory. *Evaluation and Program Planning*, 13 (3).

Hoover, K. R. , Donovan, T. (2001). *The Elements of Social Scientific Thinking*. Boston: Bedford/St. Martin's Press.

Horton, J. (1966). Order and Conflict Theories of Social Problems as Competing Ideologies. *American Journal of Sociology*, 71 (6).

Huberman, A. M. , Miles, M. B. (1994). Data Management and Analysis Methods. In Norman Denzin, K. , Lincoln, Y. S. (eds.). *Handbook of Qualitative Research*. Thousand Oaks, CA: Sage.

Kerlinger, F. N. (1988). *Foundations of Behavioral Research*. New York: Holt, Rinehart and Winston.

Kerlinger, F. N. , Lee, H. B. (2000). *Foundations of Behavioural Research*. 4th Edn. Belmont, CA: Cengage Learning.

Kivunja, C. (2018). Distinguishing between Theory, Theoretical Framework, and Conceptual Framework: A Systematic Review of Lessons from the Field. *International Journal of Higher Education*, 7 (6).

Lasswell, H. D. (1974). Some Perplexities of Policy Theory. *Social Research*, 41 (1).

Leeuw, F. L. (1991). Policy Theories, Knowledge Utilization, and Evaluation. *Knowledge and Policy: The International Journal of Knowledge Transfer*, 4 (3).

Lewin, A. Y. , Shakun, M. F. (1976). Situational Normativism: A Descriptive-Normative Approach to Decision Making and Policy Sciences. *Policy Sciences*, 7 (1).

Liehr, P. , Smith, M. J. (1999). Middle Range Theory: Spinning Research and Practice to Create Knowledge for the New Millennium. *Advances in Nursing Science*, 21 (4).

Linstead, S. (2016). Poststructuralist Theory: Thinking Organization Otherwise. In Mir, R. , Willmott, H. , Greenwood, M. (eds.). *The Routledge Companion to Philosophy in Organization Studies*. London: Routledge.

Mesarović, M. D. , Macko, D. , Takahara, Y. (eds.) (1970). *Theory of Hierarchical Multilevel Systems*. New York: Academic Press.

Midgley, G. (2000). *Systemic Intervention: Philosophy, Methodology and Practice (Contemporary Systems Thinking)*. New York: Kluwer Academic/Plenum.

Mintzberg, H. (1977). Policy as a Field of Management Theory. *The Academy of Management Review*, 2 (1).

Pawar, B. S. (2009). *Theory Building for Hypothesis Specification in Organizational Studies*. Thousand Oaks, California: Response Books Business Books from Sage.

Pröpper, I. , Reneman, D. -D. (1994). Policy Theory as Argumentation. *Review of Policy Research*, 13 (3 - 4).

Sandberg, J. , Alvesson, M. (2020). Meanings of Theory: Clarifying Theory through Typification. *Journal of Management Studies*, 58 (2).

Stevens, B. J. (1984). *Nursing Theory: Analysis, Application, Evaluation* (2nd ed.).

Boston: Little, Brown.

Stone, E. F. (1978). *Research Methods in Organizational Behavior*. Glenview, IL: Scott, Foresman.

Strauss, A., Corbin, J. (1994). Grounded Theory Methodology: An Overview. In Denzin, N. K., Lincoln, Y. S. (eds.). *Handbook of Qualitative Research*. Thousand Oaks, CA: Sage.

Suddaby, R. (2014). Editor's Comment: Why Theory? *Academy of Management Review*, 39 (4).

Swanson, R. A. (1988). Research and Development (and Other Life and Death Matters). *Performance Improvement Quarterly*, 1 (1).

Swanson, Richard A., Chermack, Thomas J. (2013). *Theory Building in Applied Disciplines*. San Francisco, CA: Berrett-Koehler.

Thompson, N. (2000). *Theory and Practice in Human Services*. Buckingham: Open University Press.

Vakkari, P., Kuokkanen, M. (1997). Theory Growth in Information Science: Applications of the Theory of Science to a Theory of Information Seeking. *Journal of Documentation*, 53 (5).

Vermeule, A. (2007). Connecting Positive and Normative Legal Theory. *Journal of Constitutional Law*, 10 (2).

Whetten, D. A. (1989). What Constitutes a Theoretical Contribution? *Academy of Management Review*, 14 (4).

第三章 理论建设的五个方面

从非常广泛的角度来看，科学探究具有两个主要方面：一个是事实的确定和发现，另一个是假设和理论的构建。这两个方面有时被称为描述性科学和理论性科学。理论建设有两个主要目的：一个是预测事件或实验结果的发生，从而预测新的事实；另一个是解释或产生已经被记录下来的可理解的事实（Von Wright，1971：1）。理论建设强调理论和经验研究之间的互动，并为综合的和有意义的研究提供必要的基础（Dubin，1978：Front Flap）。理论建设必须对价值取向、范式、启发式视角和一般策略、主要方法，以及良好理论的标准这五个维度有基本的认识，我们称之为政策理论建设的"五个方面"。

第一节 理论建设的价值取向

对研究人员来说，理解理论是如何建立或产生的是知识产生的关键部分（Freytag，Young，2018：45）。从认识论上看，科学旨在产生知识。研究是产生知识的过程的一种特殊形式。研究可以看作由两部分组成：第一部分是理论构建或概念研究，其中产生关于现实的猜想；第二部分是理论检验或实证研究，对猜想进行实证检验（Pawar，2009：14）。政策理论建设可以被描述为一个有目的的过程或循环。通过这个过程，我们可以对观察到的或经历的现象进行连贯性的描述、解释和陈述。据此，理论得以产生、验证和完善（Lynham，2000：159-178）。理论建设研究的一个目的是，最大化实现科学家的科学和哲学家的科学之间的聚合（Dubin，1978：

3）。所以，理论建设需要有一定的哲学取向。

理论建设者的哲学取向不是理论发展的决定性特征（Swanson，1988：69－82；2000：273－278），但不同的哲学取向可能对理论建设的特定阶段和被理论化的特定领域特别有用。理论建设中常见的哲学取向有实证主义、解释主义和批判科学（Critical Science）等（Swanson，Chermack，2013：25－29）。

第一，实证主义哲学取向是以科学方法和传统假设检验为基础的。在这里，理论建设者的任务是发现能够预测人类活动结果的规律。实证主义具有广泛的应用领域，试图反映自然科学的目标——发现普遍规律。

第二，解释主义哲学取向的支持者认为，政策科学如果试图模仿自然科学，会导致意义的丧失。意义的丧失会妨碍解释，而解释则是一个丰富的数据源，有助于人们深入理解和描述为什么某些人类活动会发生（Van Manen，1990：7）。

第三，批判科学试图揭示未被承认的剥削和统治形式（Swanson，Holton，2005：21）。批判科学家研究导致社会压迫的条件，而这些条件通常与社会结构有关。他们经常将社会变革视为自己的目的，继而揭露维持等级制度和阻止每个人发挥全部潜力的过程。

第二节　理论建设的范式

范式是科学主题的基本形象，用来定义应该研究什么、应该问什么问题，以及在解释所获得的答案时应该遵循什么规则（Ritzer，2001：60）。"范式"一词反映了研究者对现实的世界观及其替代观点（Morgan，1980：605－622）。范式由认识论、本体论、方法论和价值论四个要素构成（Lincoln，Guba，2000：163）。在这方面，最值得关注的是库恩（Kuhn）关于范式概念的六个观点（Willett，1996：4；Iacob et al.，2015：247－252）。第一，科学是建立在特定研究领域的专家之间的共识之上的。第二，在所有科学中，有三个时期——前范式、范式和后范式时期——可以用来表征科学思维的演变和范式危机。第三，基于范式提出的具体解决方案包含概念、概念模型，以及关于准理论术语的特征的定义、定律、理论、观点、显性规则、假设、原则、显式概括、合理化和抽象特征。第四，范式是在专家之间建立和保持共识的东西，即合理选择要解决的具体问题、要使用的方法和寻找具体解决方案的方式。第五，范式既是科学知识的稳定来源，又是一个规范性的、全球性的和地方性的集合，允许专家相互协调，不懈努力，以多学科或跨学科的方式探索科学。第六，一个变成范式的理论会因为另一个范式而被拒绝，这是通过科学革命实现的。当这样的革命发生时，发现基于先前的观察和经验的意义有时需要很长时间，这深刻改变了范式。这六个观点构成了所谓的"库恩范式"（Kuhn Paradigm）。

如果一个范式有足够的吸引力，那么它所倡导的程序必须是精确的和传达清晰的，它的预测必须是明确的。它应当告诉科学家什么问题值得研究，以及应该如何研究（Hillix，L'Abate，2012：4）。"库恩范式"对政策理论建设的魅力在于：它代表了一种全新的现象概念化；它提出了一种新的研究策略或方法程序，并据此收集经验证据来支持自己；它倾向于对新的问题提出解释；新范式常常被应用于解释旧范式无法解释的现象（Reynolds，1971：20）。

所以，在理论建设中，除了哲学取向外，理论家还必须探察研究范式，而且这通常与方法有关（Swanson，Chermack，2013）。研究范式是在理论建设的每个阶段都要使用的框架。研究范式本质上反映了研究者对他/她所生活和想要生活的世界的信念，构成了抽象的信念和原则，塑造了看待世界的方式，以及如何在这个世界中进行解释和行动（Lather，1986：257－277）。研究范式涉及研究者所持有的关于现实的本质及其所能了解的（本体论）观点，他们现有的想法和价值观对想知道的东西的潜在影响，他们如何试图了解，以及他们用来判断知识的标准（认识论）、发展和评估知识的适当战略（方法）（Haigh，Withell，2020：17－31）。

第三节　理论建设的启发式视角和一般策略

一　理论建设的启发式视角

理论建设是科学事业的引擎，需要产生新的假设，以说明其正当性等（Ippoliti，2018：3）。启发式观点认为，理论是关于世界的问题的开放集合，是解决这些问题的开放假设集（Ippoliti，2018：12）。

启发式观点为理论建设提供了一个强有力的解释，具有几个认识论上的优势（Ippoliti，2018：17－18）。第一，一个新的理论不一定要保存以前理论的所有结果，新理论只要在解决问题上的"有效性"超过以前的理论就足够了。第二，推进知识不是简单地拒绝或接受一个理论，而需要评估它的有效性，并评估它是否扩展了我们的知识以及我们理解世界的方式。第三，它解释了为什么科学家也接受显得异常的理论是合理的，以及为什么科学家有时不愿意接受似乎已被很好地证实的理论。

分析叙述为启发式观点提供了一个强大的解决问题的方法，它的优势在于（Ippoliti，2018：18）以下几个方面。首先，它声明一个理论是一组开放的假设，而不是一成不变的。理论建设包括一个从问题开始、引入假设，并从中推导问题解决方案的过程。其次，分析叙述根据通过非演绎规则而获得的并且其合理性得到检验的假设，为理论建设提供合理的解释。分析叙述确实解释了理论的变化，因为当新数据出现而假设变得不可信时，假设会被修改或替换。通过分析以前的假设变得不可信的原因，可以获得修正的或新的假设。

二　理论建设的一般策略

理论策略（Theoretical Strategy）是理论建设的实践所隐含和揭示的一套建议，这些建议涉及研究的目标、合法性、关于适当方法的定义，以及评估结果的标准（Zelditch，1979：25－30）。理论建设中常用的策略有两种：从研究到理论的策略与从理论到研究的策略（Lynham，2002：221－241）。

（1）从研究到理论的策略的要点有四个：第一，选择一个现象并列出该现象的所有特征；第二，测量各种情况下（尽可能多的）现象的所有特征；第三，仔细分析数据，并确定数据中是否有值得进一步关注的系统模式；第四，一旦在数据中发现重要的模式，这些模式作为理论陈述就成为自然法则（Reynolds，1971：140；Lynham，2002：221－241）。

（2）从理论到研究的策略的要点包括：第一，以公理或过程描述的形式发展一个明确的理论；第二，选择一个由理论产生的陈述，并与实证研究的结果进行比较；第三，设计一个研究项目来检验所选陈述与实证研究的一致性；第四，如果从理论推导出来的陈述与研究结果不一致，应对理论或研究设计进行适当修改，并继续研究；第五，如果理论陈述与研究结果一致，则选择对进一步的陈述进行测试或尝试确定理论的局限性（Reynolds，1971：144；Lynham，2002：221－241）。

此外，还有两种独立的理论建设策略分类法（Freese，1980：187－212）需要关注：一种是概括性理论策略（A Generalizing Theoretical Strategy），另一种是纯理论策略（A Pure Theoretical Strategy）。这两种策略并不排斥，可以在理论建设中混合使用。

无论采取何种策略，理论建设都需要注意研究框架。研究框架通常由与知识的来源、获取和理解相关的研究范式、方法和假设组成。一个框架也可以被看作一系列用来超越现象描述的策略（Abdallah，2005：48）。在理论建设中，另一个需要注意的是所使用的逻辑类型，理论建设涉及外部逻辑、演绎逻辑、归纳逻辑和互动逻辑等（见表3－1）。

表3－1　理论建设所使用的逻辑类型

逻辑	描述
外部逻辑	从研究问题范围之外的特征入手，利用证据确定具有该特征的人的显著特征
演绎逻辑	从一个解释性的定律或理论框架入手，并对框架各维度之间的具体关系进行预测
归纳逻辑	从证据的模式和现象的特定实例入手，利用这些信息产生一个更一般的解释定律或理论模型
互动逻辑	结合两个或多个与外部逻辑、演绎逻辑和归纳逻辑相关的程序

资料来源：Thorkildsen（2005）。

第四节 理论建设的主要方法

一 理论建设的概念方法

梅雷迪斯（Meredith，1993：3－11）认为，基于对描述性、实证性调查的概念研究方法的使用，可以显著提高政策研究结论的外部效度，从而提高其与政策行动者的相关性。他认为，概念方法主要建立在描述和解释的基础上，在理论构建和理论检验之间取得了更好的平衡。他总结了七种不同类型的概念方法。首先是概念描述、分类法和类型学，以及哲学概念化，这三种类型是基本的概念模型。其次是概念归纳、概念演绎和概念系统，这三种类型是解释性的概念框架，解释性的概念框架是解释一个事件，并为其提供理解或提出可检验假设的两个或多个相关命题的集合。最后是元框架（Meta-framework），它构成了概念方法的最终目标——理论。元框架是一组连贯的、相互关联的概念和命题，用作解释和理解的原则。他认为，概念方法的使用大大提高了在政策理论建设中建立有效理论的能力。

二 理论建设的可归纳性

吉尔冈（Gilgun，1994：122）区分了两种可归纳性：第一种可归纳性的"具体化"，是指从特定情况发展而来的理论，可以测试对其他情况的相关性和提供对其他情况理解的能力；第二种可归纳性与寻找更多的"一般规律"相关，可以从时间、地点和特定的人身上抽象出来。吉尔冈进一步认为：具体理论（Idiographic Theory）的优势在于其开放性，考虑了个人"规则例外"的能力，以及在不同情况和情境下阐明具体经验的能力；非具象理论（Nomothetic Theory）的优势在于其预测功能，具有强制秩序的能力和清晰的实践指导。它们之间的差异可以看作"自下而上"（归纳发展）和"自上而下"（演绎应用）的理论之间的差异，在任何一种有效的实践中都需要这两者（Fook，2002：79－95）。"自下而上"的理论使我们能够不断地将思想运用到与当前形势相关的方面；而"自上而下"的理论为我们提供了一个研究新情况的起点，虽然其只是一个最终可能被证明不充分的框架，但至少为我们提供了一个使新体验在最初可管理的框架。

三　理论建设方法的比较分析

针对应用学科理论建设，托拉科（Torraco，2002：355－376）分析和比较了五种具体的理论建设方法。

（1）杜宾理论建设方法（Dubin's Theory-building Method）。这种方法遵循定量研究的传统，对知识创造采取假设演绎的方法（Dubin，1978）。这种方法基于这样的假设，即知识是为了解释、预测和控制感兴趣的现象而创造的；新知识（理论）应服务于技术/效用利益，以实现相互关联的目的。发现人类和组织现象的普遍规律和解释既是可能的，也是可取的。

（2）扎根理论建设方法。这种方法遵循归纳研究的传统以产生或发现理论。通过分析和数据收集之间的持续相互作用，理论不断发展。在整个研究过程中，数据的严格的连续匹配可被用于暂时验证理论。

（3）元分析理论建设方法（Meta-analytic Theory Building Method）。这种方法使用正式的统计技术来总结一系列独立但相似的经验研究，其目的是综合和组织同一主题的现有经验发现，从而形成一个连贯的模式。元分析理论建设方法寻求把跨越多个研究的一般结论作为理论构建的基础。

（4）社会建构主义理论建设方法。社会建构论者进行理论建构不是为了揭示真理或现实，而是为了模拟人们在日常生活中对社会的理解。社会建构主义理论的建立是为了寻求关于社会经验是如何被创造和赋予意义的解释。社会建构主义理论的显著特征是它强调特定的、局部的和特殊的见解，并以此作为更紧密的代表被研究者的生活经验的手段。社会建构主义理论试图推翻这些见解，以探寻思想的可转移性，从而重新定义现有的理论框架。与其他理论建设方法不同，社会建构主义寻求提高感知和理解的能力，这本身就是目的，无论它是基于解释、说明还是解放的目标。

（5）案例研究中的理论建设方法。从案例研究中建设理论是一种研究策略，涉及一个或多个案例，可以基于案例中的经验证据创建理论结构、命题或中层理论等。基于案例研究建设理论的核心是复制逻辑（Eisen-hardt，1989：532–550）。

四 多层次组织理论的政策理论建设的基本原则

多层次组织理论建设有 16 个原则（Kozlowski，Klein，2000：12–52），其可以精炼为六个政策理论建设的基本原则：第一，政策理论建设应该从政策理论现象的设计和定义，以及利益的内生结构开始；第二，多层次理论模型与绝大多数组织（政府）现象相关；第三，几乎所有的组织（政府）现象都被嵌入一个更高层次的情境中，相关的情境特征和来自更高层次的影响应被纳入理论模型；第四，政策理论建设必须明确规定时间参考点，研究设计必须对政策理论建设的时间要求敏感；第五，多层次理论模型必须对支撑模型的假设提供详细的解释，而且这样的解释不仅要回答"为什么"的问题，还要回答"为什么不"的问题；第六，理论家应该说明政策理论体系中每个结构的层次。

五 多元主义的理论建设方法

多元主义的理论建设方法（Pluralist Theory Building Method）采用多视角探察，从数据中发展新的理论（Müller et al.，2020：23–49）。多元主义的理论建设有四个步骤：创建视角说明、综合多视角说明、创建理论片段，以及综合多元理论（见表 3–2）。

表 3–2　多元主义的理论建设指南

步骤	挑战	活动
创建视角说明	• 识别和选择理论视角 • 理解理论观点背后的概念 • 在对立的理论观点之间转换	• 确定关注领域 • 回顾文献以确定对比的理论观点 • 开发研究问题 • 建立案例研究规程 • 收集丰富的多维数据 • 开发编码方案和数据分析指南 • 编码和组织数据 • 评估编码内和编码间的可靠性 • 分析编码数据 • 实现单一视角说明和理论视角说明之间的连接

步骤	挑战	活动
综合多视角说明	• 跨越不同的视角，建立连贯的故事情节 • 确定最有说服力的观点组合	• 使用数据分析指南比较单一视角说明 • 评估单一视角说明的解释力 • 评估理论观点的配置情况以发展故事情节 • 以多视角叙述的形式综合故事情节 • 记录单一视角说明和生成的多视角说明之间的连接情况
创建理论片段	• 对比说明和数据，并以此作为模式识别的基础 • 在现存的文献中找出可比较的理论概念和关系，在理论化中激发想象力和创造力	• 定义理论的边界 • 识别和分析说明内部和说明之间的模式 • 列出说明之间的相似之处和不同之处 • 分析现存理论中的概念和关系 • 将识别的片段与视角说明进行比较
综合多元理论	• 形成强有力的（即非平凡的）理论贡献 • 超越直接案例，但又处在一定情境范围内实现理论化	• 区分前提和命题 • 将关系公式化为命题 • 对照现存的理论评估命题 • 根据数据验证概念和命题 • 通过自我反思重新评估理论界限 • 衍生管理和理论含义

注：一个步骤中的活动可能不总按照表中所列出的顺序发生。
资料来源：Müller et al.（2020：23 - 49）。

六　理论建设过程的螺旋模型

理论建设过程的螺旋模型（A Spiral Model of the Theory-building Process）是高度迭代的，具有以下特征：第一，这个过程包括两个主要部分，分别是活动及其结果，也被称为"理论建构的离子"；第二，读、反射和写三项活动是每次迭代的一部分，并且很可能几乎同时发生；第三，它强调理论家要确保一个特定的离子——内聚，这是他们的理论发展持续的一个结果；第四，它将理论建设过程描绘成一个迭代过程，并表明六次迭代中的每一次都会产生一个离子，每一次迭代都代表一个对好的理论至关重要的元素，但它的存在并不足以确保正在发展的理论有价值。对于理论家来说，要关注每一个离子的出现，捕捉它，并思考它将如何与其他离子结合成一个理论近似值，从而促进知识发展（Rivard，2021：316 - 328）。

第五节 良好理论的标准

一个良好理论会使用合适的概念，并以不平凡的方式加以组合，进而成功预测有意义的现象。要成为良好理论，就必须遵循优秀品质标准，良好理论的优点的关键特征包括唯一性、保守性、概括性、繁殖力、简约性、内在一致性、经验风险性和抽象性等（见表3-3），这适用于所有研究（Wacker，1998：361-385）。良好理论建设应该反映严谨性和相关性这两个重要品质（Marsick，1990：5-24），它们也被称为有效性和实用性（Van de Ven，1989：486-489）。以此类推，良好理论之所以实用，是因为它增加了科学知识，能引导科学研究瞄准关键问题，进而推进科学事业的发展。

表3-3 良好理论的优点：关键特征以及对良好理论的发展很重要的原因

优点	关键特征	对良好理论的发展很重要的原因
唯一性	品质的唯一性意味着一种理论必须与另一种理论相区别	如果两个理论相同，就应该被认为是单一理论。它适用于理论的所有方面，优点是直接适用于定义，因为定义是建设理论大厦最基本的组成部分
保守性	除非新理论的优点更胜一等，否则现有理论是无法取代的	这个标准是必要的，当一个新理论被提出时，就有充分的理由相信其他理论都缺乏某些优点
概括性	一个理论可以应用的领域越多，这个理论就越好	如果一种理论可以适用于一种类型的环境，而另一种理论可以适用于许多类型的环境，那么第二种理论就是一种更好的理论，因为它可以得到更广泛的应用。一些作者称这体现了理论的效用，因为那些应用得更广泛的理论更重要
繁殖力	一个在产生新模型和假设方面更加丰富的理论比一个假设较少的理论要好	将研究领域扩展到新概念领域的理论被认为优于研究已有领域的理论
简约性	节俭美德表明，在其他条件相同的情况下，假设越少越好	如果两种理论在其他方面都是平等的，那么假设越少、定义越少的理论就越有"美德"。这一优点还包括解释越简单，理论越好。这种"美德"使理论不会变得过于复杂和不可理解

优点	关键特征	对良好理论的发展很重要的原因
内在一致性	这意味着理论已经确定了所有关系，并给出了充分的解释	内在一致性辩驳是指理论从逻辑上解释变量之间的关系。理论对变量的解释越有逻辑，对后续事件的预测就越好。这种内在一致性意味着理论的实体和关系必须使用符号逻辑或数学进行内部兼容。这意味着概念和关系在逻辑上是相互兼容的
经验风险性	任何理论的实证检验都应该是有风险的。如果一个理论要被认为是一个良好理论，那么辩驳是非常可能的	如果有两种相互竞争的理论，那么可以预测最不可能发生的事件的理论会被认为是优越理论。在相反情况下，如果理论预测了一个非常可能的事件，那么它就不会被视为一个非常有价值的理论
抽象性	这意味着理论独立于时间和空间，并通过包含更多的关系来实现这种独立性	抽象性意味着最好把更多关系和变量整合成一个更大的理论。如果两个相互竞争的理论中的一个整合了具有更多内部一致关系的概念，那么它就会比整合了具有更少内部一致关系的理论更优

资料来源：Wacker（1998：361－385）。

一般来说，一个良好理论要具备逻辑一致性、解释力、可证伪性和简约性（Parsimony）四个基本标准。其中，简约性是指用很少的变量解释一个现象。我们要记住：理论的目的是对现实进行简化和概括的解释。最简单的理论，即用最少数量的变量或做出最少假设的理论，才是最好的理论。

总　结

本章概述了政策理论建设的几个维度，目的是提醒进行理论导向的政策科学研究注意以下三点：第一，原则上要遵循理论建设的一般规律；第二，在研究时不仅要瞄准政策本身，还要开阔视野，善于吸收和借鉴相关科学的理论成果，走交叉研究路线；第三，在方法上要有针对性地使用恰当的分析技术。只有这样，政策科学研究才能更深入。

参考文献

Abdallah，S.（2005）. Unravelling Methodologies：A Theory Building Approach. https：//

espace. curtin. edu. au/bitstream/handle/20. 500. 11937/287/16417_ Abdallah% 2C% 20Salam% 202005. pdf? sequence = 2&isAllowed = y.

Dubin, R. (1978). *Theory Building*. New York: Free Press.

Eisenhardt, K. M. (1989). Building Theories from Case Study Research. *Academy of Management Review*, 14 (4).

Fook, J. (2002). Theorizing from Practice: Towards an Inclusive Approach for Social Work Research. *Qualitative Social Work*, 1 (1).

Freese, L. (1980). Formal Theorizing. *Annual Review of Sociology*, 6.

Freytag, P. V. , Young, L. (2018). Theory Building: Using Abductive Search Strategies. In Freytag, P. V. , Young, L. (eds.). *Collaborative Research Design: Working with Business for Meaningful Findings*. Singapore: Springer.

Gilgun, J. (1994). Hand in Glove: The Grounded Theory Approach and Social Work Practice Research. In Sherman, E. , Reid, W. J. (eds.). *Qualitative Research in Social Work*. New York: Columbia University Press.

Haigh, N. , Withell, A. J. (2020). The Place of Research Paradigms in SoTL Practice: An Inquiry. *Teaching & Learning Inquiry*, 8 (2).

Hillix, W. A. , L'Abate, L. (2012). The Role of Paradigms in Science and Theory Construction. In L'Abate, L. (ed.). *Paradigms in Theory Construction*. New York: Springer.

Iacob, S. , Popescu, C. , Ristea, A. L. (2015). The Role of Epistemological Paradigms in Research in Social Sciences and Humanities. *Theoretical and Applied Economics*, XXII, 4 (605).

Ippoliti, E. (2018). Building Theories: The Heuristic Way. In Danks, D. , Ippoliti, E. (eds.). *Building Theories: Heuristics and Hypotheses in Sciences*. Gewerbestrasse, Cham, Switzerland: Springer.

Kozlowski, S. W. J. , Klein, K. J. (2000). A Multilevel Approach to Theory and Research in Organizations: Contextual, Temporal, and Emergent Processes. In Klein, K. J. , Kozlowski, S. W. J. (eds.). *Multilevel Theory, Research, and Methods in Organizations: Foundations, Extensions, and New Directions*. San Francisco, CA: Jossey-Bass.

Lather, P. (1986). Research as Praxis. *Harvard Educational Review*, 56 (3).

Lincoln，Y. S. ，Guba，E. G. （2000）. Paradigmatic Controversies，Contradictions，and Emerging Confluences. In Denzin，N. K. ，Lincoln，Y. S. （eds. ）. *Handbook of Qualitative Research*. London：Sage.

Lynham，S. A. （2000）. Theory Building in the Human Resource Development Profession. *Human Resource Development Quarterly*，11（2）.

Lynham，S. A. （2002）. The General Method of Theory-Building Research in Applied Disciplines. *Developing Human Resources*，4（3）.

Marsick，V. J. （1990）. Altering the Paradigm for Theory Building and Research in Human Resource Development. *Human Resource Development Quarterly*，1（1）.

Meredith，J. （1993）. Theory Building through Conceptual Methods. *International Journal of Operations & Production Management*，13（5）.

Morgan，G. （1980）. Paradigms，Metaphors，and Puzzle Solving in Organization Theory. *Administrative Science Quarterly*，25（4）.

Müller，S. D. ，Mathiassen，L. ，Saunders，C. （2020）. Pluralist Theory Building：A Methodology for Generalizing from Data to Theory. *Journal of the Association for Information Systems*，21（1）.

Pawar，B. S. （2009）. *Theory Building for Hypothesis Specification in Organizational Studies*. Thousand Oaks，California：Response Books Business Books from Sage.

Reynolds，P. D. （1971）. *A Primer in Theory Construction*. New York：Macmillan.

Rivard，S. （2021）. Theory Building Is Neither an Art Nor a Science. It is a Craft. *Journal of Information Technology*，36（3）.

Ritzer，G. （2001）. *Explorations in Social Theory*. London：Sage.

Swanson，R. A. （1988）. Research and Development（and Other Life and Death Matters）. *Performance Improvement Quarterly*，1（1）.

Swanson，R. A. （2000）. Theory and Other Irrelevant Matters. *Human Resource Development International*，3（3）.

Swanson，R. A. ，Chermack，T. J. （2013）. *Theory Building in Applied Disciplines*. San Francisco，California：Berrett-Koehler Publishers，Inc. .

Swanson，R. A. ，Holton，E. F. Ⅲ. （2005）. *Research in Organizations：Foundations and Methods of Inquiry*. San Francisco：Berrett-Koehler.

Thorkildsen，T. A. （2005）. *Fundamental of Measurement in Applied Research*. Boston：

Allyn & Bacon.

Torraco, R. J. (2002). Research Methods for Theory Building in Applied Disciplines: A
Comparative Analysis. *Advances in Developing Human Resources*, 4 (3).

Van de Ven, A. H. (1989). NothingIs Quite So Practical as a Good Theory. *Academy of
Management Review*, 14 (4).

Van Manen, M. (1990). *Researching Lived Experience: Human Science for an Action
Sensitive Pedagogy*. New York: State University of New York Press.

Von Wright, G. H. (1971). *Explanation and Understanding*. London: Routledge & Keg-
an Paul.

Wacker, J. G. (1998). A Definition of Theory: Research Guidelines for Different Theo-
ry-Building Research Methods in Operations Management. *Journal of Operations Man-
agement*, 16 (4).

Willett, G. (1996). *Paradigme, théorie, modèle, schéma: Qu'est-ce donc?* https://
journals. openedition. org/communicationorganisation/1873.

Zelditch, M. Jr. (1979). Do Multiple Strategies Converge? *Society*, 16 (5).

第四章　交叉学科研究和政策科学

对交叉学科（Interdisciplinarity）的关注源于这样一种认识，即应用研究问题往往不是源于科学，也不对应一个学科。作为一种延伸，学科方法上的限制被暴露了，这突出了对跨学科的新方法的需求。这种交叉学科意识体现在 20 世纪 50 年代以来出现的新领域，如生态学、环境科学、生物技术、知识社会学、话语研究、文化研究和系统科学等。同时，这些新兴领域反映了不同知识领域之间不同程度的互动和整合，以及应用研究和学科/交叉学科工作之间复杂的演变关系（Wiesemes，Karanika-Murray，2009：2）。交叉学科实践已经在当前学术研究和围绕知识产生的讨论中占据重要位置。本章回顾和选择了一些对政策科学具有重要意义的交叉学科研究文献，以供政策科学家参考和使用。

第一节　理解交叉学科

一　定义

（1）交叉学科的最早定义。交叉学科的一个"公理"是：当整合不同的感知领域，或者不同的人对同一事物/目标进行一系列不同种类的观察时，需要一个交叉学科团队（Luszki，1958：11）。

（2）一个被广泛引用的定义。交叉学科是"两个或多个学科之间的相互作用"，其范围从简单的思想交流到对（学科）概念、方法论、程序、认识论、术语和数据的相互整合（OECD，1972：25）。

（3）一个普遍且经常被引用的定义。交叉学科是一种解决问题和回答问题的方法，这些问题不能用单一的方法或途径以被令人满意地解决（Klein，1990：196）。

（4）把交叉学科研究看作一种模式。在这种模式中，单个科学家或科学家团队整合了来自两个或多个学科或专业知识领域的信息、数据、技术、工具视角、概念或理论，目的是促进基本理解或解决超出单个学科或研究实践范围的问题（National Academy of Sciences，2005：26）。

（5）一些交叉学科研究者根据代表传统学科的个人之间的合作来定义交叉学科（Borrego，Newswander，2010：61－84）。交叉学科研究往往是一个协作的过程，一个交叉学科的专家能够整合他人的意见来解决问题，这一过程可能包括协调团队成员。这是从事技术和科学研究的跨学科人员的一个显著特点，这些研究通常涉及团队合作（Repko，2008：44）。在进行交叉学科研究的过程中，来自不同学科的两个或两个以上的人同意研究共同关心的问题，并设计和实施方案，最后基于对该问题的系统调查结果达成共识（Bruhn，2000：58－66）。

（6）雷普科（Repko，2007：1－31）总结了交叉学科的两个概念类别：通用论（Generalist）和整合论（Integrationist）。通用论者松散地把交叉学科理解为"两个或多个学科之间的任何形式的对话或互动"，同时最小化、模糊化或完全拒绝整合的作用（Moran，2002：16）。整合论者把交叉学科定义为"回答一个问题、解决一个问题或解决一个由于过于宽泛或复杂而无法由单一学科或专业充分处理的话题的过程，利用学科观点并通过产生更全面的理解来整合其见解"（Klein，Newell，1997：393－394）。整合论者强调整合的优先性，关注发展一个独特的基于研究过程的交叉学科理论，并描述它是如何运作的（Newell，2007：245；Vess，Linkon，2002：89）。

二 交叉学科的知识本质

交叉学科有两种主要形式：工具性和批判性。

（1）工具性交叉学科是由问题驱动的。索尔特和赫恩（Salter，Hearn，1996：9）将工具性交叉学科定义为一种务实的方法，关注交叉学科作为一种解决问题的活动，而不寻求对不同观点的综合或融合。但仅仅借用是不够的，还必须使其得到整合的补充。对于工具性交叉学科来说，考虑到目前从相关学科获得的见解，进行尽可能多的整合是不可或缺的（Repko，Szostak，2017：52）。

（2）批判性交叉学科是由社会驱动的，它"质疑知识和教育的主导结构，目的是改变它们，同时提出有关价值和目的的认识论和政治问题"（Klein，2010：30）。

这两种形式的交叉学科有某些共同之处：假设、理论和对认识论多元化的承诺。这些共性构成了跨学科的知识本质，并为这一多样化的领域提供了连贯性（Repko，Szostak，2017：52）。

三 交叉学科的要点

尼桑尼（Nissani，1997：201-216）列举了交叉学科的10个要点。

（1）创造力往往需要跨学科的知识。

（2）移入者经常为他们的新领域做出重要贡献。

（3）学科内的人经常犯错误，而熟悉两个或两个以上学科的人最容易发现这些错误。

（4）一些有价值的研究课题往往落在传统学科之间的空隙中。

（5）许多智力、社会和实践问题的解决需要利用交叉学科的方法。

（6）交叉学科的知识和研究提醒我们知识与理想的统一性。

（7）交叉学科研究者在研究中享有更大的灵活性。

（8）比起狭隘的学科研究者，交叉学科研究者常常把自己当作在新大陆旅行的智力等价物。

（9）交叉学科研究者可能有助于打破现代学术的交流鸿沟，从而有助于调动巨大的智力资源，促进实现更大的社会理性和正义。

（10）通过弥合分散的学科，交叉学科研究者可能会在捍卫学术自由方面发挥作用。

第二节　概念比较

一　多学科和交叉学科

多学科（Multidisciplinarity）是指将来自两个或多个学科的见解并列放置（Repko，Szostak，2017：69）。学科之间的关系只是一种邻近关系，它们之间并没有真正融合（Moran，2002：14）。多学科研究（Multidisciplinary Research）是指涉及多个学科但没有整合的研究。对所涉及学科的结果进行比较，随后从每个单独的学科中得出结论，但是没有整合学科见解（Menken，Keestra，2016：32）。在"纯"多学科的形式中，任务的各个部分由组织上独立的单位完成，每个单位只包括一个学科的实践者。他们的活动成果由一名任务协调员整合成一个连贯的整体，该协调员对此负有最终责任。"纯"的跨学科形式中的任务的要素在由完成任务所必需的学科实践者组成的一个单位内执行。该单位成员共同负责将个人贡献整合成一个连贯的整体（Epton et al.，1983：70）。相比之下，交叉学科会有意识地整合学科见解，以产生对复杂问题或智力问题的更全面的理解（Repko，Szostak，2017：70）。

多学科和交叉学科有一个共同点（Repko，Szostak，2017：70；Nikitina，2005：389 - 425）：寻求克服学科的狭窄性。它们以不同的方式做到这一点。多学科意味着将活动限制在仅仅欣赏不同的学科观点上。交叉学科意味着更包容什么样的学科理论、概念和方法以适合解决问题。这也意味着交叉学科对其他调查方法持开放态度，会使用不同的学科工具，并仔细评估一种工具相对于另一种工具的有用程度，进而揭示问题。

二　跨学科和交叉学科

作为交叉学科的补充，跨学科包括整合学术之外产生的见解、团队研究方法、非学术参与者积极参与研究的设计，以及"案例研究"方法

（Repko，Szostak，2017：72）。跨学科研究（Transdisciplinary Research）发生在研究人员与学术世界之外的利益相关者合作之时，意味着学术世界之外的知识以及利益相关者的价值观与学术知识相结合。这些见解共同决定了研究什么问题、如何进行研究，以及选择哪些干预措施解决问题（Menken，Keestra，2016：32）。跨学科是理论、概念或方法在学科间的应用，目的是进行一个总体的综合（Lattuca，2001：83）。所以，米勒（Miller，1982：1－37）将跨学科方法定义为"声称超越了学科世界观的狭窄范围并隐喻性地包含由各个专门学科分别处理的材料领域的几个部分的清晰的概念框架"。当然，这些因素与交叉学科实践并不矛盾，交叉学科实践也可能涉及见解、团队研究，以及借鉴学术之外的生活经验和专业知识（Repko，Szostak，2017：72）。

总之，对于那些区分多学科和交叉学科的人来说，多学科的整合性较低，通常是多个学科贡献的暂时或微弱的组合。虽然早先对跨学科的定义聚焦超越传统学科的总体理论，但该术语最近的含义包括更广泛的利益相关方，包括从业者和公众，其重点是解决真正的问题（Borrego，Newswander，2010：61－84）。

第三节　交叉学科的理论和观点

一　理论

（1）共同点（Common Ground）。值得一提的是，柯克曼（Kockelmans，1979：141－143）通过定义对交叉学科和共同点的发展做出两个重要贡献：首先，他引入了"共同点"一词，将交叉学科视为从事大型政府和行业项目的不同学科的科学家之间合作交流的基础——"共同点"；其次，柯克曼是第一个将整合相关学科见解（即基于研究的学术观点）与共同点的发展联系起来的人。

（2）本体论基础。纽维尔（Newell，2001：1－25）认为，复杂性应该是进行跨学科工作的首要理由。这一论断及其持续引发的争议掩盖了另一个同样重要的论断，使得这个论断在很大程度上被忽视了：创造共同点使整合成为可能，整合是交叉学科研究过程的标志（Repko，2007：1 - 31）。纽维尔（Newell，2001）是第一个建立交叉学科本体论基础理论的人，他把交叉学科看作共振认识论，认为我们可以通过交叉理论获得现实的知识。

（3）两种论证（Chettiparamb，2007：13 - 15）。第一种论证主张交叉学科的规范性，要么把它定位为填补学科性留下的空白，要么把它定位为超越学科性所能达到的目标。第二种论证主张交叉学科的现象学特性，因为它源于对实践的观察。这种观点认为跨学科已经存在于学科内部，学科性和跨学科性的组织在历史上是交织在一起的，学科的专业化和混合化实际上是知识进步的本质。

二　交叉学科的三种策略

鉴于聚焦探寻基本目的（探索人类状况、解释自然世界，或创造新的政策或产品），而不是其机制，尼基蒂娜（Nikitina，2006：251 - 271）提出了交叉学科的三种策略（见表4 - 1）。

（1）第一种策略是情境化，是一种将学科材料嵌入时间、文化和个人经历的方法。因此，情境化可以有不同的面孔，这取决于情境是什么，包括作为情境的历史、作为情境的哲学或形而上学，以及作为情境的认识论等。

（2）第二种策略是概念化，涉及确定对两个或更多学科至关重要的核心概念，并在它们之间建立严格的量化联系。

（3）第三种策略是解决问题，涉及在几个学科（生物学、化学、政治学、经济学等）中收集知识和思维模式，以解决需要一种以上学科的知识才能解决的混乱的现实生活问题。这一策略的主旨是面向行动的应用社会科学或重视实现生产目标的应用领域，追求产生切实成果（产品、技术、政策、方法）以实现改善人类状况的目标。

表4-1　三种策略的优点、弱点及弥补弱点的方式

策略	优点	弱点	弥补弱点的方式
情境化	• 容易在不相关的知识领域之间建立外部联系 • 探索学科的哲学根源 • 学生对知识的社会影响的意识得到了提高	• 没有对学科事实和实践进行深入研究 • 学科对话发生在元学科层面——社会意义层面	• 进行方法讨论和实验作业有助于进行概括
概念化	• 相关知识领域严格关联 • 在学科的具体内容（如事实、理论、实践）上的交流丰富	• 有限的联系范围 • 不为学习者提供个人参考点	• 进行关于科学方法论和发现的历史环境的讨论 • 通过现实生活中的问题展示一些内容
解决问题	• 问题的紧迫性调动了学生的注意力和创造力 • 掌握具体的学科内容往往是一个先决条件 • 不相关的学科很容易走到一起，它们之间的差异得到了果断和务实的弥合	• 学习是针对问题的，因此覆盖范围仅限于相关工具和理论 • 对学科方法差异的反思和考虑很少	• 对问题进行历史和文化调查以找到额外的解决方案，或更全面地了解问题的复杂性

资料来源：Nikitina（2006：251-271）。

三　理论借用

"理论借用"（Theory Borrowing）是指一门学科的方法、技能或理论在另一门学科中被运用。一种借用的技术可能被完全同化，甚至不再被认为是外来的，它可能会改变实践而不被认为是交叉学科的技术（Klein，2000：11）。根据默里和埃弗斯（Murray，Evers，1989：647-652）的研究，理论借用有如下特点。

（1）理论借用过程对相对较新的跨学科领域来说很重要，因为这些领域并没有很长的理论构建和测试历史。

（2）理论借用过程包括将一个理论从它的原始背景中移除，并在另一个背景中使用它来解释对该领域具有重要意义的现象。

（3）为了最大限度地减少错误借用，理论借用过程必须变得明确、有目的和有意识。为此，研究人员必须了解重要的哲学问题。

（4）恰当的借用是理论上层建筑、科学类型和社会情境和谐一致的结

果。这些要素之间的不一致可能会给研究项目带来实质性的问题。

（5）年轻的交叉学科领域需要从其他更成熟的学科中借鉴理论、方法和目标。有时，这种借用过程是一个有意识或有目的的过程，这意味着在其他学科中发现的理论是基于特定的原因进行评估和选择的。

（6）在其他时候，借用过程的特点是随机、偶然或机会主义的过程。有目的的借用所产生的学科将产生更富有成效的（持久的、相关的、适用的）和纲领性的范式。

政策科学定位于行动，是一个交叉学科领域（Dror，1969：272 - 273）。理论借用是政策科学理论建设较为常用的方法，例如，从物理学引入的情境性（Lasswell，1971：4）、从未来学和哲学推理理论引入的政策导向的未来研究和政策推理（Dror，1970：3 - 16，1989：99 - 104）、从物理学引入的政策理论（Breunig et al.，2016：S123 - S132）、从药用植物学的标识说和哲学的标识理论引入的政策标识（李兵，2021a：37 - 52）、从哲学解释学引入的政策解释学（李兵，2021b：66 - 72）、从社会学引入的政策科学的理论化（李兵，2022：126 - 154）等。

第四节　交叉学科研究的关键要素、标准、一般原理与方法和步骤

一　交叉学科研究的关键要素

根据雷普科和斯佐斯塔克（Repko，Szostak，2017：50）的总结，交叉学科研究具有以下8个关键要素：

（1）交叉学科研究有一个特别的实质性重点；

（2）交叉学科研究的重点超出了单一学科的视角；

（3）交叉学科研究的一个显著特点是它集中于一个复杂的问题；

（4）交叉学科研究的特点是一个可识别的过程或一种探寻模式；

（5）交叉学科研究会明确要借鉴的学科；

（6）交叉学科研究提供了对实质性重点的见解；

（7）交叉学科研究以整合为目标；

（8）交叉学科研究的目标是务实的，以新理解、新产品或新意义的形式实现认知进步。

二　交叉学科研究的标准

伯恩鲍姆（Birnbaum，1977：272－284）开发了一套指标来确定一个项目在多大程度上符合交叉学科研究的标准：

（1）研究小组成员代表不同的知识体；

（2）研究小组成员可以使用不同的方法解决问题；

（3）研究小组成员在解决问题的过程中扮演不同的角色；

（4）研究小组成员就一个共同问题开展工作；

（5）研究小组成员对最终产品负责；

（6）研究小组成员共享共同的设施；

（7）问题的性质决定了研究小组成员的选择；

（8）研究小组成员受其他人如何执行任务影响。

三　交叉学科研究的一般原理

当建立在一个以上学科的理论和先前研究的基础上，并使用一个以上研究传统的数据收集和分析方法时，我们的研究就是交叉学科研究（Locker，1994：137－151）。根据卡皮拉和莫赫（Kapila，Moher，1995）的总结，指导交叉学科研究的一般原理如下。

（1）学科基础是学科交叉的先决条件。

（2）对共同目标的持续认可，团队成员之间的定期沟通、协商、进行数据交换和得出临时结论，以及对团队合作的强烈承诺，是学科交叉过程的核心。

（3）交叉学科研究的质量取决于对准备、学科投入质量、互动过程和综合质量的关注。交叉学科的核心原则可以简称为"3C"：学科之间在解决特定问题时的协作（Collaboration）、合作（Cooperation）和交流（Communication）。

（4）在以单一学科研究为规范的机构或地区，鼓励多学科合作可能比交叉学科合作更容易。多学科和交叉学科之间的主要区别涉及学科之间的联系和交流的强度，前者涉及最少的咨询，后者凸显在整个研究过程中的重复互动。

（5）通过鼓励不同学科的学者和研究人员、政策制定者在更广泛的社区定期联系，可以促进为交叉学科研究做好准备。对专业以外的联系持开放态度，可以使交叉学科研究的基础更牢靠、发展前景更好。

（6）交叉学科研究的相关花费（即时间、人员、金钱）普遍高于单学科研究。这在项目开始时尤其明显，因为这个时候要确定团队、选择领导者，以及构建开发团队成员之间的沟通渠道等。

（7）跨学科进程需要使用电子设备或社交网络来输入和传播知识和信息。

四 交叉学科研究的方法和步骤

1. 克莱因的研究过程

克莱因（Klein，1990：188 - 189）最先尝试明确交叉学科的研究过程，具体包括：

（1）定义问题；

（2）确定所有知识需求，包括适当的学科代表和顾问以及相关的模型、传统和文献；

（3）构建一个整合框架和明确需要调查的适当问题；

（4）具体说明将要进行的特定研究；

（5）参与"角色谈判"；

（6）收集所有当前的知识及相关新信息；

（7）用共同的词语解决学科冲突；

（8）通过整合技术建立和保持沟通；

（9）整理所有贡献，评估它们的充分性、相关性和适应性；

（10）整合各个部分以确定相互关联的模式；

（11）确认或不确认建议的解决方案；

（12）决定任务或项目的未来管理或处置方法。

2. 纽维尔的版本

纽维尔（Newell，2001：1-25）的版本包括两个部分。

（1）借鉴学科观点：第一，定义问题；第二，确定相关学科（包括交叉学科）；第三，掌握各学科的相关概念、理论、方法；第四，收集所有当前学科的知识及相关新信息；第五，从各个学科的角度研究问题；第六，对问题产生学科见解。

（2）通过构建更全面的视角整合相关见解：第一，通过使用学科观点阐明彼此的假设，或者通过寻找具有共同含义的不同术语来识别见解中的冲突；第二，评估特定问题情境下的假设和术语；第三，用共同的词语和假设来解决冲突；第四，创造共同点；第五，构建对问题的新理解；第六，制作一个模型（隐喻、主题）来捕捉新的理解；第七，通过尝试解决问题来检验理解。

3. 斯佐斯塔克的版本

斯佐斯塔克（Szostak，2002：103-122）的版本就如何开展交叉学科研究列出了12个步骤：

（1）从一个交叉学科的问题开始；

（2）确定所涉及的关键现象，其中包括次要现象；

（3）确定哪些理论和方法与手头的问题特别相关；和现象一样，注意不要随便忽略那些可能会对问题有所启发的理论和方法；

（4）进行详细的文献调查；

（5）确定相关学科及观点；

（6）如果步骤（2）和步骤（3）中确定的一些相关现象（或这些现象之间的联系）、理论或方法在文献中很少或没有受到关注，研究者应尝试进行或鼓励进行此类研究；

（7）评估之前研究的结果；

（8）比较以前学科或交叉学科研究的结果；

（9）进行更全面的分析；

（10）反思整合的结果；

（11）检验整合的结果；

（12）交流结果。

4. 雷普科的版本

根据雷普科（Repko，2008：21）的总结，交叉学科研究有 6 个步骤：

（1）确定相关学科；

（2）提升相关学科的充分性；

（3）分析问题并评估对问题的每个见解；

（4）确定见解中的冲突；

（5）创造或发现共同点；

（6）整合见解并产生跨学科理解。

第五节　交叉学科研究和政策科学探察

政策科学是一个元框架（Clark，Wallace，2015：233 - 255），是一个探究社会进程中的个人的综合理论（Lasswell，McDougal，1992：xxix）。政策科学的交叉学科框架提供了一种分析和实证的方法、一组概念和一个词语来帮助人们解决问题。它为理解问题、设计和评估潜在的解决方案提供了一个稳定的参考框架。它的变量构成了一个逻辑上完整的映射类别集，可以帮助研究人员和问题解决者理解和解决复杂的问题。其基本操作涉及问题导向、社会和决策过程的情境映射、多种方法的使用、框架使用者立场的澄清，以及共同利益目标的阐明（Clark，Wallace，2015：233 - 255）。

公共政策研究必须是交叉学科研究，因为公共项目和公共政策问题是复杂的，超越了任何单一的方法。重要的是，一个有效的公共政策研究项目在方法上真正地属于交叉学科研究范畴，而不仅仅是多学科的。政策研究不仅应该涉及多个学科，而且每个参与者都应该努力理解其他参与者的观点。在不丧失特定学科视角的同时，政策研究过程中的所有参与者都应努力理解和欣赏其他学科视角的独特贡献（University of Arkansas，2021）。

列文（Levien，1981）认为，交叉学科科学（Interdisciplinary Science）是政策的必要辅助手段，当然也需要特殊政策来完善有用的交叉学科科学。为此，他提出了有关科学知识和政策的 10 个基本命题和 4 个定理。

命题 1：几乎每个政策领域的决策都需要科学和技术知识。

命题 2：没有一个科学领域拥有任何政策领域的所有相关知识。因此，来自几个科学领域的知识必须结合起来，才能为政策制定者提供适当的帮助。

命题 3：科学是一种组织成学科群的社会活动。

命题 4：科学家寻求科学界同行的认可。

命题 5：与应用研究相比，大多数科学家更重视该学科的基础研究。

命题 6：好的交叉学科科学必须建立在好的学科科学和科学家的基础上。

命题 7：正常的科学体系不鼓励优秀的学科研究人员参与跨学科研究，尤其是在进行跨学科应用研究时。

命题 8：交叉学科研究机构必须有一个平衡的环境和激励系统，其目的一是吸引优秀的学科专家，二是鼓励开展交叉学科和应用研究。

命题 9：成功的交叉学科研究机构通常独立于现有的研究和政策制定机构。

命题 10：要取得成功，交叉学科研究机构必须成为更大的科学界（学术界）的一部分。

定理 1：政策制定需要参考交叉学科研究。

定理 2：交叉学科研究需要新的机构——交叉学科研究机构。

定理 3：交叉学科研究需要一个新的科学子系统——独立的交叉学科研究机构网络。

定理 4：为了使政策制定能够利用科学和技术知识，需要具备特殊的科学政策，以为开展良好的交叉学科应用研究创造关键条件。

一个较为成功的案例是俄克拉荷马大学科学与公共政策项目的交叉学科团队采用的方法（White，1979：95－106）。该方法由四个主要组成部分或概念要素组成：技术评估的一般概念框架（一种特殊的应用政策研究）、跨学科团队、众多外部专家和利益相关者的积极参与，以及问题－系统政策分析框架。

因此，交叉学科研究不仅可以建立一个强大的跨学科团队，选择和激励项目负责人，最大限度地增加机构支持，还要最大限度地减少官僚主义对其的限制。此外，为了有效地整合政策相关目标，研究人员需要理解跨越学科边界的障碍，吸纳政策实践者的观点。研究人员还需要理解在由不同学科的各种学者组成的研究小组（或实体）与不同机构或政府部门的同组实践者进行合作时出现的整合问题（Sapat，2021：1232－1239）。

总　结

总的来说，交叉学科研究具有三项价值：第一，在分析复杂问题时，交叉学科研究相对于单一学科研究更具有规范价值（Henry，2018：66－107）；第二，作为对纯学科研究的背离，交叉学科展示了学术创新的辩证发展情况（Hutcheon，1997：19－22）；第三，交叉学科研究总是在某种程度上具有变革性，能够在各种学科的互动中产生新的知识形式（Moran，2002：16）。在过去70多年中，政策科学的创立和发展得益于对交叉学科的研究，相信在未来，政策科学的繁荣仍然需要使用交叉学科研究的理论和方法。

参考文献

李兵（2021a）.《政策标识和政策科学》.《中国公共政策评论》，2。

李兵（2021b）.《政策解释学和政策科学运动》.《行政论坛》，4。

李兵（2022）.《政策科学：理论新发现》.社会科学文献出版社。

Birnbaum, P. H. (1977). Assessment of Alternative Management Forms in Interdisciplinary Projects. *Management Science*, 24 (3).

Borrego, M. , Newswander, L. K. (2010). Definitions of Interdisciplinary Research: Toward Graduate-level Interdisciplinary Learning Outcomes. *The Review of Higher Education*, 34 (1).

Breunig, C. , Koski, C. , Workman, S. (2016). Knot Policy Theory. *The Policy Studies Journal*, 44 (S1).

Bruhn, J. G. (2000). Interdisciplinary Research: A Philosophy, Art Form, Artifact, or Antidote? *Integrative Physiological and Behavioral Science*, 35 (1).

Chettiparamb, A. (2007). *Interdisciplinarity: A Literature Review*. Southampton: The Interdisciplinary Teaching and Learning Group, Subject Centre for Languages, Linguistics and Area Studies, School of Humanities, University of Southampton.

Clark, S. G. , Wallace, R. L. (2015). Integration and Interdisciplinarity: Concepts, Frameworks, and Education. *Policy Sciences*, 48 (2).

Dror, Y. (1969). Approaches to Policy Sciences. *Science*, 166 (3902).

Dror, Y. (1970). A Policy Sciences View of Futures Studies. *Technological Forecasting and Social Change*, 2 (1).

Dror, Y. (1989). Policy Reasoning for Forecasting. *Technological Forecasting and Social Change*, 36 (1 – 2).

Epton, S. R. , Payne, R. L. , Pearson, A. W. (eds.) (1983). *Managing Interdisciplinary Research*. New York: John Wiley & Sons.

Henry, S. (2018). Beyond Interdisciplinary Theory: Revisiting William H. Newell's Integrative Theory from a Critical Realist Perspective. *Issues in Integrative Studies*, 36 (2).

Hutcheon, L. (1997). Disciplinary Formation, Faculty Pleasure, and Student Risks. *ADE Bulletin*, 117.

Kapila, S. , Moher, R. (1995). *Across Discipines: Principles for Interdisciplinary Research*. Ottawa, Ontario: International Development Research Centre & Policy and Planning Group.

Klein, J. T. (1990). *Interdisciplinarity: History, Theory, and Practice*. Detroit, MI: Wayne State University Press.

Klein, J. T. (2000). A Conceptual Vocabulary of Interdisciplinary Science. In Weingart, P. , Stehr, N. (eds.). *Practising Interdisciplinarity.* Toronto: University of Toronto Press.

Klein, J. T. (2010). *Creating Interdisciplinary Campus Cultures: A Model for Strength and Sustainability.* San Francisco, CA: Jossey-Bass.

Klein, J. T. , Newell, W. H. (1997). Advancing Interdisciplinary Studies. In Gaff, J. G. , Ratcliff, J. L. , Associates (eds.). *Handbook of the Undergraduate Curriculum: A Comprehensive Guide to Purposes, Structures, Practices, and Change.* San Francisco: Jossey-Bass.

Kockelmans, J. J. (1979). Why Interdisciplinarity. In Kockelmans, J. J. (ed.). *Interdisciplinarity and Higher Education.* University Park and London: Pennsylvania State University Press.

Lasswell, H. D. (1971). *A Pre-view of Policy Sciences.* New York: American Elsevier.

Lasswell, H. D. , McDougal, M. S. (1992). *Jurisprudence for a Free Society: Studies in Law, Science and Policy.* New Haven: New Haven Press.

Lattuca, L. R. (2001). *Creating Interdisciplinarity: Interdisciplinary Research and Teaching among College and University Faculty.* Vanderbilt: Vanderbilt University Press.

Levien, R. E. (1981). *Interdisciplinary Science and Policy.* International Instutue for Applied Systems Analysis A – 2361, Laxenburg, Austria. https://pure. iiasa. ac. at/id/eprint/1813/1/PP – 81 – 004. pdf.

Locker, K. O. (1994). The Challenge of Interdisciplinary Research. *Journal of Business Communication,* 31 (2).

Luszki, M. B. (1958). *Interdisciplinary Team Research: Methods and Problems.* Washington, DC: National Training Laboratories.

Menken, S. , Keestra, M. (eds.) (2016). *An Introduction to Interdisciplinary Research: Theory and Practice.* Amsterdam: Amsterdam University Press.

Miller, R. C. (1982). Varieties of Interdisciplinary Approaches in the Social Sciences. *Issues in Integrative Studies,* 1.

Moran, J. (2002). *Interdisciplinarity.* New York: Routledge.

Murray, J. B. , Evers, D. J. (1989). Theory Borrowing and Reflectivity in Interdisciplinary Fields. *Advances in Consumer Research,* 16 (1).

National Academy of Sciences（2005）. *Facilitating Interdisciplinary Research*. Washington, DC: National Academies Press.

Newell, W. H.（2001）. A Theory of Interdisciplinary Studies. *Issues in Integrative Studies*, 19.

Newell, W. H.（2007）. Decision-making in Interdisciplinary Studies. In Göktug Morçöl（ed.）, *Handbook of Decision Making*. Boca Raton, FL: CRC/Taylor & Francis.

Nikitina, S.（2005）. Pathways of Interdisciplinary Cognition. *Cognition and Instruction*, 23（3）.

Nikitina, S.（2006）. Three Strategies for Interdisciplinary Teaching: Contextualizing, Conceptualizing, and Problem-Centring. *Journal of Curriculum Studies*, 38（3）.

Nissani, M.（1997）. Ten Cheers for Interdisciplinarity: The Case for Interdisciplinary Knowledge and Research. *The Social Science Journal*, 34（2）.

OECD（1972）. *Interdisciplinarity: Problems of Teaching and Research in Universities*. Paris: Organization for Economic Cooperation and Development.

Repko, A. F.（2007）. Integrating Interdisciplinarity: How the Theories of Common Ground and Cognitive Interdisciplinarity Are Informing the Debate on Interdisciplinary Integration. *Issues in Integrative Studies*, 25.

Repko, A. F.（2008）. *Interdisciplinary Research*. Thousand Oaks, CA: Sage.

Repko, A. F., Szostak, R.（2017）. *Interdisciplinary Research: Process and Theory*（*Third Edition*）. Thousand Oaks, California: Sage.

Salter, L., Hearn, A.（1996）. *Outside the Lines: Issues in Interdisciplinary Research*. Montreal: McGill-Queen's University Press.

Sapat, A.（2021）. Lost in Translation? Integrating Interdisciplinary Disaster Research with Policy Praxis. *Risk Analysis*, 41（7）.

Szostak, R.（2002）. How to Do Interdisciplinarity: Integrating the Debate. *Issues in Integrative Studies*, 20.

University of Arkansas（2021）. *What Is Public Policy?* https://policy. uark. edu/prospective-applicants/what-is-public-policy. php.

Vess, D., Linkon, S.（2002）. Navigating the Interdisciplinary Archipelago: The Scholarship of Interdisciplinary Teaching and Learning. In Huber, M. T., Morreale, S.（eds.）. *Disciplinary Styles in the Scholarship of Teaching and Learning: Explo-*

ring Common Ground. Washington, DC: American Association for Higher Education.

White, I. L. (1979). An Interdisciplinary Approach to Applied Policy Analysis. Technological Forecasting and Social Change, 15 (2).

Wiesemes, R., Karanika-Murray, M. (2009). The Cross-Disciplinary Research Group Overcoming Isolation, Promoting Communication and Interdisciplinarity. In Karanika-Murray, M., Wiesemes, R. (eds.). *Exploring Avenues to Interdisciplinary Research: From Cross-to Multi-to Interdisciplinarity.* Nottingham: Nottingham University Press.

第五章　理解和政策理论建设

　　长期以来，理解（Understanding）被科学哲学家所忽视，典型的时间是 20 世纪 50 年代和 60 年代，因为理解被认为是主观的（de Regt，2017：23；2019：327 – 343）。自 2000 年以来，无论是在科学哲学中还是在认识论中，理解的概念都受到了不同程度的重视，已经为推动科学哲学、心理学、生物学、物理学、工程学、社会学和政治科学等学科发展做出了重要贡献。理解和行动是紧密相连的，在二者的关系中，理解是对行动的理解。在人文和社会领域，理解是对人类行动或社会行动的理解。政策是一种人类行动或社会行动，我们必须对它的性质、要素、过程、情境等进行理解。由此推断，理解应该在政策科学的理论建设上有所作为。

第一节　什么是理解

　　理解是一个被我们和其他任何人都一样了解的词，但是我们在哲学上并不清楚理解是什么。理解这个词抓住了一些重要的概念，足以出现在许多书名中。然而，在一个语言分析的时代，理解实际上超越了用英语表达的哲学研究（Franklin，1983：307 – 328）。科学家和普通人一样，通常将理解视为科学研究中最重要和最有价值的产物之一（de Regt，2017：1）。理解的科学意义在于其"涉及世界图景的发展，包括对世界运行的基本机制的了解，这是建立在客观证据的基础上的——我们有充分的理由认为，客观证据实际上或多或少地代表了世界的现状"（Salmon，1998：90）。我们可以从以下几个方面深化对理解的认识。

（1）理论方法为理解提供了不同的简化方法，因此我们必须学会理解，而不是避免复杂。简单和复杂往往不是研究对象的特征，而是我们对它的理解（Laurent，2000：1211）。

（2）理解是一种能力。理解涉及真正地把握现实的某一部分，而不仅仅是享受把握现实的主观感觉（Bengson，2017：19）。所以，理解应该被定性为一种能力，它应该与用于理解的感觉区分开来。理解绝对不仅仅是——甚至不是主要的——获得对某个心理谜题的正确答案的问题，或者成为某个学科或科学的学习者的问题，因为它不可避免地包含相当多的其他能力，涉及良心、洞察力、评估和认同的实践。理解不仅应用于把自然甚至人类作为物质实体的科学研究，还应用于社会理解、文化交流，甚至可能是最重要的自我理解（Priddy，1999）。

（3）理解具有目标导向。因为理解被认为是一种基本的认知或认识论关系，所以它必须至少部分地由被理解的事物构成（Lombrozo，Wilkenfeld，2019：210）。所有试图理解自然环境、他人，甚至宇宙的努力，都可以被证明是建立在某个目标导向活动的相同基础之上的（Priddy，1999）。

（4）理解是一个积极主动的过程。主动理解的特征是质疑，而不仅仅是被动地从他人那里获取信息，或者从次要来源处获得关于事实或概念的知识（Priddy，1999）。它需要将事实联系起来，将新获得的信息与已知的信息联系起来，将一点点的知识编织成一个完整而有凝聚力的整体（Nickerson，1985：201－239）。理解是主动的，这体现在它不仅包括对理论的理解，还包括运用理论的能力（Strevens，2013：510－515）。

（5）理解是一种行动。理解是对一个相对全面、系统联系的信息主体的认知承诺，以事实为基础，对证据做出适当反应，并能够对相关现象进行非琐碎的推理、论证，甚至采取行动（Elgin，2019：333）。理解能够进行各种各样的行动或"表演"，以显示一个人对某个主题的把握，并予以推进（Perkins，Blythe，1994：5）。

（6）理解是成就的体现。理解被认为是一种认知成就，而认知成就又被定义为因一种能力的表现而获得的认知成功（Le Bihan，2017：123）。

理解一种现象发生的原因是一种认知成就，相比简单地知道现象的发生，这种认知成就更大（Lipton，2009：43）。

（7）理解是科学的中心目标。理解是所有科学活动的核心，没有理解，任何表面上的科学活动就像一个高中生把数字代入公式而不计算一样毫无结果（Bridgman，1950：72）。理解的一个关键特征是它涉及一个认知主题（de Regt et al.，2009：1）。在科学理解的情况下，这个主题通常是科学家试图理解的一种现象，例如，其会通过发展一种理论来理解（de Regt et al.，2009：3）。虽然理解涉及一种整体的认知状态，这种状态超越了对个别命题的了解，但是采用科学理解的概念来定义理解，还有一个度的问题。科学理解可以掌握在正确的情况下解释或预测目标的某些方面（Dellsén，2016：72 - 83）。

总之，理解的广度和深度从两个特征上体现。第一，抓住（Grasping）。抓住用来描述我们为了理解而必须进行的认知操作（Bachmann，2020：75 - 98；Grimm，2011：89），理解涉及像抓住联系这样的事情（Le Bihan，2017：123）。第二，事实性（Factivity）。对于客观性理解来说，事实性的问题不能从字面产生，事实性是命题的一个属性（Kvanvig，2003：191）。如果理解是事实性的，那么表达理解的命题就是真实的（Elgin，2007：33 - 42）。

第二节　理解和解释

我们如何着手对现象进行理解？是什么让我们理解了被解释的现象？是什么让这个世界变得"更容易理解"？（Friedman，1974：5 - 19；Manicas，2006：13）我们需要在一个庞大而全面的信息体中把握解释性和其他连贯性的关系（Kvanvig，2003：192）。

一　解释的性质

解释是一种方法，是对"为什么"的回答（van Fraassen，1980：134）。

至于解释的性质，可以从以下 9 个方面认识。

（1）思想史上的解释，始于试图从人们持有的某一特定思想或信仰的理由方面来阐明一件事（Bevir，2000：395 – 411）。

（2）一个行动与行动者的思想、动机和信念联系在一起的解释，是一种非常常见的解释（Martin，1990：205 – 233）。

（3）解释是命题的集合，解释是提供解释项（构成解释的命题）和被解释项之间依赖关系信息的一组命题（McCain，2015：827 – 854）。

（4）"解释"这个术语既可以广义地用来指解释可能好的（充分的、成功的、科学的）或不好的行动和行动产物，也可以狭义地用来指那些（被认为）好的行动和行动产物（Achinstein，1983：4）。

（5）解释的作用在于应该告诉我们事物是如何工作的，知道事物是如何工作的会让我们有能力利用所处的环境，从而达到目的（Pitt，1988：7）。

（6）因果解释通常指向过去。解释的有效性取决于因果关系假设的有效性（Von Wright，1971：83）。目的论解释（Teleological Explanation）指向未来。目的论解释的有效性并不取决于其中涉及的假设的普遍关系的有效性（Von Wright，1971：83 – 84）。

（7）科学的目标是构建能够解释世界特征的理论（National Research Council，2012：52）。解释的目的，即解释的目标，是科学最重要的目的。成功的解释加强了我们对周围世界的理解。正是由于这种理解，我们才能够预测和控制现象。所以，预测和控制并不是科学的重要目标。事实上，如果一个理论不能产生新的预测，有些人就会怀疑它是不是真的科学。解释的主要原因是它允许预测和控制（McCain，2015：827 – 854）。

（8）最著名的哲学解释是 D-N 模型（Deductive-nomological Model），最早由亨佩尔（Hempel，1965）提出。D-N 模型主要是作为解释特定事件的理论而设计的，但是解释关系基本上是演绎关系的观点同样适用于我们目前的研究。根据 D-N 模型，一个现象的描述只有在第一个描述包含第二个现象时，才能解释第二个现象。当然，两个这样的描述之间的演绎关系不足以解释另一个，正如 D-N 模型的解释者所承认的那样。D-N 模型具有以下优点：它提供了解释关系必须满足的一个清晰、精确和简单的条件。作为一个必要条件，它没有明显的错误。此外，它使解释变得相对客观——什么算解释不取决于科学家的任意口味或年龄。然而，D-N 理论家并没有成功地说明是什么解释关系提供了对世界的理解（Friedman，1974：5 - 19）。

（9）解释有多种类型，常见的有因果解释、结构性解释、功能解释和概率解释等。第一，因果解释通过诉诸导致 X 的引发事件 C 来回答现象 X 为什么会发生（或类似的问题，如是什么引发 X 的问题）（Faye，2014：143）。因果解释是演绎法理解释的一种特殊类型，但并不是每一种法理解释都是有因果关系的（Hempel，1965：300）。第二，结构性解释通过提及现象所属系统的结构来解释特定现象，无论它是特定实体的特定属性还是其行为（Faye，2014：164）。第三，功能解释是目的论解释的一个分支，它根据解释所扮演的功能角色来解释特征和品质（Faye，2014：164）。功能解释是自然科学和社会科学提供的一种解释。在给出这些解释时，研究人员求助于结构或系统所具有的功能（Couch，2021）。第四，概率解释是一种推理形式，它考虑事件发生的可能性或一个人对事件、陈述的信念强度。也就是说，概率既可能与事物有关，也可能与我们对事物的信念程度有关（Robinson，2010：729）。

理解和解释之间有一个重要的区别：虽然人们可以合理地说理论 T 解释了现象 P，但是如果我们调用一个主体，就只能说通过 T 来理解 P（de Regt et al.，2009：3）。换句话说，虽然解释可以被视为解释项（例如，理论）和被解释项（现象）之间的两个术语的关系，但是理解总是涉及解释项、被解释项和主体这三个术语的关系。理解的这一特征具有重要的含义：它要求理解至少部分属于语用学领域。当我们想分析如何实现对一种现象的科学理解时，不能局限于分析这一活动中涉及的陈述（例如理论、解释）的句法结构和语义内容。将理解视为这三个术语的关系的另一个含义就是接受它可能依赖情境。一个特定的解释让科学家理解一种现象，可能取决于这些科学家所处的情境（社会和物质世界）（de Regt et al.，2009：3 – 4）。

二　理解和解释的联系

（1）科学的（认识论的）目的是通过提供解释来进行客观的理解（Kitcher，2001：66 – 68）。

（2）理解和解释在逻辑上是相关的，因为解释以理解为前提，而不是结果（Manicas，2008：193 – 212）。把握一种解释，就是把握两种事实/情况（Strevens，2013：510 – 515）：第一，命题所代表的事实/情况在实际上获得了；第二，命题实例化了规定的结构。其中，理解可以通过抓住不可解释的事实来实现。

（3）传统观点认为，理解是一个从根本上重建的过程的结果：理解需要个人将他们的认知中所拥有的信息综合在一起。对解释的重构性说明有一点是一致的：理解是解释的核心，无论是作为一个智识目标，还是作为一种统一实践的手段（Trout，2002：212 – 233）。

（4）解释为什么和理解紧密相连？事实上，把理解和解释等同起来是很有诱惑力的。解释是对"为什么"的回答，而理解似乎只是拥有了这些答案。从分析的角度看，将理解等同于解释也是有吸引力的，因为解释是理解的化身。解释是具有命题性的和明确的。如果我们把前提作为解释本身，把结论作为对被解释现象的描述，那么这便于形成论点。所以我们正在指定理解的逻辑（Lipton，2009：43）。

（5）科学的目的是提供对自然界基本过程的理解，这就需要我们找出在世界上起作用的因果机制（Manicas，2006：16）。科学理解是掌握在正确的情况下解释或预测目标的某些方面（Dellsén，2016：72 – 83）。

（6）"理解"和"解释"都有许多用途，而且至少在某些情境下是可以互换的（Manicas，2006：12）。

第三节　理解的类型

理解有多种类型，其中有四组类型适用于政策科学，并与政策行动密切相关。

（1）命题性理解（Propositional Understanding）和整体性理解（Holistic Understanding）。克万维格（Kvanvig，2003：191）首先从认识论角度将命题性理解描述为"当我们把理解归结为命题运算符的形式时，就像理解事物一样，命题排序就出现了"。命题性理解突出了知识和理解的联系。类似地，布罗加德（Brogaard，2005）将命题性理解的归属描述为"理解某事物的归属"。整体性理解是一个人对一个主题或领域的理解，对理解中的事实、价值和观念进行综合需要多种多样的手段，既不排除因果解释，也不排除逻辑推理、理论解释（Priddy，1999）。整体性理解是理解的范式概念，需要对一个主题中各种信息之间的依赖关系有一个系统化的认识（Hannon，2021：269－290）。

（2）解释性理解（Explanatory Understanding）和客观性理解（Objectual Understanding）。解释性理解是当一个人理解为什么事情是这样的时候所拥有的理解。因此，解释性理解也经常被称为"理解为什么"（Hannon，2021：269－290）。客观性理解是对话题、主题或信息主体的理解（Kvanvig，2003：191）。第一，解释性理解和客观性理解都是渐进的，但它们在广度、深度和准确性上各不相同。第二，解释性理解和客观性理解都不只涉及一种信仰，而涉及一整套信仰。不过，它们不能完全被解释为信仰的集合，因为除了信仰之外，它们还涉及对依赖关系的掌握，从而需要某些能力。第三，解释性理解和客观性理解并不总是事实性的。第四，解释性理解和客观性理解有一个内在维度。除了掌握依赖关系和其中涉及的能力之外，它们还需要良好的、经过深思熟虑的、容易理解的理由来支持一个人的解释或说明，即需要证明其合理性的能力。第五，解释性理解和客观性理解与多种认知需求相关。第六，解释性理解和客观性理解与认知运气是相容的（Baumberger，2014：67 - 88）。

（3）机械性理解（Mechanistic Understanding）和功能性理解（Functional Understanding）（Lombrozo，Wilkenfeld，2019：209，224 - 226）。机械性理解依赖对零件、过程和近似因果机制的理解。相比之下，功能性理解依赖对功能、目标和目的的理解。机械性理解和功能性理解之间的区别在于对"理解"的实质（通常是隐含的）假设，以及理解如何被分割成不同的形式。关于机械性理解和功能性理解的差别，存在两种分化论点。根据弱分化论点，机械性理解和功能性理解具有重要的不同对象；根据强分化论点，机械性理解和功能性理解是性质不同的理解。

机械性理解和功能性理解的第一种不同方式表现在：一是机械性理解和功能性理解似乎在规范方面有所不同；二是功能性理解涉及规范性和隐含的观点，但机械性理解不涉及；三是机械性理解涉及心灵与世界的契合（像一种信念），而功能性理解具有心灵与世界契合（像一种愿望）的要素。功能性理解涉及一个视角，人们可以从这个视角理解这个世界会变得多么美好。机械性理解和功能性理解的第二种不同方式表现在：一是它们对世界因果结构的承诺的独特性；二是机械性理解和功能性理解涉及不同的认知关系，后者有规范性和前瞻性因素，如引入了世界与心灵的契合；三是因为功能性理解与机制无关，所以对世界的因果结构提出了更弱的要求——可能性对于理解来说已经足够了。这些主张超越了弱分化的论点，因为这些主张认为机械性理解和功能性理解不仅在对象上不同，而且在其需要的精神世界的关系上也不同。

（4）实践性理解（Practical Understanding）和理论性理解（Theoretical Understanding）（Bengson，2017：23 - 24）。实践性理解是行动导向的，集中关注实践活动，不仅关注其话题或主题，而且关注其功能或特征。理论性理解以理论的顶点为中心，而实践性理解是启发性的。最近，在认识论和科学哲学方面的工作集中在理论性理解上，重点是理解是不是事实性的、解释性的、不受运气影响的等。然而，实践性理解主要与熟练的行动和实际的活动有关。因此，这种类型的理解与能力（即身体倾向、习惯或身体活动）的联系比解释更紧密（Hannon，2021：269－290）。

第四节　理解的理论

一　理解理论

扎格泽布斯基（Zagzebski，2019：123－135）提出的理解理论（Theo-ry of Understanding）对于分析政策行动具有重要意义。本章把他的理论归纳为四个方面。

（1）观点。第一，理解就是对结构的把握。当我们掌握一个物体的结构时，我们就理解了这个物体。第二，一些理解的对象是其他理解的对象的组成部分。第三，理解必须简化它所掌握的东西，而理解的对象越大、越复杂，我们就越要简化并忽略在不同时间或出于不同目的可能很重要的成分。第四，简化也会扭曲现有的东西（Zagzebski，2019：124－125）。

（2）基于这种理解，他提出和支持四项主张。第一，理解是基本的积极认知状态。第二，真正的信念是对命题结构的把握，因此它是理解的特例。既然知识是真正信仰的特例，那么知识就是理解的特例。第三，对同一领域中其他结构的知识的理解是对彼此真实性的检验，并表明两种状态都将我们与同一个世界联系在一起。第四，对一个在不同领域重复的结构的理解，可以通过类比发现一种强有力的形式，这种形式比其可怜的"表亲"，即通过类比的归纳论证更有力量。它有助于物理学的创新，是在教育中应该鼓励的创造力的重要组成部分（Zagzebski，2019：126）。

（3）命题和知识：一种结构是命题的结构。这种探索理解的方式给了我们一种不同的思路来思考理解是否包括知识这一问题。根据这一观点，知识是理解的一种形式，所以很容易得出"理解包含知识"的观点（Zagzebski，2019：127－128）。

（4）理解对于满足我们的认知欲望是必不可少的，因为它是一种把握现实的方式，而不会将现实分成命题的部分。即使是命题位（Propositional

Bit），也能给我们一种理解的形式，因为现实中既有命题结构，也有其他类型的结构（Zagzebski，2019：135）。

二 知识和理解

认识论通常被认为是知识理论，涉及知识的性质、来源和界限。关于理解和知识之间的关系，有两种标准的观点：在认识论之外，特别是在科学哲学中，标准的观点是理解是知识的一种形式；在认识论中，标准的观点是理解既不等同于知识，也不是知识的一种形式。如果理解意味着知识，那么它就是知识的一种形式。为了与知识一致，它还需要被知识说明（Baumberger，2014：67-88）。

我们接受"理解是一种知识"的观点，这种观点包括以下陈述。

陈述1：理解不是某种超级知识，而是更多的知识，如因果知识是一种理解（Lipton，2004：30）。

陈述2：理解只是关于依赖关系的知识，而不是在知识中添加的神秘东西（Ylikoski，2009：116）。

陈述3：当我们获得了产生我们想解释的现象的隐藏机制的知识，当我们对世界的了解如此有条理以至于我们可以在比以前更少的假设下理解所知道的东西，当我们提供了一些缺失的描述性知识来回答为什么的问题，并把我们从特殊的智力困境中解救出来时，我们的理解就得到了加强（Salmon，1989：134-135）。

陈述4：第一手知识和第一手理解密切相关，具有高度优先性。二手知识仍然是知识，即使在评估领域，我们也不需要拒绝它。重点不是拒绝二手知识，而是接受第一手知识（Sosa，2019：109，114）。

陈述5：隐性知识和隐性理解（Tacit Understanding）有关联（Lipton，2009：45；Khalifa，2013：161-187）。

陈述6：理解就是能够用一个话题做各种需要思考的事情，它能够让我们获取知识并以新的方式使用它（Perkins，Blythe，1994：5；Perkins，1998：40，57）。

总之，知识排除认知上的运气，而理解强调行动者通过运用自己的认知做出贡献，取得成就。知识和理解是不能分开的（de Carvalho，2018：7 - 26）。

三 情境和理解

通常情况下，渐进性和其与解释概念的紧密联系是归因理解实践的两个不可分割的要素。通过观察这两个要素，可以证明情境主义的理解方法是合理的（Bachmann，2020：75 - 98）。理解是在一定情境下的理解，情境和理解的关系可以表达为以下陈述。

陈述 1：情境是理解的一个来源，为理解创造条件。对情境的研究可以发现逻辑，这是理解的前提。

陈述 2：情境化在提高行动者的理解能力方面能够发挥作用。情境因素会在决定一个主体对某一特定现象的理解程度、准确度和全面性时起作用（Bachmann，2020：75 - 98；Hinds et al.，1992：61 - 74）。

陈述 3：从辩证模型来看，理解是一个情境化的实用概念，会随着对话情境的变化而变化，适合尝试解释给定的内容（Walton，2004：71 - 89）。

陈述 4：理解工具在可获得性和可接受性方面存在情境差异（de Regt，Dieks，2005：137 - 170）。

陈述 5：情境主义方法为理解提供了一种解决有关理解的争议的方法（Bachmann，2020：75 - 98）。

陈述 6：科学理解的核心思想是科学理论可理解性的一般标准在本质上是情境化的，即理论符合这一标准取决于情境因素，而且可以随着时间的推移而变化（de Regt，Dieks，2005：137 - 170）。

总之，情境主义为理解的处理提供了超越对立观点的重要理论优势，并反映了我们赋予理解的一般方式。基于情境主义的理解可能会弥合认识论中关于理解的辩论与科学哲学中的相应辩论之间的鸿沟（Bachmann，2020：75 - 98）。

第五节　理解和政策科学的理论建设

哲学家对理解的本质的探索在很大程度上是通过与知识的比较来完成的（Hannon，2019：222－223）。也就是说，哲学家试图通过与我们所掌握的知识进行比较来提高我们的理解水平。当然，对于理解来说，至关重要的是认知的提升，即超越赤裸裸的知识，去评估、对比、强调、联系等（Cooper，1995：205－215）。我们的策略是基于认识论视角，通过调查理解这个概念在政策科学中的角色来探索理解的本质和重要性。根据上文所述，我们认为对于政策科学中理论建设的理解要把握好以下几点。

（1）既然政策科学是政策知识（Lasswell，1970：3－14），那么政策科学中的理解就是对政策知识的理解。理解政策科学知识是如何产生的非常重要，因为它会基于复杂性和不确定性进行推理和决策，这对基于政策问题提出潜在的解决方案至关重要。所以，一方面要理解政策科学中的自然科学知识、社会科学知识和隐性知识等知识来源，理解政策知识的内容和类型等；另一方面，寻找评估科学理解质量的方法可能有助于评估科学理解和科学知识之间的关系（de Regt et al.，2009：15）。

（2）要探索对政策理论结构的理解。要用系统的观点对政策理论的前提、特征、要素、类型、目标、适用性和预见性等进行理解，并形成一个政策理论镜像图。

（3）树立情境意识，从情境主义角度理解政策科学的理论建设。理解是在一定情境中的理解。情境主义视角产生了政策理论发现的逻辑，决定了对政策理论的理解程度、精确性和全面性。因此，要理解理论建设的各种方法对政策理论建设的可利用性，同时提出政策理论建设的方法和策略。

（4）可以把理解的类型视为运用于政策理论建设的类型学方法。此外，由于政策科学研究需要交叉学科研究的方法，因此交叉学科理解（Interdisciplinary Understanding）也值得关注。交叉学科理解是"整合两个或两个以上学科的知识和思维模式以产生认知进步的能力"，使用单一学科手段是不可能实现的。这种进步包括"解释一种现象、解决一个问题、创造一种产品或提出一个新问题"（Mansilla，2005：14－21）。对交叉学科的理解及应用是交叉学科事业的最终产品。交叉学科理解是对问题（基于不同学科）见解的产物，但又不限于此（Repko，2008：310）。交叉学科理解对政策的意义在于：将新的理解应用于问题，以解释交叉学科理解对现有政策、计划、项目或方案的影响，以及提出新的政策、计划、程序或方案（Repko，2008：311）。

（5）政策科学中的理解要善于运用解释的理论和方法，通过解释政策运行过程以达到对政策的客观理解，从而促进政策科学的理论建设。

（6）在政策科学中，理解可以采取不同方式，其中涉及一个规范性问题：哪种理解最适合哪种研究？特别是在特定研究背景下，是否有比其他理解更有价值的理解类型？（de Regt et al.，2009：15）既可以通过经验调查来揭示使理解成为可能的机制，也可以使用各种形式和概念的工具构建一个理解模型（Khalifa，2017：1）。

（7）理解和能力。理解既不等同于也不可能还原知识是什么，它是一种或多种形式的能力，为知识、真正的信仰和人类的创造性活动增加价值（Cooper，1995：205－215）。理解经常涉及对认知能力的培养，我们在此列举两个需要回答的疑问：第一，理解和政策理论建设是否需要同样的能力，如果有的话，哪些能力有助于我们对政策理论知识的理解？第二，我们对政策理论知识的理解需要推理（尤其是实践推理）吗？或许还有更多疑问，我们以后再探讨。

总　结

我们把握人类行动的唯一方法是理解它们，尽管这种理解究竟包含什么还有待商榷。大多数人会同意，这涉及根据人类行动在其中进行的社会实践或习俗，以及以行为者的意图来理解人类行动的含义。掌握这些所涉及的是解释这些行动与这些实践之间的概念关系，这本质上是一个逻辑实践（Moon，1977：183-198）。因此，我们要善于运用理解这一术语推动政策理论发展。

参考文献

Achinstein, P. (1983). *The Nature of Explanation.* Oxford：Oxford University Press.

Bachmann, M. (2020). The Epistemology of Understanding. A Contextualist Approach. *Kriterion-Journal of Philosophy*, 34 (1).

Baumberger, C. (2014). Types of Understanding：Their Nature and Their Relation to Knowledge. *Conceptus*, 40 (98).

Bengson, J. (2017). The Unity of Understanding. In Robert, S. G. (ed.). *Making Sense of the World：New Essays on the Philosophy of Understanding.* New York：Oxford University Press.

Bevir, M. (2000). The Role of Contexts in Understanding and Explanation. *Human Studies*, 23 (4).

Bridgman, P. W. (1950). *Reflections of a Physicist.* New York：Philosophical Library.

Brogaard, B. (2005). *I Know. Therefore, I Understand.* Unpublished Typescript.

Cooper, N. (1995). The Epistemology of Understanding. *Inquiry*, 38 (3).

Couch, M. B. (2021). Causal Role Theories of Functional Explanation. In Fieser, J., Dowden, B. (eds.). *The Internet Encyclopedia of Philosophy.* https：//iep. utm. edu/func-exp/.

de Carvalho, M. E. (2018). Overcoming Intellectualism about Understanding and Knowledge：A Unified Approach. *Logos & Episteme*, 9 (1).

Dellsén, F. (2016). Scientific Progress：Knowledge versus Understanding. *Studies in History and Philosophy of Science*, 56.

de Regt, H. W. (2017). *Understanding Scientific Understanding.* New York：Oxford University Press.

de Regt, H. W. (2019). From Explanation to Understanding：Normativity Lost? *Journal for General Philosophy of Science*, 50 (3).

de Regt, H. W., Dieks, D. (2005). A Contextual Approach to Scientific Understanding. *Synthese*, 144 (1).

de Regt, H. W., Leonelli, S., Eigner, K. (2009). Focusing on Scientific Understanding. In de Regt, H. W., Leonelli, S., Eigner, K. (eds.). *Scientific Understanding: PhilosophicalPperspectives*. Pittsburgh: University of Pittsburgh Press.

Elgin, C. Z. (2007). Understanding and the Facts. *Philosophical Studies*, 132 (1).

Elgin, C. Z. (2019). Epistemic Virtues in Understanding. In Battaly, H. (ed.). *Routledge Handbook of Virtue Epistemology*. London: Routledge.

Faye, J. (2014). *The Nature of Scientific Thinking: On Interpretation, Explanation, and Understanding*. New York: Palgrave Macmillan.

Franklin, R. L. (1983). On Understanding. *Philosophy and Phenomenological Research*, 43 (3).

Friedman, M. (1974). Explanation and Scientific Understanding. *Journal of Philosophy*, 71 (1).

Grimm, S. R. (2011). Understanding. In Bernecker, S., Pritchard, D. (eds.). *The Routledge Companion to Epistemology*. London: Routledge.

Hannon, M. (2019). *What's the Point of Knowledge? A Function-First Epistemology*. Oxford: Oxford University Press.

Hannon, M. (2021). Recent Work in the Epistemology of Understanding. *American Philosophical Quarterly*, 58 (3).

Hempel, C. G. (1965). *Aspects of Scientific Explanation and Other Essays in the Philosophy of Science*. New York: Free Press.

Hinds, P. S., Chaves, D. E., Cypess, S. M. (1992). Context as a Source of Meaning and Understanding. *Qualitative Health Research*, 2 (1).

Khalifa, K. (2013). The Role of Explanation in Understanding. *British Journal for the Philosophy of Science*, 64 (1).

Khalifa, K. (2017). *Understanding, Explanation, and Scientific Knowledge*. Cambridge: Cambridge University Press.

Kitcher, P. (2001). *Science, Truth, and Democracy*. New York: Oxford University Press.

Kvanvig, J. L. (2003). *The Value of Knowledge and the Pursuit of Understanding*. Cambridge: Cambridge University Press.

Lasswell, H. D. (1970). The Emerging Conception of the Policy Sciences. *Policy Sciences*, 1 (1).

Laurent, G. (2000). What Does "Understanding" Mean? *Nature Neuroscience*, 3.

Le Bihan, S. (2017). Enlightening Falsehoods: A Modal View of Scientific Understanding. In Grimm, S. R., Baumberger, C., Ammon, S. (eds.). *Explaining Understanding: New Perspectives from Epistemology and Philosophy of Science*. New York: Routledge.

Lipton, P. (2004). *Inference to the Best Explanation*. New York: Routledge.

Lipton, P. (2009). Understanding without Explanation. In de Regt, H. W., Leonelli, S., Eigner, K. (eds.). *Scientific Understanding: Philosophical Perspectives*. Pittsburgh: University of Pittsburgh Press.

Lombrozo, T., Wilkenfeld, D. (2019). Mechanistic versus Functional Understanding. In Grimm, S. R. (ed.). *Varieties of Understanding: New Perspectives from Philosophy, Psychology, and Theology*. New York: Oxford University Press.

Mansilla, V. B. (2005). Assessing Student Work at Disciplinary Crossroads. *Change*, 37 (1).

McCain, K. (2015). Explanation and the Nature of Scientific Knowledge. *Science & Education*, 24 (7 – 8).

Manicas, P. T. (2006). *A Realist Philosophy of Social Science: Explanation and Understanding*. Cambridge: Cambridge University Press.

Manicas, P. T. (2008). Explanation, Understanding and Typical Action. *Journal for the Theory of Social Behaviour*, 27 (2 – 3).

Martin, R. (1990). G. H. Von Wright on Explanation and Understanding: An Appraisal. *History and Theory*, 29 (2).

McCain, K. (2015). Explanation and the Nature of Scientific Knowledge. *Science & Education*, 24 (7 – 8).

Moon, J. D. (1977). Understanding and Explanation in Social Science: On Runciman's Critique of Weber. *Political Theory*, 5 (2).

National Research Council (2012). *A Framework for K – 12 Science Education: Practices, Crosscutting Cconcepts, and Core Ideas*. Committee on a Conceptual Framework for New K – 12 Science Education Standards. Board on Science Education, Division

of Behavioral and Social Sciences and Education. Washington, DC: The National A-
cademies Press.

Nickerson, R. (1985). Understanding Understanding. *American Journal of Education*,
93 (1).

Perkins, D. N. (1998). What Is Understanding? In Wiske, M. S. (ed.). *Teaching for
Understanding: Linking Research with Practice*. San Francisco: Jossey-Bass.

Perkins, D. N. , Blythe, T. (1994). Putting Understanding up Front. *Educational Lea-
dership*, 51 (5).

Pitt, J. C. (1988). *Theories of Explanation*. Oxford: Oxford University Press.

Priddy, R. C. (1999). *Theory of Understanding-The Philosophy of Knowledge and Uni-
versal Values: On the Nature of Human Understanding and Regeneration of Its Inher-
ent Values*. http://robertpriddy. com/bey/1. html.

Repko, A. F. (2008). *Interdisciplinary Research: Process and Theory*. Los Angeles:
Sage.

Robinson, J. C. (2010). Probabilistic Explanation. In Mills, A. J. , Durepos, G. , Wi-
ebe, E. (eds.). *Encyclopedia of Case Study Research*. Newbury Park, CA: Sage.

Salmon, W. (1989). Four Decades of Explanation. In Kitcher, P. , Salmon, W. (eds.).
Scientific Explanation: Minnesota Studies in the Philosophy of Science, *vol.* 13. Min-
neapolis: University of Minnesota Press.

Salmon, W. (1998). *Causality and Explanation*. New York: Oxford University Press.

Sosa, E. (2019). Firsthand Knowledge and Understanding. In Grimm, S. R. (ed.).
*Varieties of Understanding: New Perspectives from Philosophy, Psychology, and
Theology*. New York: Oxford University Press.

Strevens, M. (2013). No Understanding without Explanation. *Studies in History and Phi-
losophy of Science*, 44 (3).

Trout, J. D. (2002). Scientific Explanation and the Sense of Understanding. *Philosophy
of Science*, 69 (2).

van Fraassen, B. (1980). *The Scientific Image*. Oxford: Clarendon Press.

Von Wright, G. H. (1971). *Explanation and Understanding*. London: Routledge & Keg-
an Paul.

Walton, D. (2004). A New Dialectical Theory of Explanation. *Philosophical Explora-*

tions, 7（1）.

Ylikoski, P. （2009）. The Illusion of Depth of Understanding in Science. In de Regt, H. W. , Leonelli, S. , Eigner, K. （eds. ）. *Scientific Understanding*：*Philosophical Perspectives*. Pittsburgh：University of Pittsburgh Press.

Zagzebski, L. （2019）. Toward a Theory of Understanding. In Grimm, S. R. （ed. ）. *Varieties of Understanding*：*New Perspectives from Philosophy*，*Psychology*，*and Theology*. New York：Oxford University Press.

第六章　政策理论建设的常规工具

在政策科学领域，政策科学家经常使用概念、命题、框架、类型学和模型等工具来构建和发展政策理论，如政策过程理论、政策议程设置的叙事、政策框架理论、政策贯彻落实的过程模型和"模糊－冲突"模型等（后文将详细叙述），以及由萨巴蒂尔主编的《政策过程理论》这本经典之作中详细论述的政策过程框架和模型（Sabatier，2007）。所以，我们有必要重温、寻找和整合经典作家的相关论述，了解这些工具的内涵及其对理论建设的作用，并从他们的真知灼见中获得新的启迪。

第一节　概念

概念和思想、观念有类似的含义，但概念还包含其他含义。概念代表从特定事实或逻辑中得出的理解。概念是科学词语中的标签或术语，用于表示现实的各个方面。作为试图代表所考察的现实的各个方面的术语，概念既可以与现实紧密而具体地联系在一起，也可以与现实遥远而间接地联系在一起（Pawar，2009：41）。概念是理论的一个单位，是经过深入分析后提炼出来的，而且包含基于几个特定实例进行的概括，它们是抽象的（Kerlinger，1988：26）。

科学哲学认为，一门科学试图解释事物的术语就是它的概念（Dubin，1978：27）。概念没有真与假，只有命题才有。一个概念既不是有效的，也不是无效的，只有论点才会有效或无效。然而，已定义的描述性概念有"好"和"坏"的区别。为了给它起一个名字，我会说一个概念要么是有意义的，要么是没意义的。当且仅当一个概念与其他概念一起出现在我们有理由相信为真的合法性陈述中时，它才是有意义的。由此可见，从一种内在的、模糊的意义上来说，有些概念比其他概念更重要，这种模糊的意义不能也不需要变得更精确。例如，相比一个出现在相当大范围的公认理论中的概念，一个只出现在一两个试验性的和孤立的法律中的概念显得不那么重要。此外，今天不重要的事情，明天可能会变得重要（Bergmann，1975：50）。

概念的定义可以分为理论性定义和操作性定义（Shoemaker et al.，2004：26，29）。理论性定义传达了我们赋予概念的含义，并通常建议它所需要使用的指标。操作性定义可能是问题的文本及对其可能的回应。关于理论性定义和操作性定义的关系有五点共识（Reynolds，2016：65－66）：第一，应该就所有理论概念的意义达成共识；第二，应该就哪些操作性定义是哪些理论概念的指标达成共识；第三，如果两个操作性定义是同一个理论概念的指标，它们就不应该是负相关的；第四，当两个经过适当训练的人应用相同的操作性定义时，所获得的测量值应该一致，没有必要要求所有的理论性定义在具体情况下都是可测量的；第五，可以将概念的操作性定义和理论性定义分为四个量化级别，分别是标称（标注）、序数（等级顺序）、区间（等间隔、不为零）和比率（等间隔、有零）。这种量化允许更精确地陈述某些现象。

概念可以被描述为理论的一个部分或单元，概念在理论建设中的作用可以归纳为以下几点。第一，概念有助于描述和识别现实的各个方面。一旦为一个概念提供定义，就获得了对该概念所代表的现象的特征的描述。第二，概念有助于对现实中各种事件进行分类。第三，概念有助于更简便地描述现实。概念通常指的是术语所传达的一般含义，而不是特定的对象。第四，概念有一个重要作用，就是可以在抽象的层面上，促进现实世界中存在的具体现实的表现（Pawar，2009：46－48）。概念可以促进从经验世界平面到理论或概念平面的运动，并且它们会促进一个概念和其他概念之间的关系的形成（Kaplan，1964）。

第二节　命题

命题是说明概念之间关系的陈述。命题是可以断言或否定的东西，一个命题不是真就是假（Copi，Cohen，2007：1）。罗素（Russell）认为，命题是由对象、属性和关系组成的结构化实体（Lin，2017：45）。

（1）命题来自逻辑学。第一，命题是逻辑学的目标和对象（Smith，2016：83－125）：命题或命题集是逻辑属性的载体，如逻辑真理和可满足性，以及逻辑关系的关系。这对逻辑在为理性思维提供规范方面的作用很重要。第二，一个论点或推理是一组命题，其中一个命题被称为结论，是由同一组命题中被称为前提的其他命题派生、推导出来的（Bustamante，2009：11）。

（2）关于杜威（John Dewey）"逻辑"中命题的性质，迈耶尔洛夫（Mayeroff，1950：353－358）进行了以下总结。第一，命题是在探究中产生有保证的断言的手段，是探究的终点。因此，与大多数当代逻辑理论不同，作为手段的命题既不是真的，也不是假的。第二，语言表达只有在作为探究的手段时才能成为命题，它们在探究中成为命题的类型不是由对其语言内容或形式的考察决定的，而是由它们的功能、由它们在探究中所扮演的角色决定的。第三，杜威区分了两种基本的命题类型：一般命题（Generic Proposition）和普遍命题（Universal Proposition）。一般命题在探究中采用两种基本方式发挥作用：一是通过不确定的情况定位和限定问题集发挥作用；二是提供证据测试建议和提议的解决方案发挥作用。普遍命题在探究中发挥概念的功能：一是制定解决手头问题的可能方案；二是规定操作，当执行这些操作时，产生趋向于确定的存在情况的新数据。第四，判决或有根据的断言是恰当的调查的结果，可以在随后的调查中当作手段。

（3）可以根据不同的原则把命题分为不同的类别（Nationalism & Ethnic Politics，2021）。第一，根据关系，命题可以分为直言命题（Categorical Proposition) 和条件命题（Conditional Proposition）。第二，根据意义，命题可以分为分析命题和综合命题。第三，根据质量，命题可以分为肯定命题和否定命题。第四，根据数量，命题可以分为普遍命题和特殊命题。

（4）关于命题的统一性问题，金（King，2009：258）提出了三个问题：第一，什么将这些命题的成分联系在一起？第二，一个结构化的复合体如何具有真值条件？第三，为什么有些成分似乎可以组成一个命题，有些却不能？

（5）为什么许多哲学家相信命题？因为命题被认为是在执行各种各样的工作。如果没有命题，就不清楚这些工作要做什么（King，2014：5）。关于命题在理论中的作用，金（King，2014：5，8）做了如下总结：第一，命题是我们预先在理论上持有要编码的句子的信息片段（相对于情境）；第二，命题是真与假的主要载体，具有模态属性；第三，某种命题也被广泛认为提供了感性经验的内容；第四，在语言哲学中，命题对于描述语境/会话记录的重要概念至关重要；第五，命题充当了各种结构中出现的各种表达式的语义值（相对于语境），并经常对它们进行量化。

（6）假设和命题。第一，假设是理论模型的特征，与"可观察事物"紧密相连，而"可观察事物"是理论试图建模的对象（Dubin，1978：211 - 212）。第二，假设可以被定义为对使用经验指标的理论单位或每个命题中的命名单位的值的预测（Dubin，1978：212）。第三，每一个假设都和它所代表的命题同源。同源性是由命题中包含的单位的理论定义的维度决定的（Dubin，1978：211 - 213）。第四，可以说假设是通过用可测量/经验指标（变量）替换命题的概念而得到的预测陈述（Pawar，2009：58）。第五，"命题"和"假设"可以互换使用，它们之间的区别可以更具体地陈述为：命题是对关系的广泛陈述，而假设则是从命题导出的关系（Kerlinger，1988：18）。

（7）句子和命题。关于句子和命题之间的关系，布拉德利和斯沃茨（Bradley，Swartz，1979：68 - 84）提出了 13 组对立论题。

论题 1：信念、陈述、断言、评论、假设和理论等都是真理和谬误的载体。反对论题 1：每个术语，如"信念""陈述"等，都是模棱两可的。

论题 2：相信的行动（陈述、断言等）都是真理价值的载体。反对论题 2：首先，真理和谬误的类别远远超过信仰与行动的类别；其次，在这个提议下，一些真理和谬误是没有矛盾的。

论题 3：相信的、陈述的等，到底是真是假？反对论题 3：谈论"被相信的"是不清楚的。什么样的事情是可以相信的？特别是，这些表达是句子还是命题？

论题 4：句子是真理价值的载体。反对论题 4：只有某些类型的句子是真理价值载体的合理候选。此外，"句子"的概念也是不明确的，有必要区分句子标志和句子类型。

论题 5：句子标志是真理价值的载体。反对论题 5：出现了与论题 2 相同的困难，即真理比句子标志多。

论题 6：句子类型是真理价值的载体。反对论题 6：这一论题把矛盾的断言归因于没有自相矛盾的人。

论题 7：无情境的句子是真理价值的载体。反对论题 7：有必要区分无情境的句子类型和无情境的句子标志。

论题 8：无情境的句子标志是那些可归因于真实和虚假的事物。反对论题 8：同样，真理比句子标志多，不管是无情境的还是其他的。

论题 9：无情境的句子类型是那些可以归因于真理和谬误的东西。反对论题 9：首先，无情境的句子类型的个性化标准是模糊的；其次，由于人们有时会使用不同含义的词，即使与他们的话语相关联的无情境的句子类型是相同的，他们也会表达不同的东西；最后，这种说法不能公正地解释这样一个事实，即缺乏语言表达能力的人仍然可以持有真正的信仰。

论题 10：命题是那些可以被归因于真理和谬误的东西。反对论题 10：不清楚命题是什么样的东西。

论题 11：命题应与句子的意思一致。反对论题 11：首先，区分命题和句子意义的标准是不同的；其次，句子的意义可以相同，即使表达的命题不同；最后，意义不是用句子来表达的，但命题是。

论题 12：命题要与可能的世界的集合相一致。反对论题 12：首先，各种可能的世界似乎并不适合作为信仰、怀疑等的对象；其次，这种解释意味着只有一个必然为真的命题和一个必然为假的命题。

论题 13：命题本身就是抽象的实体，也就是说，它们是自成一格的，不能与任何其他类型的抽象实体等同。反对论题 13：只要你能容忍其他抽象实体，如集合和数字等，那么命题就可以与其等同。

总之，命题在那些坚持命题和事实之间有某种形式关系的理论中起着特别大的作用。命题的形式和它所描述的事实的形式之间一定存在某种对应关系，命题中术语的排列必须反映事实要素的排列（Hampshire，1939 - 1940：1 - 26）。

第三节　框架

框架是一组特定的规则、想法或信念，用来处理问题或决定做什么。一个框架也可以被看作一系列用来超越现象描述的策略（Abdallah，2005：48）。框架本质上被视为一种前理论，可以在许多方面很好地替代理论，因为框架就像理论一样，可以识别相关变量，应对它们进行分类，描述它们的相互作用，并允许将项目（如现有的文献或研究）映射到框架上。然而，一个框架仅由定性或定量的数据组成，而且这些数据仅仅描述了感兴趣的社会现象的特征。因此，框架只提供"什么"和"如何"的问题的答案，因为它描述了正在研究的变量、结构和概念，并描述了这些因素之间的关系。此外，一个完整的或好的理论既能描述又能解释——它为数据中的特征和关系提供了解释（Meredith，1993：3 - 11；Whetten，1989：490 - 495）。

无论采取何种策略，政策理论建设都需要注意建立研究框架/分析框架。研究框架通常由与知识的来源、获取和理解相关的研究范式、方法和假设组成。在具体研究上，分析框架帮助研究人员以逻辑和系统的方式处理问题。分析框架本质上是一个方法论生态系统，旨在指导和促进意义的形成和理解（Chataigner，2017）。分析框架主要分为理论框架（Theoretical Framework）、概念框架和实践框架等。

理论框架来源于文献中已经被其他人检验和验证过的现有理论，并且被认为是学术文献中普遍接受的理论（Grant，Osanloo，2014：12 - 26）。艾森哈特（Eisenhart，1991：205）将理论框架定义为"一种依靠形式理论来指导研究的结构……通过对某些现象和关系的既定的、连贯的解释来构建"。理论框架是一种理论的应用，或从同一个理论中得出的一组概念，以提供对一个事件的解释，或为一个特定的现象或研究问题提供一些说明（Imenda，2014：185 - 195）。理论框架对理论建设的意义在于综合了现有的理论和相关概念以及实证研究，并为新的理论发展奠定了基础（Rocco，Plakhotnik，2009：120 - 130）。

允许组织知识、信息和思维的框架或结构被称为概念框架，概念框架在调查中推动了方法论的发展和增强了严谨性（Chataigner，2017）。概念框架是一种分析工具，用于全面理解一种现象，并且统一处理各种可预测性研究中出现的问题。第一，概念框架是一组广泛的想法和原则，取自对相关领域的调查，并用于随后的陈述。第二，概念框架是进行特定研究的理由，要回答两个问题：为什么这项研究很重要？这些发现对已知内容有什么贡献？（Varpio，2020：989 - 994）第三，概念框架是关于一个人对研究的主题为什么重要，以及为什么提议的研究方法是适当的和严格的论证（Ravitch，Riggan，2017：24）。第四，概念框架支持和告知研究的概念、假设、期望、信念和理论的系统，是设计研究的关键部分（Maxwell，2013：39）。

概念框架和理论框架都代表了在给定的研究领域内对问题的综合理解，让研究者能够解决特定的研究问题（Imenda，2014：185 - 195）。但二者也有不同（见表6 - 1）。

表 6-1　概念框架和理论框架之间的差异概述

变量	概念框架	理论框架
起源	(a) 由研究人员从各种概念或理论角度创建 (b) 从回顾的文献或收集的数据中演变或"成形"	采用/改编自预先存在的理论或理论观点
意图	(a) 帮助研究者清楚地看到给定研究中的主要变量和概念 (b) 为研究者提供一个通用的方法 (c) 在不存在主导理论观点的情况下，指导研究者收集和解释数据 (d) 指导未来的研究，特别是在概念框架整合了文献综述和实地数据的地方	(a) 帮助研究者清楚地看到给定研究中的主要变量和概念 (b) 为研究者提供一个通用的方法 (c) 指导研究者收集和解释数据
概念意义	相关概念的综合	理论的整体或部分应用
文献综述背后的过程	(a) 主要是归纳性的，如在社会科学中，研究问题通常不能用一种理论观点来解释 (b) 一些社会科学研究受到理论的驱动，但社会科学中的理论往往没有自然科学中的理论所具有的"力量"	主要是演绎的，如在自然科学中，假设检验是为了验证理论的"力量"
方法论探讨	(a) 可能定位于定量和定性两种研究范式；鉴于研究范式越来越多，建议采用混合方法 (b) 大部分数据是通过经验和描述性调查工具、访谈和直接观察收集的，因此定性数据占优势 (c) 强烈建议考虑情境	(a) 主要定位于定量研究范式 (b) 主要通过实验设计、实证调查和检验进行 (c) 努力使情境标准化，否则忽略它
应用范围	限于特定的研究问题或情境	超越当前研究问题和情境的更广泛的应用

资料来源：Imenda（2014：185-195）。

与理论框架和概念框架联系比较紧密的还有实践框架，实践框架是一种积累知识的框架（Lysaght，2011：573），具有以下特点：第一，专注于"对实践者有真正有回报的问题"的研究（Eisenhart，1991：207）；第二，不是通过形式理论，而是通过实践者和管理者积累的实践知识（思想）、先前研究的发现，以及政治家和公众舆论的观点进行研究；第三，包含基于这个知识集的研究假设和问题；第四，研究结果用于支持、拓展和改进实践。

总之，无论是理论框架、概念框架，还是实践框架，都是一种结构，用来帮助我们确定什么是重要的或有意义的，并提供研究的问题和目标，以帮助我们协调和聚焦研究工作。就政策科学来讲，理论框架、概念框架和实践框架为基础研究和应用研究提供了重要的指导。就政策实践来讲，理论框架、概念框架和实践框架通过将所需的研究类型概念化，有助于向政策制定者提供更可信的政策思路和更可靠的决策信息。

第四节　类型学

一　类型学是什么

类型学（Typology）是社会科学中的一种分析工具，可用于进行不同维度的概念化、探索和构建等（Collier et al.，2012：217－232）。类型学是从理论上区分复杂现象的要素的重要工具，无论是一般的社会现象还是具体的组织和管理问题，这对于那些尚未对其主要元素进行系统分类的新兴主题和现象尤为重要（Reiche et al.，2017：552－572）。概括而言，可以从以下七个方面理解类型学。

（1）类型学旨在预测特定因变量的变化（Doty，Glick，1994：230－251）。

（2）类型学是表现组织复杂网络及其因果关系的一种重要方式（Delbridge，Fiss，2013：325－331）。

（3）类型学实际上是一个组织技术的分类系统，它确定了四种相互排斥的技术：工艺技术、常规技术、非常规技术和工程技术（Perrow，1967：194－208）。

（4）类型学由综合性概念、行和列的类型维度或变量、矩阵、种类、因变量等构成（Arabi，Rahimi，2020：203－222）。

（5）类型学有两种结构（Doty，Glick，1994：230－251）：第一种是理想变体，第二种是二维结构。理想物种是由多种结构混合而成的复杂结构。理想变体不是一种假设，但它确实为如何构建一个假设提供了一些指导。

（6）类型学对理想类型的包含对于类型学理论至少有两个含义（Arabi，Rahimi，2020：203－222）：第一，理想类型代表"必须存在"的组织类型，而不一定是"存在"的组织类型；第二，理想物种是复杂的现象，必须通过多维变量和属性来描述。

（7）类型学有概念类型学、描述性类型学和解释性类型学、多维类型学与一维类型学之分（Collier et al.，2012）。

总之，类型学被理解为有组织的类型系统，对概念的形成和范畴变量的构建做出了根本性的贡献（Collier et al.，2008：152）。类型学流行的原因之一是它们能够简化困难和复杂的社会科学概念。这也解释了为什么类型学已经成为社会科学理论建设的重要工具（Arabi，Rahimi，2020：203－222）。

二 类型学建设指南

1. 使用类型学的指南（Collier et al.，2012：217－232）

（1）创造性和严谨性：类型学的使用促进了创新概念的形成以及仔细进行有关概念和测量的工作。创造性和严谨性之间不需要权衡。

（2）种类层次结构：对类型学的仔细研究有助于识别和提炼概念的层次结构。

（3）总体概念：总体概念是类型学测量的总体思想。通过创建一个总括性的概念，将以前建立的概念和分析传统结合起来，学者可以将其引入，进行创新。

（4）维度：这些是总体概念的组成属性，它们可能是分类变量或连续变量。

（5）矩阵：行和列变量的交叉列表，每个变量包含两个类别，产生熟悉的 2×2 矩阵；每个维度的更多类别将产生更大数量的单元，尽管最终的类型可能仍然只有两个维度。矩阵的标题应该是总体概念。矩阵中应该放置变量的名称，以便它们直接标记水平和垂直维度，而类别名称则应该标记特定的行和列。学者不遵守这些简单规范的情况比人们预期的要多。仔细使用矩阵有助于增强类型学的严谨性，并改善与读者的交流情况。

（6）绘制两个以上的维度：一些类型学包含三个或更多维度，学者应该熟悉绘制它们的不同选择。

（7）单元类型（Cell Type）：单元类型是与每个单元相关联的概念，以及标识这些概念的术语。在概念类型学中，单元类型的含义如下：第一，类型是与总体概念相关的"一种"；第二，建立行和列变量的类别提供了每个单元类型的定义属性。"一种"选择通过简单地重复相应行和列变量的类别名称来标记单元格类型。当可行且合适时，更进一步并形成与单元类型明显对应的概念是有价值的。

（8）概念类型学与解释性类型学：在概念类型学中，即建立属性空间的描述类型学中，行和列变量的类别提供它们的定义属性。相比之下，在解释性类型学中，单元类型是行和列变量解释的结果。当然，概念类型学经常出现在解释性声明中。在这里，单元类型是独立变量、非独立变量和中间变量的"描述性"得分，但它们不会因此成为解释性类型。

（9）连续性变量：尽管通常认为类型学是基于分类变量的，但是对连续性变量的使用是很常见的。通过连续性变量，研究人员建立了单元类型的等价物，这些单元类型可能是位于二维空间角落的极性类型，或者中间类型。

（10）多维思考：对基于分类变量的类型学和研究的一个批评是，它们隐藏了多维性。然而，数量变量也可能这样做。类型学为多维工作开辟了新的途径，通过仔细处理行和列变量来探索维度是实现这一目标的重要一步。

（11）自由浮动的类型学：一些类型学没有明确地锚定在维度思维中，它们既可能是一维的，也可能是多维的，但无论哪种情况，维度都不清楚。这种类型学可以通过明确或有时发现潜在的维度得以加强。

（12）定量研究中的类型学：类型学并非与定量研究不一致，有时还会在统计研究中起着重要作用，定量和定性研究者都应该警惕这一事实。

类型学可以用来建立一套适当的案例进行研究，以克服统计分析中的僵局，并整合结论。概率单位分析等工具已被用于将案例分配给类型学中的"细胞"，匹配设计和实验都利用了分类变量，这些变量有时是基于类型学概念化的。

2. 发展类型学的指导方针（Doty，Glick，1994：230 - 251）

（1）类型学理论家应该明确宏大的理论主张。

（2）类型学必须完全确定理想类型的集合。

（3）类型学必须使用相同的维度集以提供对每个理想类型的完整描述。

（4）类型学理论应该明确陈述关于用来描述理想类型的每个结构的理论重要性的假设。

（5）类型学理论必须用与理论一致的概念和分析模型来检验。

3. 类型学建设步骤

有各种方法和技术来构建类型学，它们可以分为两个主要框架：定性方法和定量方法（Bailey，2005：890 - 894；Arabi，Rahimi，2020：203 - 222）。

第一步：定义综合类型学理论及其设计目的的界限。

第二步：确定影响类型学设计的结构和独立变量，并选择其中最重要的变量以作为类型学维度。

第三步：根据选定的结构和维度制造理想物种，并准确定义每个理想物种。

第四步：通过评估解释相似性对理想物种和因变量变异的影响，解释结构之间的关系。

第五步：评估和检验基于假设的现实世界的类型学。

第五节　模型

一　模型是什么

从 20 世纪 70 年代开始，科学哲学出现"实践转向"，其中包括关注科学实践的认知和社会维度。随着这一转变，人们对科学模型的兴趣增加了（Gouvea，Passmore，2017：49–63）。模型是真实世界部分的简化的图像，模型可以在广泛的科学研究情境和学科中找到。具体来说，就是"模型通过显示关键变量、因素或现象之间的关系来简化现实"（Briggs，2007：589–603）。实际上，模型是表达某种可识别系统的特定观点的一种方式。模型是抽象的，它允许人们通过排除不必要的细节专注（复杂的）问题的本质（Openlearn，2021）。科学家对世界的知识和理解通常以模型的形式表现。科学方法基本上是创建、验证和修改世界模型。模型包含对现实世界中某个对象或事件的基本结构的表示（Stockburger，1996：15）。此外，模型也是解决问题的工具。

模型的特征和功能有八个（Van Der Valk et al.，2007：469–488）。

第一，模型总是与目标相关，并且是为特殊目的而设计的。

第二，模型是一种研究工具，用于获取目标本身的信息，这些信息不容易直接观察或测量。

第三，①模型与目标有一些相似之处，通过目标和模型之间的类比，可以解释模型的某些方面；②这些类比使研究者能够达到使用模型的目的，特别是从模型中导出假设或进行预测，这些可以在研究目标时进行检验。

第四，模型在某些方面与目标不同，这些差异使模型比目标更容易被研究。

第五，第三个特征中的①和第四个特征产生了对模型的矛盾需求，因此一个模型永远是这些需求之间妥协的结果。

第六，模型不会与其所代表的目标直接交互。因此，它的设计中总有一个与目的相关的创意元素。

第七，对于同一目标，几种模型可能共存。

第八，作为研究活动的一部分，模型可以通过一个迭代过程发展。

模型的前两个特征描述了模型的性质和功能，第三和第四个特征涉及模型必须满足的标准，最后四个特征描述了对模型的选择和开发。

二 模型的优缺点

（1）模型的优点。第一，模型提供了一些逻辑和系统的方法以解决问题。第二，模型包含有用的工具，有助于消除用于解决特定问题的方法的重复。第三，模型有助于在系统中找到新的研究和改进途径。第四，模型可以表示问题中可测量的性质。第五，模型为所代表的系统的运行提供了适宜的描述和解释。

（2）模型的缺点。第一，模型只是理解操作的一种尝试，在任何意义上都不应被认为是绝对的。第二，关于相应操作的任何模型的有效性，只能通过进行实验和相关数据特征验证。

在模型研究中，理论模型（Theoretical Model）通常被提及。理论模型是科学活动的重要工具，被用来构建数据、应用理论，甚至构建新的理论（Hartmann，1995：49 - 67）。理论模型被用来构建数据的表现是，应用"一个理论模型描述一种物体或物体的类型，将其归因于一种内部结构或机制，参考这种结构或机制，可以解释各种各样的问题"（Achinstein，1965：102 - 120）。

理论模型有四个特征。

（1）理论模型由一组关于某个物体或系统的假设组成。

（2）一个理论模型描述了一种物体的类型，可以被称为一种内部结构、构成或机制，参照它可以解释该物体或系统所表现出的各种特性。

（3）理论模型被视为对某些目的有用的近似值。

（4）理论模型通常是根据模型中描述的对象或系统与某些不同的对象或系统之间的类比来制定、发展，甚至命名的。

三 建模的要领

模型的构建必然是知识的构建（Eriksson，2003：202 - 215）。建模是关于在"现实世界"中建立事物的表征，并允许对想法进行研究。建模是建造或创造某种形式的人工制品过程中的所有活动的核心（Openlearn，2021）。

（1）建模的基本要素（Starfield，2005）：第一，我们试图模拟的真实世界；第二，模型世界（真实世界的简化版本）；第三，运行模型的工作部件；第四，运行模型所需的数据。

（2）建模的五个简单原理（Pidd，1996：721 – 728）：原理1即模型简单、思考复杂；原理2即简约，从小处着手，逐步增加；原理3即分而治之，避免巨型模型；原理4即不要爱上数据；原理5即通过建模来建模。

（3）建模的三个经验法则（Lave，March，1975：40 – 42）：法则1即思考过程，一个好的模型几乎总是对一个过程进行陈述，许多模型之所以失败，是因为它们没有过程感，当构建一个模型时，应先看它是否有关于过程的陈述；法则2即开发有趣的含义，建模的乐趣在于发现模型中有趣的含义，在这个过程中，你将被反复要求从某个模型中开发有趣的含义，某样东西是否被认为有趣，显然涉及判断，但有一个很好的策略可以产生有趣的预测，即寻找自然实验；法则3即寻找共性，通常情况下，模型适用的情况越多越好，因为这样的话可能产生的影响就越多。寻找共性涉及概括名词和动词的普通过程。

（4）我们可以使用以下指导方针来开发和利用模型（Mertens，1977：1176 – 1186）。第一，定义问题和建模目标。第二，观察和分析真实系统。第三，综合建模。第四，以数学方法建模。第五，处理变量和参数估计的相关数据。第六，验证和确认模型。第七，改进模型。第八，接受模型。第九，使用模型模拟结果。第十，评估模拟结果。为了充分利用这个研究和教学工具，必须了解它的局限性和难度。

总之，模型是对真实的（案例研究）或人为的事件（或事物）的表示。它可以用来代替真实的东西，以更好地理解那个东西的某个方面。要产生一个模型，就必须从现实中抽象一个充满活力的对系统的描述（Banks，2009：5）。

总　结

我们从大量经典文献中提炼出概念、命题、框架、类型学和模型等工具，这对推动政策理论建设和创新具有重要价值。我们不仅有必要使用好它们，而且要善于使用不同的组合来构建政策理论，从而提出新的政策概念、政策命题和政策模型。

参考文献

Abdallah，S.（2005）. Unravelling Methodologies：A Theory Building Approach. https：// espace. curtin. edu. au/bitstream/handle/20. 500. 11937/287/16417_Abdallah%2C% 20Salam%202005. pdf? sequence=2&isAllowed=y.

Achinstein，P.（1965）. Theoretical Models. *The British Journal for the Philosophy of Science*，16（62）.

Arabi，S. M.，Rahimi，S.（2020）. Typology as a Theory Building Tool in Management. *Revista Gestão & Tecnologia*，*Pedro Leopoldo*，20.

Bailey，K. D.（2005）. Typology Construction，Methods and Issues. In Kempf-Leonard，K.（Editor-in-Chief）. *Encyclopedia of Social Measurement*. London：Elsevier.

Banks，C. M.（2009）. What Is Modeling and Simulation? In Sokolowski，J. A.，Banks，C. M.（eds.）. *Principles of Modeling and Simulation：A Multidisciplinary Approach*. Hoboken，New Jersey：John Wiley & Sons.

Bergmann，G.（1975）. *Philosophy of Science*. Madison，Wisc. ：University of Wisconsin Press.

Bradley，R. ，Swartz，N.（1979）. *Possible Worlds：An Introduction to Logic and Its Philosophy*. Indianapolis，Indiana：Hackett Publishing Company.

Briggs，A. R. J.（2007）. The Use of Modelling for Theory Building in Qualitative Analysis. *British Educational Research Journal*，33（4）.

Bustamante，A.（2009）. *Lógica y argumentación*. Bogotá：Pearson Prentice Hall.

Chataigner，P.（2017）. *A Framework Analysis of Analytical Frameworks*. https：//www. sheltercluster. org/sites/default/files/170902%20Analytical%20Framework%20Review. pdf.

Collier，D. ，Laporte，J. ，Seawright，J.（2008）. Typologies：Forming Concepts and Creating Categorical Variables. In Box-Steffensmeier J. M. ，Brady，H. E. ，D. Collier D. (eds.). *Oxford Handbook of Political Methodology*. Oxford: Oxford University Press.

Collier, D., La Porte, J., Seawright, J. (2012). Putting Typologies to Work: Concept Formation, Measurement, and Analytic Rigor. *Political Research Quarterly*, 65 (1).

Copi, I. M., Cohen, C. (2007). *Essentials of Logic*. New York: Taylor & Francis.

Delbridge, R., Fiss, P. (2013). Styles of Theorizing and the Social Organization of Knowledge. *Academy of Management Review*, 38 (3).

Doty, D. H., Glick, W. H. (1994). Typologies as a Unique Form of Theory Building: Toward Improved Understanding and Modeling. *The Academy of Management Review*, 19 (2).

Dubin, R. (1978). *Theory Building*. New York: Free Press.

Eisenhart, M. (1991). *Conceptual Frameworks for Research Circa* 1991: *Ideas from a Cultural Anthropologist*; *Implications for Mathematics Education Researchers*. Paper presented at the Proceedings of the Thirteenth Annual Meeting North.

Eriksson, D. M. (2003). A Framework for the Constitution of Modelling Processes: A Proposition. *European Journal of Operational Research*, 145 (1).

Gouvea, J., Passmore, C. (2017). "Models of" versus "Models for" toward an Agent-Based Conception of Modeling in the Science Classroom. *Science & Education*, 26 (1–2).

Grant, C., Osanloo, A. (2014). Understanding, Selecting, and Integrating a Theoretical Framework in Dissertation Research: Creating the Blueprint for Your "House". *Administrative Issues Journal: Connecting Education, Practice, and Research*, 4 (2).

Hampshire, S. (1939–1940). Ideas, Propositions and Signs. *Proceedings of the Aristotelian Society, New Series*, 40.

Hartmann, S. (1995). Models as a Tool for Theory Construction: Some Strategies of Preliminary Physics. In Herfel, W., et al. (eds.). *Theories and Models in Scientific Processes*. Amsterdam: Rodopi.

Imenda, S. (2014). Is There a Conceptual Difference between Theoretical and Conceptual Frameworks? *Journal of Social Sciences*, 38 (2).

Kaplan, A. (1964). *The Conduct of Inquiry.* San Francisco: Chandler Publishers.

Kerlinger, F. N. (1988). *Foundations of Behavioral Research.* New York: Hold, Rinehart, and Winston, Inc. .

King, J. C. (2009). *Questions of Unity.* In Proceedings of the Aristotelian Society CIX.

King, J. C. (2014). What Role do Propositions Play in Our Theories? In King, J. C. , Soames, S. , Speaks, J. (eds.). *New Thinking about Propositions.* Oxford: Oxford University Press.

Lave, C. A. , March, J. G. (1975). *An Introduction to Models in the Social Sciences.* New York: Harper & Row.

Lin, H. -C. (2017). *Propositions: An Ontological Inquiry.* [Thesis] (Unpublished). https://eprints. bbk. ac. uk/id/eprint/40296/1/Fullversion – 2017LinH-CphdBBK. pdf.

Lysaght, Z. (2011). *Epistemological and Paradigmatic Ecumenism in "Pasteur's Quadrant": Tales from Doctoral Research.* Official Conference Proceedings of the Third Asian Conference on Education in Osaka, Japan. http://iafor. org/ace2011_ offprint/ ACE2011_ offprint_0254. pdf.

Maxwell, J. A. (2013). *Qualitative Research Design: An Interactive Approach.* Thousand Oaks, CA: Sage Publications.

Mayeroff, M. (1950). The Nature of Propositions in John Dewey's "Logic": A Reply to Miss Brodbeck. *The Journal of Philosophy*, 47 (12).

Meredith, J. R. (1993). Theory Building through Conceptual Methods. *International Journal of Operations & Production Management*, 13 (5).

Mertens, D. R. (1977). Principles of Modeling and Simulation in Teaching and Research. *Journal of Dairy Science*, 60 (7).

Nationalism & Ethnic Politics (2021). *Key Notes on the Five Important Classifications of Propositions.* https://www. preservearticles. com/articles/key-notes-on-the-five-important-classifications-of-propositions/5733.

Openlearn (2021). *What Is Modelling?* https://www. open. edu/openlearn/science-maths-technology/computing-ict/models-and-modelling/content-section – 2. 1.

Pawar, B. S. (2009). *Theory Building for Hypothesis Specification in Organizational Studies.* Thousand Oaks, California: Response Books Business books from Sage.

Perrow, C. (1967). A Framework for the Comparative Analysis of Organizations. *Ameri-*

can Sociological Review, 32（2）.

Pidd, M.（1996）. Five Simple Principle of Modeling. In Cbarnes, J. M., Morrice, D. J., Brunner, D. T., Swrain, J. J.（eds.）. *Proceedings of the 28th Conference on Winter Simulation.* Picataway, NJ: Institute of Electrical and Electronics Engineers（IEEE）.

Ravitch, S. M., Riggan, M.（2017）. *How Conceptual Frameworks Guide Research.* Los Angeles, CA: Sage.

Reiche, B. S., Bird, A., Mendenhall, M. E., Osland, J. S.（2017）. Contextualizing Leadership: A Typology of Global Leadership Roles. *Journal of International Business Studies*, 48（5）.

Reynolds, P. D.（2016）. *A Primer in Theory Construction.* New York: Routledge.

Rocco, T. S., Plakhotnik, M. S.（2009）. Literature Reviews, Conceptual Frameworks, and Theoretical Frameworks: Terms, Functions, and Distinctions. *Human Resource Development Review*, 8（1）.

Sabatier, P. A.（ed.）.（2007）. *Theories of the Policy process.* Westview Press & Routledge.

Shoemaker, P. J., Jr. Tankard, J. W., Lasorsa, D. L.（2004）. *How to Build Social Science heories.* Thousand Oaks, California: Sage Publications, Inc..

Smith, N. J. J.（2016）. A Theory of Propositions. *Logic and Logical Philosophy*, 25（1）.

Starfield, T.（2005）. *Principles of Modeling: Real World-Model World.* http://www. uvm. edu/ ~ tdonovan/modeling/Module1/01_ RealWorld-ModelWorld_ transcript. pdf.

Stockburger, D. W.（1996）. *Introductory Statistics: Concepts, Models, and Applications.* Springfield, MO: Southwest Missouri State University.

Van Der Valk, T., Van Driel, J. H., De Vos, W.（2007）. Common Characteristics of Models in Present-day Scientific Practice. *Research in Science Education*, 37（4）.

Varpio, L.（2020）. The Distinctions between Theory, Theoretical Framework, and Conceptual Framework. *Academic Medicine*, 95（7）.

Whetten, D. A.（1989）. What Constitutes a Theoretical Contribution? *The Academy of Management Review*, 14（4）.

第七章　政策科学中的元理论化

当代对政策理论的浓厚兴趣通过考察历史而获得深度发展，目前讨论的一部分旨在提醒注意值得更长期研究和分析的问题（Lasswell，1974：176－189）。在任何一门科学中，理论研究和经验研究都非常重要。但归根结底，理论建设更为重要。如果忽视了理论建设，就会导致乱用模型，或者概念界定错误，盲目使用数据和经验材料无法为知识增长做出贡献（Huberman，Miles，1994：428）。政策科学自创立之日起，就一直重视理论建设。正是因为重视理论建设，政策科学才获得了应有的科学地位，并为指导政策实践做出了重要贡献。当然，政策科学家不能止步于现有的政策理论，不仅要继续创造新的政策理论，还要探索政策理论是如何被创造出来的。相应地，理论化（Theorizing）和元理论化（Metatheorizing）议题就被提上日程。本章重点围绕元理论化是什么、政策科学中的元理论化的命题是什么、政策科学理论化的策略是什么等议题，尝试绘制政策科学中元理论化的大致图景，以期推动政策科学的理论建设。

第一节　何谓元理论化

元理论化是理论化的继续和深化，是对理论基础结构的系统研究。元理论化是远离实证研究的一步，它不是把社会世界作为分析的对象，而是把理论本身作为分析的对象，以努力理解它们各自的优势和局限性，并对各套理论形成总体的观点（Stillman，2003：2）。元理论化的观点和方法已经在哲学和社会科学的众多领域，如科学哲学、心理学和社会学等得到了一定程度的探讨和运用。特别是在社会学中，出现了系统研究元理论化的研究成果，典型的是瑞泽尔（Ritzer，1990：3 - 15）和科洛米（Colomy，1991：269 - 286）概括的四种不同类型的元理论及其目标和贡献（见表7 - 1），其对政策科学中的元理论化具有指导意义。

表 7 - 1　元理论化的类型及其目标和贡献

类型	目标	贡献
作为对理论更深刻理解的元理论化（M_u）	回顾现存的理论	• 找到理论之间的联系和差异 • 找出当前理论中的差距 • 确定假设和核心透镜
作为总体理论观点来源的元理论化（M_O）	构建总体理论	• 构建更具综合性的模型 • 产生新的概念和关系 • 纳入新的视角 • 从根本上扩展当前理论
作为理论发展前奏的元理论化（M_P）	准备新的理论	• 理论洞察力的创造性来源 • 产生新的中层理论 • 帮助理论家跨越现有的界限
作为设计和应用明确的、普遍的标准来裁决由对立的社会科学传统发出的竞争性主张的元理论化（M_A）	批判性地评估其他理论	• 从全局角度批判性地评估理论和理论的应用 • 批判性地增加理论知识储备

资料来源：Ritzer（1990：3 - 15）；Colomy（1991：269 - 286）；Edwards（2014：720 - 744）。

爱德华兹（Edwards，2014：720 - 744）提醒我们，在定义元理论化时，首先需要区分哲学形式和科学形式。虽然两者都可以把理论作为研究的主题，但哲学元理论化侧重于理论的本体论、认识论、方法论和伦理学维度，它通过逻辑系统、第一性原则和有意识的先验承诺来构建和检验命题和元理论化（Edwards，Kirkham，2013：477 - 495）。哲学家不需要收集经验数据来建立或测试想法。相反，他们提出的论点是基于逻辑系统、说明性推理，以及先验方法和假设的。而科学元理论化把理论当作数据点，当作要调查研究的分析单位。它通过指定领域，收集、检查和分析数据，发展解释和真理主张，以及在后验（事后）方法的基础上检验这些主张，来建立和检验元理论化命题。哲学理论化形式和科学理论化形式见图 7 - 1。

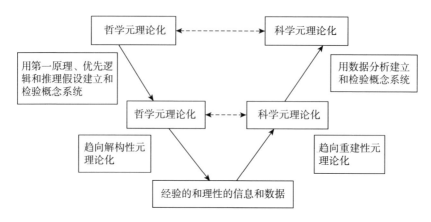

图 7 - 1 哲学理论化形式和科学理论化形式

资料来源：Edwards（2014：720 - 744）。

第二节 元理论化对于政策科学的认识论意义

认识论是知识理论，涉及人类知识的性质和正当性。政策科学中元理论化的认识论意义主要体现在四个方面。

（1）元理论化发现和概括现有政策理论知识的来源以及其是如何形成的，并增加政策知识积累。第一，元理论化帮助总结政策理论知识的自然科学、哲学和社会科学来源。如通过元理论化分析政策科学的实用主义哲学渊源，分析拉斯韦尔为何将政策科学看作"对杜威和他的同事在美国实用主义发展过程中所建议的公共政策一般方法的当代改编"（Lasswell，1971：ⅷ）。第二，元理论化可以帮助我们理解和解释政策理论知识是如何从经验分析升华的。如政策议程的研究文献主要是在美国的背景下发展起来的（Cobb，Elder，1971：892 - 915，1972）。《贯彻落实：华盛顿的巨大期望在奥克兰破灭》所进行的个案研究被认为是政策贯彻落实研究的先驱（Pressman，Wildavsky，1973）。第三，元理论化帮助我们理解和解释政策理论知识的推理和演化过程。如用元理论化分析政策过程理论的演变，即从拉斯韦尔（Lasswell，1971：86 - 93）最早列举的决策过程中的七个功能到布鲁尔（Brewer，1974：239 - 244）把政策过程分为六个阶段。第四，知识积累可以被认为是一门学科在被称为科学之前必须满足的条件之一（Lee，1972：431－438）。政策科学是产生政策过程知识的一门科学（Lasswell，1970：3－14）。所以，元理论化既是增加政策知识积累的一个重要途径，也是政策知识积累能力的体现，还能够显现政策理论知识作为对象和实践的双重性质。

（2）一方面，元理论化让我们认识到政策科学家的个人认识论，或者说个人特定的认知方式是由他/她理解什么是政策理论知识、政策理论知识是如何构建的、政策理论知识是如何被评估的、政策理论知识来自哪里，以及如何认识政策理论知识的手段等组成的（Hoggan，2018：18－25）。另一方面，元理论化让我们认识到政策科学家不同的认知立场是如何影响政策理论知识的表达的，以及如何通过观察一个主体和一个客体之间的关系来设计政策理论研究。元理论化还告诉我们什么知识在组织政策理论研究中是有效的。元理论化研究通过对论点和论据的细致阐述，有助于提供政策理论知识的可靠性（获得结果的一致性）和外部有效性（结果对其他环境的适用性）等信息。

（3）元理论化促进政策科学的跨学科/交叉学科研究。元理论化可以揭示什么学科的知识能够构成政策理论知识，如何从众多学科中获得或构建政策理论知识，如何评估众多的知识可利用性的程度，什么知识构成了可接受的证据来源和可接受的政策理论知识最终结果（Tennis，2008：102－112）。同时，元理论化可以提出比其他规范更可取的规范。

（4）元理论化启发和推动政策理论知识创造。政策理论知识创造是心智、情感和主动认知的综合过程。第一，元理论化使个人创造的政策理论知识变得可用和扩大，并使其和政策理论知识系统相联系的过程得以具体化。第二，引导政策科学家产生自己做什么的想法和如何行动，如何看待其他政策科学家所做的事情以及所做事情的结果（Rylande，2009：7－19）。第三，元理论化可以培育政策科学家的创新精神，有助于政策科学家产生有见地的新观点。

第三节　政策科学中的元理论化的命题设置

理解是所有科学活动的核心，没有理解，任何表面上的科学活动就会像一个高中生把数字代入公式而不计算一样毫无结果（Bridgman，1950：72）。在科学理解的情况下，这个主题通常是科学家试图理解一种现象，例如通过发展一种理论来理解（de Regt et al.，2009：3）。元理论化可以用来理解什么是政策科学的理论化和如何进行等议题。政策科学元理论化是加深对政策科学理论理解的手段，包括对理论化实践的反思性监控、意识到政策科学家与他们所研究的政策世界的错综复杂的联系，以及对政策科学家为他们所倡导的理论所承担的道德责任的关注等（Zhao，2001：392）。这种元理论化可能需要更好地理解这些理论，或者寻求创造新的理论及一个总体的理论视角（Ritzer，1990：3-15；2001：15）。因此，政策科学家需要提出理解元理论化的命题。需要强调的是，提出这些命题的好处在于：第一，一种结构是命题的结构，这种探索理解的方式给了我们一种不同的方式来思考理解是否包括知识的问题（Zagzebski，2019：127-128）；第二，命题在那些坚持命题和事实之间某种形式关系的理论中起着特别大的作用，命题的形式和它所描述的事实的形式之间一定有某种对应关系，命题中术语的排列必须反映事实要素的排列（Hampshire，1939-1940：1-26）；第三，命题性理解突出了知识和理解的联系，能够"理解某事物的归属"（Brogaard，2005）。

命题1：政策科学中的元理论化是在政策理论发展之后进行的，遵循理论—理论化—元理论化的推进路线。

命题2：元理论化是积累政策知识的一种方式，政策科学领域的理论建设一定要提高对理论化和元理论化的研究意识，要认识到元理论化工作对政策理论建设的贡献。

命题3：政策科学中的元理论化是对理论化过程的反思性监控，目标是完善现存的政策理论、发展新的政策理论和构建总体政策理论。

命题4：政策科学中的元理论化既可以采用哲学元理论化形式，也可以采用科学元理论化形式，或者融合这两种形式。

命题5：政策科学中的元理论化有时候是抽象的，有时候是具体的，既有归纳也有演绎，都需要一定的技术手段作为支撑。

命题6：政策科学中的元理论化需要有一定的视角、范式和模型。

命题7：政策科学中的元理论化不只是实证主义的一种形式，还要纳入解释学等多种方法论，要形成较为严格的元理论化方法。

命题8：政策科学中的元理论化不能脱离政策实际，政策实践知识包括隐性知识，其对政策科学元理论化同样重要。

命题9：政策科学中的元理论化不是孤立进行的，需要与自然科学、哲学、社会学、政治学等多学科进行对话。

命题10：政策科学中的元理论化同样需要有创造力。创造力要求政策科学家有创造性的想法，要对手头的任务有很高的积极性，具备与工作领域相关的知识和处理任务的能力，以及与创造力相关的技能。

命题11：良好/成功的元理论化过程需要一定的、具体的标准来判断，判断标准中要引入适当的概念，如嵌套（Nesting）或者嵌入（Embedded）和情境等（Ritzer，1991：310-311）。

命题12：政策科学中的元理论化不仅对政策理论家有用，而且对政策研究者和政策实践者有用，可以提高政策理论推理能力、政策经验研究质量和政策实践水平。

命题13：元理论化可以增加理论化的政策知识积累，总结理论化的方式，促进政策知识创造。

第四节　政策科学中的元理论化的心智模型

心智模型（Mental Model）起源于心理学研究的著作《解释的性质》（*The Nature of Explanation*）（Craik，1943：Chap.5），还借鉴了"朴素理论"（Naive Theory）的合理要素。朴素理论探索人们如何发展对与物理或机械系统相关的因果过程的理解（Jones et al.，2011：46）。心智模型是我们理解世界的方式，每种心智模型提供了不同的框架，用来检验问题的特定思维过程。该理论的主要假设是，个人通过试图设想与他们所知或所信相一致的可能性来推理（Johnson-Laird，2013：131 - 138）。心智模型有三个基本原理（Johnson-Laird，2010：18243 - 18250）：首先，每个心智模型都代表一组不同可能性的共同点；其次，心智模型尽可能具有标志性；最后，心智模型的描述代表了什么是真的、什么是假的。心智模型是包含有意义的陈述性和程序性知识的内部表征，为研究科学理论创造和理解其过程开辟了一条道路（Greca，Moreira，2000：1 - 11）。心智模型对政策科学中元理论化的意义可以归纳为以下六点。

（1）心智模型可以帮助塑造政策科学家进行元理论化的行为，并设定在元理论化过程中解决问题和完成任务的方法。

（2）心智模型可以作为路线图，确保元理论化的连续性。第一，可以指导我们设计元理论化方案。第二，可以帮助我们通过描述参与决策过程的个人的价值观和知识来对如何实施元理论化做出更好的决策（Wood et al.，2017b：1）。第三，可以帮助我们评估元理论化是如何运作的。第四，可以帮助我们对元理论化结果进行评判。

（3）在知识丰富的政策领域，心智模型可以帮助我们处理、组织和理解元理论化所需的信息，理解元理论化的推理过程，选择因果推理所使用的知识。

（4）心智模型不仅塑造了我们的想法和理解方式，还塑造了联系和机会。心智模型帮助我们从政策和环境的互动中收集关于对象和环境的知识，为理解政策和情境的互动提供预测和解释能力（Furlough，Gillan，2018：1 - 19；Norman，1983：7）。

（5）多学科团队为心智模型提供了一个共享框架，而不封闭支撑它们的网络和系统。这可以为元理论化过程的创新提供共享知识生成的机会，同时对外部影响开放（Davison，Blackman，2005：409 - 423）。

（6）心智模型非常适合以下这些情境（Wood et al.，2017a：xiii）。第一，元理论化的议题很复杂，且能产生具有非常重大意义的后果。第二，必须综合与议题或机会间隔有关的不同观点。第三，需要在多种潜在的元理论化备选方案中做出决定。第四，需要有透明度。总之，心智模型特别适合用于识别不容易预期的影响因素之间的关系，并为开发或比较复杂的元理论化问题的解决方案提供基础。

根据以上分析，本章在接下来的部分通过移植、借鉴和整合，提出一套在政策科学中元理论化可以采用的三类 16 种策略。

第五节　政策科学中的元理论化的关键策略

一　哲学策略

策略 1：实证主义元理论化（Positivist Metatheorizing）策略（Ritzer et al.，2001：116 - 117）。第一，确定政策科学中理论化的目标是发现政策运行的一般定律，注意以简明的政策理论形式提炼和总结这些定律，并将它们系统地组合在一起。第二，实证主义元理论化要研究现存的政策理论，以评估它们可以在多大程度上增加政策知识。第三，尝试用积累起来的经过经验检验的政策理论评估政策理论所取得的进步的程度。

策略 2：解释学元理论化（Hermeneutic Metatheorizing）策略。第一，政策科学家应该密切关注解释学方法所能提供的洞察力和技术。第二，解释政策行动的意义和理解政策行动发生的情境化生活世界。注意情境化的意义的主体间解释，因为主体间交流是理解的基础和前提。第三，解释学元理论化研究和评价政策理论不要采用自然法则的知识积累，而要把从解释中获得的存在主义启示作为标准（Ritzer et al.，2001：118）。

策略 3：批判元理论化（Critical Metatheorizing）策略（Ritzer et al.，2001：118 - 119）。第一，通过阐明和倡导政策行动的立场来实现政策科学中理论化的目的。第二，以一种社会实践形式，包括社会分析和政治行动的整合来进行政策科学元理论化。第三，强调拥护现实而不是发现现实，强调实现想法而不是验证想法，强调操纵而不是确认。第四，在设计评价政策科学中的理论化结果的标准时，要注意标准既不是政策理论的积累，也不是存在主义的启蒙，而是政策理论可能带来的被压迫者的解放程度。

策略4：启发式（Heuristic）方法是科学方法的一部分，指依据有限的知识让人们在短时间内快速有效地解决问题并做出判断的一种方法。启发式视角可以为政策科学元理论化提供一个强有力的解释。第一，使用启发式方法有认识论上的优势，这表现为推进知识不是简单地拒绝或接受一个理论的问题，而是需要评估有效性以及基于一个理论扩展我们的知识和对世界的理解的方式（Ippoliti，2018：17）。第二，启发式方法将政策科学中的理论化的分析方法视为调查性、指导性或探索性工具（Hendrick，1994：37－55）。第三，政策科学中的元理论化需要创造性，启发式方法可以培养启发性思维以创造性地解决问题。第四，启发式方法可以利用推理系统的政策信息处理结构和政策环境的结构，来寻找包含正确答案的政策知识以产生合理的答案。

二　社会学策略

策略5：政策科学中的元理论化要关注对政策理论、政策理论家和政策理论家群体的研究（Ritzer，1990：3－15，2001：18），政策理论和政策理论家的更广阔的知识储备和知识结构，以及其所处的社会背景和时代背景等。

策略6：政策科学中的元理论化既要研究现存的政策理论，又要努力产生新的政策科学理论，更要研究新旧政策理论和从旧政策理论向新政策理论转变的理论化过程和机制。

策略7：政策科学中的元理论化要注意超越政策科学理论某些部分或全部，以探索将各种政策理论串联起来的关键和机制。

策略8：比较策略。通过比较来理解和解释不同政策理论的元理论化过程，以便发现某些带有普遍性或规律性的政策理论知识。

与此同时，政策科学方法和理论的多样性应该与知识辩护模式的多样性相伴相随，所以需要从解决学科碎片化问题的角度提出政策科学的元理论化策略，即整合元理论化（Integrative Metatheorizing）策略、进化元理论化（Evolutionary Metatheorizing）策略和透视主义元理论化（Perspectivist Metatheorizing）策略（Dudina，2017：10－19）。

策略9：整合元理论化策略。识别共同的政策理论逻辑、描述语言的标准化或整合政策理论的发展情况。这由政策科学的以关注社会问题为本的跨学科性所致。

策略10：进化元理论化策略。第一，理解政策科学在不断变化的社会和知识情境下的发展趋势和前景。第二，确定政策知识的步骤、阶段、转变和替代情况。第三，在确定该学科的发展现状和前景后，描绘其取得的成就。

策略11：透视主义元理论化策略。识别政策理论相对封闭和独立的构造，揭示政策理论的内部一致性，包括范式、研究项目、解释模型等，旨在进行政策科学的全景式观望。

需要注意的是，整合元理论化基于对共同的或整合的政策理论的寻求，进化元理论化承认未来创造共同政策理论的可能性，透视主义元理论化将政策知识的多样性视为一种自然状态，否认用普遍标准评估政策知识。

三 "元"策略

政策科学中的元理论化可以通过"元方法论"的"基础"解释（Grounded Interpretation）得到加强（Payne，2002：307－314）。

策略12：元认识论策略。元认识论是认识论的一个分支，提出了关于认识论问题的问题，探讨了认知理论化的基本方面。元认识论的部分特征是研究认识论的性质、目的、方法和合法性。"知道如何"（Knowing-how）是认识论的一个热门话题。元认识论策略需要运用"知道如何"来分析和理解政策科学的理论化过程。

策略13：元规范性策略。元规范性是关于规范的规范，可以用于对一般规范结构的研究。第一，元规范性策略为政策科学的元理论化提供了在不同阶段的规范结构之间进行评估的启发式方法。第二，用元规范性策略处理元理论化过程中的道德不确定性问题。第三，在元理论化过程中，元规范性策略不寻求在道德活动中指导个人行为，而是指导其规范行为。

策略14：元推理（Meta-reasoning）和知识推理策略。元推理指的是监控我们的推理和解决问题活动的进度，并调节用于这些活动的时间和精力的过程（Ackerman，Thompson，2017：607-617）。第一，元推理策略是对政策科学中的元理论化过程的思维和推理的监控，揭示了政策推理和政策问题解决背后的过程，并有可能提高推理效率。第二，知识推理策略是在元理论化过程中按照现有事实和逻辑规则，利用已知的政策知识推断新政策知识（Chen et al.，2020：1-21）。元推理的作用是对这种推断进行监控。

策略15：元综合（Meta-synthesis）策略。元综合是为定性研究领域提供有价值见解的重要方法（Chrastina，2018）。第一，用元综合策略理解和解释政策理论构建、政策理论阐释和政策理论发展是如何进行的和推进的。第二，理解和解释政策概念创建在元理论化过程中的背景和过程。第三，从受某种政策现象影响的人的角度以及一个政策概念的研究者的推断来仔细检查政策现象是如何理论化的。第四，通过将关于一个政策主题的若干研究的定性描述混合在一起来推进政策知识发展。

策略16：元设计（Meta-design）策略。元设计是一个新兴的概念框架，旨在定义和创建社会和技术的基础设施，其中可以产生新形式的协作设计（Fischer，Giaccardi，2006：427）。元设计是一种独特的设计方法，关注的是打开解决方案空间，而不是找寻完整的解决方案（Giaccardi，Fischer，2008：19-32）。借用元设计手段提升政策科学元理论化过程的空间开放性和公开性，培育政策科学元理论化过程中的创造力和共同创造（Co-creation），以便带来新的见解、新的想法和新的人工制品。

总之，在具体的元理论化中可能会使用一种策略，或混合使用多种策略。

总　结

相较于社会学元理论化 30 多年的研究历程而言，政策科学元理论化研究才刚刚起步。本章对政策科学元理论化所进行的探索还不成熟，但值得肯定的是，政策科学元理论化的大致图像已初步勾画出来了，这为进一步的研究提供了思路和线索。未来，政策科学中的元理论化研究还有四项工作需要付诸实施。第一，政策科学中的元理论化由哪些要素构成。第二，如何推进政策科学中元理论化的制度化建设，以应对日益复杂多样的政策理论。第三，如何推进政策科学中元理论化的规范化建设以改进元理论化方法，克服方法中的问题。第四，如何整合新旧范式和新旧理论以及整合范式和理论，从而提高元理论化的解释力。

参考文献

Ackerman，R．，Thompson，V. A.（2017）. Meta-Reasoning：Monitoring and Control of Thinking and Reasoning. *Trends in Cognitive Sciences*，21（8）.

Brewer，G. D.（1974）. The Policy Sciences Emerge：To Nurture and Structure a Discipline. *Policy Sciences*，5（3）.

Bridgman，P. W.（1950）. *Reflections of a Physicist*. New York：Philosophical Library.

Brogaard，B.（2005）. *I Know. Therefore，I Understand*. Unpublished Typescript.

Chen，Xiaojun，Jia，Shengbin，Xiang，Yang（2020）. A Review：Knowledge Reasoning over Knowledge Graph. *Expert Systems with Applications*，141（6）.

Chrastina，J.（2018）. Meta-Synthesis of Qualitative Studies：Background，Methodology and Applications. *NORDSCI*，Paper Presented at the NORDSCI International Conference（Helsinki，Finland，July 17，2018）. https：//files. eric. ed. gov/fulltext/ED603222. pdf.

Cobb，R. W.，Elder，C. D.（1971）. The Politics of Agenda-Building：An Alternative Perspective for Modern Democratic Theory. *The Journal of Politics*，33（4）.

Cobb，R. W.，Elder，C. D.（1972）. *Participation in American Politics：The Dynamics of Agenda-building*. Baltimore：Johns Hopkins University Press.

Colomy P. (1991). Metatheorizing in a Postpositivist Frame. *Sociological Perspectives*, 34 (3).

Craik, K. J. W. (1943). *The Nature of Explanation*. Cambridge, UK: Cambridge University Press.

Davison, G., Blackman, D. (2005). The Role of Mental Models in Innovative Teams. *European Journal of Innovation Management*, 8 (4).

de Regt, H. W., Leonelli, S., Eigner, K. (2009). Focusing on Scientific Understanding. In de Regt, H. W., Leonelli, S., Eigner, K. (eds.). *Scientific Understanding: Philosophical Perspectives*. Pittsburgh: University of Pittsburgh Press.

Dudina, V. I. (2017). Strategies of Metatheorizing in Sociology. *Sotsiologicheskie Issledovaniya (Sociological Studies)*, 12.

Edwards, M. G. (2014). Misunderstanding Metatheorizing. *Systems Research and Behavioral Science*, 31 (6).

Edwards, M. G., Kirkham, N. (2013). Situating "Giving Voice to Values": A Metatheoretical Evaluation of a New Approach to Business Ethics. *Journal of Business Ethics*, 121 (3).

Fischer, G., Giaccardi, E. (2006). Meta-Design: A Framework for the Future of End-User Development. In Lieberman, H., Paternò, F., Wulf, V. (eds.). *End User Development*. Dordrecht, Netherlands: Springer.

Furlough, C. S., Gillan, D. J. (2018). Mental Models: Structural Differences and the Role of Experience. *Journal of Cognitive Engineering and Decision Making*, XX (X).

Giaccardi, E., Fischer, G. (2008). Creativity and Evolution: A Metadesign Perspective. Digital Creativity, 19 (1).

Greca, I. M., Moreira, M. A. (2000). Mental Models, Conceptual Models, and Modeling. *International Journal of Science Education*, 22 (1).

Hampshire, S. (1939 – 1940). Ideas, Propositions and Signs. *Proceedings of the Aristotelian Society, New Series*, 40.

Hendrick, R. (1994). A Heuristic Approach to Policy Analysis and the Use of Sensitivity Analysis. *Public Productivity & Management Review*, 18 (1).

Hoggan, C. (2018). The Current State of Transformative Learning Theory: A Metatheory. *Phronesis*, 7 (3).

Huberman, A. M. , Miles, M. B. (1994). Data Management and Analysis Methods. In Denzin, N. K. , Lincoln, Y. S. (eds.). *Handbook of Qualitative Research*. Thousand Oaks, CA: Sage.

Ippoliti, E. (2018). Building Theories: The Heuristic Way. In Danks, D. , Ippoliti, E. (eds.). *Building Theories: Heuristics and Hypotheses in Sciences.* Gewerbestrasse, Cham, Switzerland: Springer.

Johnson-Laird, P. N. (2010). Mental Models and Human Reasoning. The *Proceedings of the National Academy of Science (PNAS)*, 107 (43).

Johnson-Laird, P. N. (2013). Mental Models and Cognitive Change. *Journal of Cognitive Psychology*, 25 (2).

Jones, N. A. , Ross, H. , Lynam, T. , Perez, P. , Leitch, A. (2011). Mental Models: An Interdisciplinary Synthesis of Theory and Methods. *Ecology and Society*, 16 (1).

Lasswell, H. D. (1970). The Emerging Conception of the Policy Sciences. *Policy Sciences*, 1 (1).

Lasswell, H. D. (1971). *A Preview of Policy Sciences*. New York: American Elsevier.

Lasswell, H. D. (1974). Some Perplexities of Policy Theory. *Social Research*, 41 (1).

Lee, H. E. (1972). Obstacles to the Accumulation of Knowledge in the Social Sciences. *Synthese*, 24 (3/4).

Norman, D. A. (1983). Some Observations on Mental Models. In Gentner, D. , Stevens, A. (eds.), *Mental Models*. Hillsdale, NJ: Erlbaum.

Payne, P. (2002). Post-Metatheorizing Environmental Behaviours in Environmental Education. *Environmental Education Research*, 8 (3).

Pressman, J. L. , Wildavsky, A. B. (1973). *Implementation: How Great Expectations in Washington Are Dashed in Oakland*. Berkeley: University of California Press.

Ritzer, G. (1990). Metatheorizing in Sociology. *Sociological Forum*, 5 (1).

Ritzer, G. (1991). *Metatheorizing in Sociology*. Lexington, Mass. : Lexington Books.

Ritzer, G. (2001). *Explorations in Social Theory*. London: Sage.

Ritzer, G. , Zhao, S. , Murphy, J. (2001). Metatheorizing in Sociology: The Basic Parameters and the Potential Contributions of Postmodernism. In Turner, J. H. (ed.). *Handbook of Sociological Theory*. New York: Springer.

Rylande, A. (2009). Design Thinking as Knowledge Work: Epistemological Foundations and Practical Implication. *Design Management Journal*, 4 (1).

Stillman, T. (2003). Introduction: Metatheorizing Contemporary Social Theorists. In Ritzer, G. (ed.). *The Blackwell Companion to Major Contemporary Social Theorists*. Malden, MA: Blackwell Publishing Ltd. .

Tennis, J. T. (2008). Epistemology, Theory, and Methodology in Knowledge Organization: Toward a Classification, Metatheory, and Research Framework. *Knowledge Organization*, 35 (2 - 3).

Wood, M. D. , Thorne, S. , Kovacs, D. , Butte, G. , Linkov, I. (2017a). Preface. In Wood, M. D. , Thorne, S. , Kovacs, D. , Butte, G. , Linkov, I. (eds.). *Mental Modeling Approach: Risk Management Application Case Studies*. New York: Springer.

Wood, M. D. , Thorne, S. , Kovacs, D. , Butte, G. , Linkov, I. (2017b). An Introduction to Mental Modeling. In Wood, M. D. , Thorne, S. , Kovacs, D. , Butte, G. Linkov, I. (eds.). *Mental Modeling Approach: Risk Management Application Case Studies*. New York: Springer.

Zagzebski, L. (2019). Toward a Theory of Understanding. In Grimm, S. R. (ed.). *Varieties of Understanding: New Perspectives from Philosophy, Psychology, and Theology*. New York: Oxford University Press.

Zhao, Shanyang (2001). Metatheorizing in Sociology. In Ritzer, G. , Smart, B. (eds.). *Handbook of Social Theory*. London: Sage.

下　篇

第八章 政策问题

政策科学强调问题导向，从政策制定者所面临的复杂的社会问题入手，用多学科方法克服科学的碎片化特征来探究和解决实际问题（Lasswell，1951：14；1971：8，13－15）。政府被描述为"解决问题的机器"（Colebatch，2005：14－23），政府从事政策活动始于对政策问题的界定和设置，但问题定义绝不仅仅是认识客观压力的问题。因为"对一种情况的每一种描述都只是用许多观点中的一种来描述"（Stone，2002：133），所以远不是一个普遍的客观定义（Barbehön et al.，2017：242）。据此，我们需要知道政策问题是什么、分析政策问题议题、洞察社会科学对解决政策问题的责任和贡献，以及哪些社会科学知识可用于解决政策问题。

第一节 政策问题是什么

一 定义

问题定义是政策过程的关键部分。政策问题可以用不同的方式来定义，不同的定义往往会争夺政策制定者的注意力和政府议程中的特权地位（Portz，1996：371－386）。我们可以从以下六个方面理解政策问题。

（1）问题定义是一套想法，至少包括对不良环境的原因和后果的描述，以及关于如何改善它们的理论（Weiss，1989：97－121）。政策问题定义有两条箴言（Dery，2000：37－47）：第一条箴言是承认问题既不存在于

"那里"（Out There），也不是目标实体，而是分析结构或概念实体；第二条箴言指出，实践情境中的问题定义必须符合可行性和值得或改进的标准。

（2）政策问题既不是简单的给定，也不是某个情况的事实问题，而是解释和社会定义的问题（Cobb，Charles，1983：172）。"政策问题"一词引发了这样的问题（Dery，1984：4）：是什么使一个社会问题成为一个政策问题，问题是否能够通过公众的反应得到解决，以及如何解决？政策问题在公共政策领域经常使用的流行理论框架中占有重要地位。

（3）问题定义是一个形象塑造的过程，其中形象必须从根本上总结原因、责任。因此，条件、困难或议题不具有使其或多或少地被视为问题或被扩展的固有属性。相反，政治行动者故意以某种方式来描绘，以期赢得一方的支持（Stone，1989：281－300）。

（4）界定一个政策问题是一种将需要处理的集体问题或挑战概念化的行动，它包括以特定的方式动员其他人来看待问题和提出解决方案。因此，政策问题是由社会或政治造成的。从本体论角度来看，不存在客观的政策问题。此外，专业人士、公司和压力团体经常试图影响公共政策。应对这种情况的一种方法是将政策问题转化为经验问题，分析有关政策问题的新兴和竞争概念（Hanberger，2001：45－62）。

（5）批判性思考（Bacchi，2009：xii）：第一，具体政策所代表的问题是什么？第二，什么样的前提或假设成为这个问题的表象？第三，这个问题是如何表现出来的？第四，在问题表述中，什么是没有问题的？"沉默"在哪里？这个问题可以用不同的方式思考吗？第五，对问题的这种表述会产生什么影响？第六，对问题的表述是如何产生、传播和辩护的？它是如何被质疑、破坏和替换的？

（6）目前，关于问题定义的研究集中在四个主要主题上（Rochefort，Cobb，1993：56－71）。第一个主题倾向于强调因果关系，即什么导致产生政策问题，政策问题是从哪里来的。因果论证引出了第二个更具包容性的主题，即聚焦政策问题的整体形象。第三个主题强调问题的定义——与其说取决于问题本身，倒不如说取决于如何解决问题。第四个主题将注意力引向那些正在定义问题的人或群体，特别是一个人、一个团体或一个利益集团，其设法表明这种情况是他们的正当领域，并把相互竞争的定义排除在外。

二　特征

（1）结构良好的问题。结构良好的问题有以下六个特征中的一个或多个（Simon，1973：181 - 201）。第一，有一个明确的标准来检验任何建议的解决方案，有一个应用该标准的机械化过程。第二，至少有一个问题空间，其中可以表示初始问题状态、目标状态，以及在尝试解决问题的过程中可能达到或考虑的所有其他状态。第三，可实现的状态变化可以在问题空间中表示为从给定状态到可直接从给定状态获得的状态的转换。第四，问题解决者可以获得的关于问题的任何知识都可以在一个或多个问题空间中表示。第五，如果实际问题作用于外部世界，那么状态变化的定义和对应用任何运算符的状态的影响的定义就可以在一个或多个问题空间中完全准确地反映支配外部世界的法则（自然法则）。第六，所有条件都在很强的意义上成立，即假设的基本过程只需要实际可行的计算量；假设的信息对这些过程是有效可用的，即只在实际可行的搜索量的帮助下可用。

（2）棘手问题（Wicked Problems）。其具有 10 个特征（Rittel，Webber，1973：155 - 169）。第一，关于一个棘手问题，没有明确的表述。第二，棘手问题没有停止的规则。第三，棘手问题的解决方案不是真或假，而是好或坏。第四，对于一个棘手问题的解决方案，既没有立竿见影的检验，也没有最终的检验。第五，每一个解决棘手问题的方法都是"一次性操作"，因为没有机会通过反复试验来学习，所以每一次尝试都很重要。第六，棘手问题既没有一套可列举的（或可详尽描述的）潜在解决方案，也没有一套描述良好的可纳入计划的可允许操作。第七，每一个棘手问题在本质上都是独一无二的。第八，每一个棘手问题都可以被认为是另一个问题的征兆。第九，代表一个棘手问题的差异的存在可以用许多方法来解释，解释的选择决定了问题解决的性质。第十，计划者没有错的权利。

第二节　政策问题、政策分析和政策议程

一　问题定义和政策分析

在政策分析中，问题定义阶段提供了固有的调查流程的结构和方向，并推动进行最终的政策选择（Geva-May，1997：1－36）。第一，要将问题定义视为有创意的过程。第二，不要执着于问题定义阶段，错误地认为问题只能定义解决方案。第三，采用逆向问题定义。第四，鉴于问题定义的复杂性，请记住，分析不仅应该避免未来的实施陷阱，还应该为新的目标寻找更好的途径。第五，通过考虑当前实质性问题背后的公众关切，开启问题的定义过程。第六，退一步，考虑一下当你遇到问题时引起关注的一般价值观。第七，应该努力发展对决策环境的更好理解，无论是组织上的还是政治上的，并根据这种理解开展工作。第八，把你的分析集中在客户的需求上。第九，主要是意识到分析者和政策政治家对问题的看法不同。第十，不要不加批判地接受用户对问题的表述，谨记你的职业责任是探究客户对问题陈述中隐含的假设。第十一，当设置问题定义时，鼓励客户提出问题，因为你对问题的表述可能过于局限。第十二，考虑公众参与如何有助于就问题定义和政策替代选择达成共识。第十三，明确与你的分析相关的目标。第十四，不要将特定政策的目标与政策本身混淆。第十五，考虑给定问题定义中隐含的目标是否需要扩大，以便捕捉与其他公共问题相关的价值之间的重要权衡情况。第十六，寻求为你的问题定义确定各种政策变量。第十七，限制你打算触及的政策变量的数量，因为最终你和政策制定者都受限于你能够处理的选择的数量。第十八，打包关键政策变量，以便在政策分析过程结束时为自己提供一系列备选政策选项。第十九，在进行对问题的理解时，既要检查问题的一般方面，也要检查问题的具体方面。第二十，使用混合扫描技术以在问题的一般视图和特定视图之间切换。第二十一，避免将问题强加到通用分类中。第二十二，开发数据库。第二十三，根据问题定义所需的信息，收集以下一种或多种类型的数据：

历史数据、基本事实、政治信息、预测、其他联系人和材料。第二十四，请注意，与大多数社会科学研究不同，政策研究大多是衍生的，而不是原创的。第二十五，制定数据收集策略，以确保获得积极的协助。第二十六，检查你的信息来源。考虑这样一个事实，即你依赖从各种渠道获得的数据，而解释的问题可能会使你的数据有偏差。请注意，你处理的是二手信息，其准确性存疑。第二十七，在问题定义阶段，检查你选择某个时期基线而不是另一个时期基线是明智的。如果不这样做的话，就可能会扭曲你未来的分析洞察力。第二十八，当形成一个问题时，要意识到事实可能具有欺骗性，特别小心从占比中推断事实。

二　问题定义和政策议程设置

第一，问题定义和议程设置密切相关。问题定义与人们思考和评估问题的方式有关，它们涉及人类的感知和解释。议程设置涉及一系列行动和战略，通过这些行动和战略，某些问题成为公众关注的中心，它描述了一个政治过程，使特定问题上升到高水平的政策议题（Weiss，1989：97 - 121）。问题定义在将特定问题列入政策议程方面发挥关键作用（Portz，1996：371 - 386）。第二，对问题定义的研究为批判性视角提供了进一步发展的部分。关于问题定义的实证研究早已离开了一个界限分明的阶段的牢笼。它探讨了某些政策、制度和实践如何被解读为对不良社会状况的适当解决方案的"凝结的想法"，从而成为制度上统一的问题定义。比议程设置方面的文献更为明确的是，问题定义的研究建立在后实证主义认识论的基础上。根据该认识论，语言并不只被简单地用于反映世界，而是用来构成世界，因此永远不可能是中立的。尽管持有后结构主义和解释 - 诠释前提的研究者之间存在差异，但这两种方法都揭示了问题定义是如何嵌入社会政治情境和权力配置中的（Barbehön et al.，2017：253 - 254）。

三　政策问题和政策设计

彼得斯（Peters，2005：349 - 370）的框架表明，政策问题可以从七个"属性"来理解，并认为通过这些属性理解政策问题，可以提高政策设计的质量并促进对工具的选择。彼得斯的前三个"属性"与问题本身有关，它们似乎可能影响对那些更注重过程而非实质的政策工具的选择（Peters，Hoornbeek，2005：87）。这些属性包括"溶解性""复杂性""规模"。后四个属性更多地涉及问题特征和工具选择之间的联系，这些变量往往具有更实质性的含义。这些属性包括"可除性"、"货币化"、范围和互相依赖（Hoornbeek，Peters，2017：365–384）。

第三节　社会科学对解决政策问题的责任和贡献

1. 社会科学知识的责任（Wirth，1947：143–151）。第一，世界有权期待社会科学帮助解决科学对社会的影响所产生的问题，因为吸收、消化科学发现的问题是一个社会问题。此外，社会科学中可能有一些经验会帮助解决这个问题。第二，如果社会科学研究要对解决由科学对社会的影响而产生的问题做出最佳贡献，那么它当然必须使它的发现为政府领导者和大众所理解，并找到在大众中间传播这些发现的适当方法。第三，假设社会科学有必要的资源、必要的条件和必要的人员，那么社会科学仍然需要指出它将解决的问题以及这一努力可能产生的社会后果。对我们来说，社会科学的目的是理解社会生活并发现控制它的手段就足够了。第四，直接从社会科学的微小研究转向对社会问题的科学攻击并不总是可能的。不管一个微小的社会研究的结论多么有效，把它与足以理解一个真正的社会问题的全部知识联系起来仍然是一项最必要的任务。

2. 问题导向的社会科学。社会科学取得进步的一种方式是采取一种更加面向解决方案的方法，即首先从一个实际问题开始，然后询问必须运用什么理论和方法来解决它（Watts，2017：1–5）。

3. 探索原理和方法。社会科学代表用人类最独特的方法解决社会问题的一种努力——思考。第一，像自然科学一样，社会科学并不局限于在紧急情况下思考，而要不断尝试发现可以被广泛应用的原理。第二，像自然科学一样，社会科学努力通过开发强大的获取知识的技术、方法来补充而不是取代常识（Mitchell，1926：84 - 85）。

4. 心理学的贡献（Walton，Dweck，2009：101 - 102）。第一，心理学为社会问题的研究贡献了两个重要品质，即对心理过程的关注和严谨的方法论。因此，我们可以比其他学科更精确、更能理解社会问题背后的过程。第二，通过探索这些社会问题，心理学家可以发现新的心理现象，加入跨学科的问题解决者团队，展示其领域的力量和独特贡献。

5. 处理学术与解决问题的辩证关系（Waitzkin，1968：408 - 419）。第一，社会科学领域的职业发展在很大程度上依赖基于研究的概括，而这些概括会在出版物中出现。一个社会科学家在同事中的声誉主要来自其发表的著作。因此，如果一个人希望在职业生涯中取得进步，其就会花时间和精力收集和分析数据，在这些数据的基础上进行概括，并以该职业的习惯风格公布发现的内容。但是，介入旨在解决社会问题的行动项目的社会科学家发现，其在解决问题上的努力需要不同于那些促进个人事业发展的活动。第二，行动项目要求社会科学家提供的不是科学概括，不是做出会提高在社会科学家中的声誉的概括，而是收集能够主要用于解决手头具体问题的数据和做出具体决策所依据的具体数据。第三，作为一名科学家，如果花费过多时间和精力解决具体的社会问题，就意味着其花在学术研究上的时间和精力更少。在某种程度上，一个人仍然关心学术进步的通常标准，就表明一个人致力于解决社会问题的热情被冲淡了。

第四节　社会科学的可用知识和解决社会问题

林德布洛姆和科恩（Lindblom，Cohen，1979：4 - 29）的名著《可用知识：社会科学与解决社会问题》中的主要思想概括如下。

1. 作为解决社会问题工具的社会科学研究。第一，我们所说的社会问题解决，是指被认为最终会产生某种结果的过程。按照某种标准，这种结果是对以前存在的情况的一种改进，或者被认为是恢复这样的结果，或者被认为是为这样的结果提供某种可能性。第二，我们不把这个术语局限于达到理想甚至满意结果的过程。从这个角度看，"攻击问题"比"解决问题"更准确。"解决"不需要理解问题，只需要理解结果。因此，我们在此尝试对有关研究和社会问题解决涉及的主要议题进行识别，旨在为当代"实践调查"提出方向，并以更古老的理论传统丰富调查。第三，我们并不认为社会科学和社会研究应该总是，甚至是最常见的，为解决社会问题的有用性而设计或测试的。我们只假设很多是这样设计的或者无意中达到了这样的效果。对于这一部分，关于对解决社会问题的贡献的问题是重要的问题。第四，在针对研究提出问题时，我们认为将社会科学的基础作为解决社会问题的工具是恰当的。我们认为社会科学和社会研究只被其从业者（包括我们自己）微弱地理解，他们的实践被这种误解削弱了。我们不排除社会科学家（包括我们自己）对社会科学持有根本错误概念的可能。

2. 专业社会探寻（Professional Social Inquiry，PSI）。第一，信息和分析只是解决社会问题的几种途径中的一种，而专业社会探寻是提供信息和分析的几种方法中的一种。第二，我们所说的"普通知识"（Ordinary Knowledge）指的是这样一种知识，它的起源、检验、验证程度、真实状态或流通并不归功于独特的 PSI 专业技术，而归功于对常识、偶然的经验主义或深思熟虑的推测和分析。它很容易出错，但即使它是错误的，我们也称之为"知识"。就像科学知识一样，无论是真知识还是假知识，对于任何把它作为某种承诺或行动基础的人来说都是知识。我们认为，要解决社会问题，人们总是会严重地依赖普通知识。科学知识是对普通知识的补充，但不能代替普通知识。

3. PSI 是普通知识的补充。第一，对于 PSI 而言，我们认为其作品中出现的大部分知识是广泛分布在社会相对知情的成员中的普通知识，而不是 PSI 调查或验证的产物。第二，PSI 产生的许多"新"知识是普通知识。第三，当 PSI 的实践者推进对社会问题解决有重要意义的新知识发展时，知识就可以产生。我们建议的命题数量不多——与社会问题解决中常用的命题数量相比，数量很少。这就是说，PSI 所提供的新知识增量只是一种表象，或者说是对一大堆知识的补充。第四，我们进一步认为，由 PSI 特有的调查技术产生的新 PSI 知识的一部分是更小的流量，也许对其更好的描述是"涓涓细流"。第五，PSI 的独特技术更常用于检验从普通知识中衍生出来并作为普通知识传播的现有命题。因此，通过利用这些技术，PSI 对普通知识的提炼次数比创造新的先前未模拟的知识的次数更多。第六，从普通知识中提取的命题（经过独特的 PSI 形式的测试），只是 PSI 在其工作中使用的知识和解决社会问题的知识中的极小部分。

4. 替代 PSI 的方法。第一，社会问题解决的另一个输入提供了 PSI 的另一种选择，我们通常称之为社会学习。第二，进行替代 PSI 方法的互动。PSI 的另一个替代方案是通过多种手段进行互动性问题解决。通过这些手段，行动取代了思想——从来不是完全的，而是有意义的。第三，分析性问题解决和互动性问题解决是问题解决研究的关键范畴，二者是互补的。但我们的兴趣在于进行作为理解、思考或分析的替代品的互动。

5. PSI 进入社会问题解决过程有三种模式（Weiss，1977：11 - 15）。第一，决策驱动模式，其中 PSI 对主要由决策者提出的问题做出响应。第二，知识驱动模式，在这种模式中，研究提供了一个可以利用的机会。第三，互动模式。其中，PSI 是从各种来源中搜索到的知识的一部分。总之，只有当 PSI 和其他知识相互支持时，关于社会世界的知识才具有权威性。因此，如果 PSI 希望保持其实现权威性的传统愿望，我们建议必须再次调整研究者的工作，使之适用于通过许多尚未充分探索的方式来解决有关在社会问题上的其他投入的问题。

总　结

特恩布尔（Turnbull，2006：3 - 22）认为，政策问题的概念贯穿政策制定和政策实践的学术研究。但解决问题的概念是有缺陷的，如它单一地定义了复杂的问题，模糊了不同的观点；以问题设置为代价，专注于问题解决；政策过程理论的命题基础排除了问题性，并产生了一个支离破碎的理论，歪曲了政策制定的政治本质。为此，他提出了值得我们重视的四条建议（Turnbull，2006：3－22）。第一，可以通过建立一种质疑的认识论，修正和扩展政策理论中的问题概念，从而弥补这些缺陷。第二，政策理论建设需要保留和重构问题导向。第三，在重构问题导向时，我们应该从认识论层面入手，以问题导向的基础概念为出发点。第四，即使在行动的框架内，我们也不能通过假设政治行动者总是对问题做出客观的解释并"理性地"对待它们以构建政策理论。

参考文献

Bacchi，C. L. （2009）. *Analysing Policy：What's the Problem Represented to Be?* Frenchs Forest：Pearson Australia.

Barbehön，M.，Münch，S.，Lamping，W. （2017）. Problem Definition and Agenda-Setting in Critical Perspective. In Fischer，F.，Torgerson，D.，Durnová，A.，Orsini，M. （eds.）. *Handbook of Critical Policy Studies.* Cheltenham：Edward Elgar.

Cobb，R.，Charles，D. E. （1983）. *Participation in American Politics：The Dynamics of Agenda-Setting.* Boston：Alynn & Bacon.

Colebatch，H. K. （2005）. Policy Analysis，Policy Practice and Political Science. *Australian Journal of Public Administration*，64 （3）.

Dery，D. （1984）. *Problem Definition in Policy Analysis.* Lawrence：University of Kansas Press.

Dery，D. （2000）. Agenda Setting and Problem Definition. *Policy Studies*，21 （1）.

Geva-May，I. （1997）. Problem Definition in Policy Analysis. In Geva-May，I. （ed.）. *An Operational Approach to Policy Analysis：The Craft.* New York：Springer.

Hanberger，A. （2001）. What Is the Policy Problem? Methodological Challenges in Policy Evaluation. *Evaluation*，7 （1）.

Hoornbeek，J. A.，Peters，B. G. （2017）. Understanding Policy Problems：A Refinement of Past Work. *Policy and Society*，36 （3）.

Lasswell, H. D. (1951). The Policy Orientation. In Lerner, D., Lasswell, H. D. (eds.). *The Policy Sciences: Recent Developments in Scope and Method.* Stanford, CA: Stanford University Press.

Lasswell, H. D. (1971). *A Pre-view of Policy Sciences.* New York: American Elsevier.

Lindblom, C. E., Cohen, D. K. (1979). *Usable Knowledge: Social Science and Social Problem Solving.* London: Yale University Press.

Mitchell, W. C. (1926). The Contribution of the Social Sciences in Solving Social Problems. *American Labor Legislation Review*, 16 (March).

Peters, B. G. (2005). The Problem of Policy Problems. *Journal of Comparative Policy Analysis: Research and Practice*, 7 (4).

Peters, B. G., Hoornbeek, J. A. (2005). The Problem of Policy Problems. In Eliadis, P., Hill, M. M., Howlett, M. (eds.). *Designing Government: From Instrument Choice to Governance.* Montreal: McGill-Queens University Press.

Portz, J. (1996). Problem Definitions and Policy Agendas: Shaping the Educational Agenda in Boston. *Policy Studies Journal*, 24 (3).

Rittel, H. W. J., Webber, M. M. (1973). Dilemmas in a General Theory of Planning. *Policy Sciences*, 4 (2).

Rochefort, D. A., Cobb, R. W. (1993). Problem Definition, Agenda Access, and Policy Choice. *Policy Studies Journal*, 21 (1).

Simon, H. A. (1973). The Structure of Ill Structured Problems. *Artificial Intelligence*, 4 (3 - 4).

Stone, D. A. (1989). Causal Stories and the Formation of Policy Agendas. *Political Science Quarterly*, 104 (2).

Stone, D. A. (2002). *Policy Paradox: The Art of Political Decision Making.* New York and London: Norton & Company.

Turnbull, N. (2006). How Should We Theorise Public Policy? Problem Solving and Problematicity. *Policy and Society*, 25 (2).

Waitzkin, H. (1968). Truth's Search for Power: The Dilemmas of the Social Sciences. *Social Problems*, 15 (4).

Walton, G. M., Dweck, C. S. (2009). Solving Social Problems like a Psychologist. *Perspectives on Psychological Science*, 4 (1).

Watts, D. J. (2017). Should Social Science Be More Solution-Oriented? *Nature Human Behaviour, Nature*, 1 (1).

Weiss, J. (1977). *Using Social Research in Public Policy Making*. Lexington, Mass.: D. C. Heath & Co..

Weiss, J. (1989). The Powers of Problem Definition: The Case of Government Paperwork. *Policy Sciences*, 22 (2).

Wirth, L. (1947). Responsibility of Social Science. *The Annals of the American Academy of Political and Social Science*, 249.

第九章　政策议程设置理论

在政治学领域，第一批将议程设置视为政治进程基本部分的研究可以追溯到 20 世纪 70 年代，其最初是由作为分析的一个分支发展起来的，旨在揭示于 20 世纪 50 年代和 20 世纪 60 年代发展起来的多元主义方法的局限性（Capella，2016：675 – 691）。政策议程研究的共同核心是关注新思想、新政策建议和对问题的新理解如何在政治体系中被接受或不被接受的动态（Baumgartner et al.，2006：959 – 974）。关于政策议程的研究文献主要是在美国的背景下发展起来的，尽管有一些人质疑在这种背景下发展起来的理论能在多大程度上被应用到其他政治制度中，但我们还是觉得有必要将政策议程理论的主要观点系统地整理出来，以供参考和借鉴。

第一节　政策议程是什么

科布（Roger W. Cobb）和埃尔德（Charles D. Elder）是政策议程理论研究的先驱，为了回答"在最基本的形式中，我们提出了公共政策问题从何而来的基本问题"，他们最早在政策科学领域使用"议程"一词："应该指出的是，我们使用议程一词来指一系列政治争议，这些争议将被视为属于值得政界关注的合理关切范围。"他们还将机构议程概念化为"表示一组具体项目，计划由特定机构的决策部门进行积极和认真的审议"（Cobb，Elder，1971：892 – 915）。然后，他们着手解释问题如何以及为什么从系统议程转到制度议程。

金顿认为："议程是政府官员和与这些官员密切相关的政府以外的人在任何给定时间都认真关注的主题或问题的清单。因此，议程设置过程将这一组可想象的主题缩小到实际上成为关注焦点的那一组。我们不仅想了解为什么议程在任何时间点都是这样组成的，而且想了解它是如何以及为什么从一个时间点变化到另一个时间点的。"（Kingdon，1984：3）他还区分了政府议程和决策议程。决策议程指政府议程中需要积极决策的一系列主题（Kingdon，1984：4）。

扎哈拉迪斯把议程界定为"可采取行动的政府优先事项的情境清单"（Zahariadis，2016：5）。这个定义包含情境、可行动性、政府和优先事项四个重要元素。第一，对于任何议程，最重要的一点就是它反映了某种形式的排序或优先顺序。第二，如果议程关于形成优先权，除了价值和可及性之外，可操作性是过滤过程的关键因素。第三，无论是系统性的、制度性的还是决策性的，议程都是社会产物，都必须在情境中进行检查。议程必须在给定的社会范围内（或跨社会）进行评估。因此，议程必须在特定社会内部（或跨社会）进行评估，并受到特定时间周期的严格限制（Zahariadis，2016：5 – 6）。

彼得斯认为，为社会甚至为一个机构制定议程显然是一项政治活动，对议程的控制实际上控制了最终的政策选择。行使政治权力和形成政策议程有三种重要理论方法：多元主义、精英主义和国家中心主义（Peters，2016：70）。

总之，政策议程设置是指一个经过深思熟虑的规划过程，通过这个过程，政策问题被识别、问题被定义和优先排序、支持被动员、决策者被游说采取适当的行动（Desai，2011：64）。简单地说，政策议程设置就是将公共问题转化为可付诸行动的政府优先事项的过程。有五个很好的理由说明了设置政策优先顺序的研究很重要。第一，将议程作为一系列优先事项来研究有助于我们理解社会价值观。第二，明确议程说明了公众参与和不参与政府政策活动的潜在差异。第三，对于政府应该首先解决什么问题，反映哪些群体的优先事项，议程有利于达成社会共识。

第四，议程设置深刻影响政策决定，因为如何定义问题会影响问题在优先事项清单中的位置以及如何解决这些问题。第五，议程设置对个人和机构的意义和重要性超出了宪法或其他法律规则的正式规定。它通过有选择性地呈现、分析和解释信息来构建选民对世界的思考方式（Zaharia-dis，2016：3）。

为了加深学习者和研究者对政策议程的理解和比较，有必要介绍政治大众传媒领域对"议程"的定义。议程设置用于探索大众媒体与公众的关系，指的是媒体在决定公众意见的优先次序方面的作用（Rogers，Dearing，1988：555-594），可以描述新闻媒体对政治运动和公众对政治问题的态度产生影响的能力（McCombs，Shaw，1972：176-187）。大众传播理论中有三种议程（Rogers，Dearing，1988：555-594）：媒体议程以及它是如何形成和被公共议程所塑造的，公共议程及其形成方式，政策议程以及这些偏好如何影响公共政策。在大众传媒的议程设置研究文献中，有两本书特别需要提及。在《议程设置》一书中，作者融合了政策议程理论的一些观点，使用层次分析法、纵向方法和比较等方法研究大众媒体议程设置，并认为议程设置过程是议题支持者之间的持续竞争，以获得媒体专业人员、公众和政策精英的关注。议程设置提供了一种解释，说明了为什么在一个民主国家，公众可以获得关于某些问题的信息，而不是其他问题的信息；公众舆论是如何形成的；以及为什么某些问题通过政策行动可以得到解决，而其他问题却没有。对议程设置的研究就是对社会变革和社会稳定的研究（Dearing，Rogers，1996：1-2）。《议程设置》一书系统阐述了大众媒体在决定哪些主题是公众关注中心和行动中心方面的重要意义，分析了议程设置为什么会发生、议程设置如何运行、议程设置的结果和如何塑造议程设置等议题（McCombs，2014）。《议程设置》中的研究方法和研究思路值得政策议程研究者阅读、参考和借鉴。

第二节 科布和埃尔德及其合作者的
政策议程设置理论

科布和埃尔德是第一批通过从广泛的学术网络中收集一系列相关思想来充分发展政策议程思想的学者（Jones，2016：26）。科布和埃尔德的政策议程理论主要由四个方面构成。

（1）议程类型。科布和埃尔德将议程分为两种类型，即系统议程和制度议程。系统议程由所有议题组成，这些议题通常被政界成员视为值得公众关注，并涉及现有政府当局合法管辖范围的事项。制度议程也叫政府议程或正式议程，指由权威决策者明确提出并积极考虑的一组项目。制度议程更明确、更具体、数量有限（Cobb，Elder，1972：85-87）。与任何特定的制度议程相比，系统议程总是更抽象、更宽泛。如果一个问题没有首先在系统议程上找到位置，那么它就不太可能被提上机构议程。制度性议程和可以被称为政治争议的系统性议程是决策前政治进程的主要焦点。此外，这一议程中的优先事项不一定对应制度议程中的优先事项。事实上，它们之间可能有相当大的差异。这可能是一个普遍的假设，即两种议程之间的差距越大，政治体系内冲突的强度和频率就越大（Cobb，Elder，1971：892-915）。

（2）"议程建设"概念。科布和埃尔德提出"议程建设"（Agenda Building）一词，是基于这样一些问题：公共政策议题从何而来，议题是如何被创造的，为什么有些争议会引起政府机构的注意并成为正式决策的中心议题，而另一些没有引起注意（Cobb，Elder，1972：14）。他们争论的核心是冲突管理的观点。科布和埃尔德使用"议程建设"一词来表示将问题列入某一特定政治范围内的政治争议清单的过程（Zahariadis，2016：6）。科布和埃尔德把系统、权利、决策和利益群体四个概念方法作为分析"议程建设"的起点（Cobb，Elder，1972：17）。

（3）议程建设的视角。议程建设是一个非常适合比较分析的过程。议程建设的研究需要了解人口中不同亚群体最终参与政治冲突的方式，无论这是由公众群体还是由政治领导人提出的。有两种议程可以区分：公共议程包括已经获得高度公共利益和可见性的问题；正式议程是决策者正式同意认真考虑的项目清单。然而，并非正式议程上的所有项目都会受到决策者的认真关注（Cobb et al.，1976：126-138）。

（4）议程建设模式。议程建设有三种不同模式，这取决于议题的启动、规范、扩展和进入四个主要特征的变化。第一种是外部倡议模式，说明了非政府团体中出现问题的过程，然后，这些问题被充分扩展到公共议程，最后被扩展到正式议程。第二种是动员模式，考虑政府内部发起的问题，从而几乎自动获得正式议程地位。第三种是内部倡议模式，描述了政府范围内出现的问题，其支持者不试图将其为大众所知（Cobb et al.，1976：126-138）。

需要说明的是，"议程设置"一词最初出现在学术文献中时具有激进的内涵。议程设置在第一个意义上是激进的，许多政治科学家没有准备好接受超出正常政治互动范围的事情很重要的观点。他们认为决策前阶段是不可观察的，因此是不科学的。议程设置在第二个意义上也是激进的，它带有这样一种观念，即新团体将新问题带入政治范畴面临的障碍是比较大的，超越了政治体系中因摩擦和阻力形成的障碍。总之，议程设置（或"议程建设"，用科布和埃尔德的话来说）的整个概念是激进的，因为它提出了解决方案（Jones，2016：26）。

科布和埃尔德开创了一个新的决策前过程研究领域，他们对议程设置的研究做出了两项最重要的贡献。第一个贡献是他们对政治权力和民主理论问题的关注。他们的框架旨在解释和确定获得民主议程的途径。在解释层面上，他们试图理解为什么一些问题会得到重视。第二个贡献是将论点扩展到一个可以比较的方向。为支持他们的说法而收集的大部分证据来自美国社区，基于当地环境确定。为了扩大其对其他受众的吸引力，他们仔细地将其推广到了其他环境中，并创建了一个至今仍未实现的研究议程（Zahariadis，2016：10-11）。

第三节　金顿的政策议程设置理论

与科布和埃尔德的冲突管理观点不同，金顿在《议程、替代方案和公共政策》一书中采用了组织理论和进化生物学的观点研究政策议程设置（Kingdon，1984）。他淡化了问题冲突和扩展的各个方面，而是将重点放在模糊性、认知和政策企业家精神上（Zahariadis，2016：11）。金顿的政策议程设置框架概括如下。

（1）其灵感来自组织选择的垃圾罐模型（Kingdon，1984：71－89）。

（2）"政策原汤"（The Policy Primeval Soup）观点。第一，在这个政策界中产生替代方案和提议，即政策建议的产生，类似于生物自然选择的过程。"有一个漫长的软化过程：提出想法，提出法案，发表演讲；提案被起草，然后根据反应进行修改并再次提出。想法相互对抗（就像分子相互碰撞一样），并以各种方式相互结合。这种汤不仅通过全新元素的出现而改变，而且更多的是通过对以前存在的元素进行重组而改变。虽然许多想法在这种政策的原汤里飘来飘去，但那些持久的想法，如在自然选择系统中的想法，符合某些标准。有些想法存活下来并繁荣起来；有些提议比其他提议更受重视。"第二，软化。在某种程度上，思想在"政策原汤"里自由浮动，但是这些思想的支持者不允许这个过程完全自由浮动。第三，生存标准。一些生存标准，如技术可行性和价值可接受性，是政策界的内部标准（Kingdon，1984：116－144）。

（3）政治流观点。政治流由国民情绪（National Mood）、组织化的政治力量和政府三个部分组成。第一，国民情绪以可察觉的方式发生变化，并且这些情绪或气候的变化对政策议程和政策结果具有重要影响。一是政府参与者对国家情绪的感觉有助于推进他们在政策议程上的一些项目，并抑制其他项目上升到显著位置。二是与国家情绪推动某些项目获得更高议程地位的能力形成对比的是，制定者对国家情绪的感知成为一种制约，将其他项目推向相对模糊的状态。三是参与者不仅觉得他们可以准确地感知任何时间点的国民情绪，还认为他们可以感知情绪的变化。第二，组织化的政治力量考察政府内部和周围的人是如何看待和应对各种有组织的活动的。第三，政府行政更迭，随之而来的是政策议程的显著变化。总之，在政治流中建立共识，不仅要经过说服和传播的过程，而且是由讨价还价来控制的（Kingdon，1984：145-164）。

（4）政策视窗（Kingdon，1984：165-195）。政策视窗为提案的倡导者提供了一个机会，来推动达成他们喜欢的解决方案，或促使人们关注他们的特殊问题。第一，有时候，窗户会像预料中那样打开，而在其他时候，它的发生是不可预测的。政策企业家必须做好准备，确保他们最喜欢的建议已经准备好、他们的特殊问题有据可查，以免错过机会。第二，政策视窗要么是由迫在眉睫的问题出现打开的，要么是由政治流中发生的事情打开的。因此，其有"问题窗口"和"政治窗口"之分。

扎哈拉迪斯（Zahariadis，2014：65-92；2016：11-12）根据金顿的政策议程设置框架创造了两种动力。第一种动力指的是问题、政策和政治的三个方面。假设一条流在很大程度上独立于另一条流，遵循其自身的结构规则，明确哪些项将浮出表面，哪些项不会浮出表面。第二种动力是指政治流如何以及何时交互。为了使这个过程更容易理解，金顿增加了政策窗口和政策企业家两个元素，同时强调情境在理解过程中至关重要，因为在某些时间点，相关问题比其他问题更重要。这一论点使金顿能够从理论上阐明时间在决策中的重要性。并不是所有事情都可以与其他事情联系起来，而政策窗口无论是在问题还是政治流中，都会使一些联系比其他联系更为可能。

金顿的政策议程设置框架的贡献有两个（Zahariadis，2016：12）。一是"政策企业家"，这一概念是金顿最重要的贡献，因为它赋予模型一种代理元素，使模型在定位上更具结构性。二是金顿采用一种社会科学的视角，着重明确需要注意的动态。金顿能够以一种理论上有意义的方式将机构和结构结合起来。此外，他还将宏观机构发展与政策界的部门发展联系起来，这些发展在制定政府议程方面肯定发挥了重要作用，而政策界也通过提高学术界对可操作问题的偏见的敏感度来突破议程设置的界限。

第四节　鲍姆加特纳和琼斯、约翰等和扎哈拉迪斯的政策议程设置理论

一　鲍姆加特纳和琼斯的政策议程设置理论

鲍姆加特纳（Baumgartner）和琼斯（Jones）意识到科布和埃尔德、金顿理论的局限性，出版了《美国政治的议程和不稳定》一书，对议程上议题的兴衰进行了理论化描述（Baumgartner，Jones，1993：39－55）。第一，他们借鉴了金顿对政策企业家、感知和模糊性的关注，以及科布和埃尔德对媒体、权力和问题冲突扩展的关注（Baumgartner，Jones，1993：11；Zahariadis，2016：13）。第二，基于公共议程中政策问题的出现和衰退，他们提出了美国政治中政策变化的间断均衡模型。在问题出现时，新的体制结构往往会建立并保持几十年——构建参与和创造平衡的假象。然而，随后的议程可以摧毁相关机构，用其他机构取而代之（Baumgartner，Jones，1993：1）。第三，基于注意力分配和制度摩擦的概念，他们认为议题在议程上是起起伏伏的。由于关注度低、潜在问题太多，决策者必须优先考虑和解释信息（Baumgartner，Jones，1993：3－24；Zahariadis，2016：13）。第四，尽管最初的证据是从美国的经验中获得的，并用来解释议程设置的过程，但相对而言，它也被用来生成和检验假设和修正方案（Baumgartner et al.，2011：947－972）。

扎哈拉迪斯认为，鲍姆加特纳和琼斯提出的议程设置模型丰富了权力和感知的概念，并为文献增加了两个好处（Zahariadis，2016：14）。第一个好处是他们的方法可以采用复杂的定量技术。第二个好处是可以在抽象层次上进行理论化，以便进行比较研究。

二　约翰等的政策议程观点

约翰、贝泰利、詹宁斯和贝文分析了英国政治中的政策议程议题，提出了三个观点（John，Bertelli，Jennings，Bevan，2013）。第一，解释政策议程（John，Bertelli，Jennings，Bevan，2013：1）。一是政策议程旨在反映一个社会在特定时刻面临的一系列问题，并揭示政府如何将行动导向它认为需要的领域。二是政策议程关于政治家如何应对事件的压力和媒体强调的争议，即使这些事件确实经常对政策施加压力。三是议程反映了政府内部和周围的政治家和其他决策者的战略选择，即利用国家或其控制下的行政部门的权力和权威，关注问题并采取行动，或者至少表现出要采取行动的样子。四是政策议程往往涉及预先承诺，即提前一段时间将其作为政府实施的方案发出信号。这个想法是，政府应该努力执行其行动计划，并因此在任期结束时获得公众的赞同。第二，政策议程的差异和原因（John，Bertelli，Jennings，Bevan，2013：3－4）。政策议程空间有限的第一个原因是在每一届政府以及其执政的每一年都有所不同，它反映了某一系列问题相对于另一系列问题的优先性。人们经常争辩，这是由于政治家在任何时候都可以处理的事务数量受到实际限制。政策议程空间有限的第二个原因是在对问题的反应和关切程度上机构能力的限制，立法时间表中的实际制约因素限制了可以讨论的议题范围，特别是当把关者和议程设置者行使其偏好时。政策议程空间有限的第三个原因是政治体制也要求对一两个紧迫的公共问题做出反应，而不是对所有问题做出反应。第三，聚焦的适应（Focused Adaptation）。他们开发一种启发式方法，即聚焦的适应，以用于检查政策关注点的演变情况。他们使用的方法有四个标准（John，Bertelli，Jennings，Bevan，2013：10）。第一个标准是"尽管媒体和公众舆论对政策议程施加了巨大压力，但寻求连任的政府控制一种机制，这种机制会引起对公共政策议题的实质性关注"。第二个标准是"一个政策问题的景观或人口是存在的，选民关注政府将注意力分配给那些政策问题，尽管不是所有问题都会影响所有的选民"。第三个标准是"政府搜索这个问题，以了解其特点，这种搜索包括大众和精英对特定问题相对重要性的看法"。第四个标准是"有了这些信息，政府就可以调整其政策制定的关注机制，以反映其在追求选举目标方面所学到的东西"。

三 扎哈拉迪斯的政策议程设置的四个基本要素

扎哈拉迪斯（Zahariadis，2016：7 - 9）提出议程设置过程包含四个基本要素，可称为 4 个"P"，即权力（Power）、感知（Perception）、效力（Potency）、接近（Proximity）。第一，权力或许是议程设置的最重要因素。可采取行动的政府的优先事项反映了某些群体或个人在发出自己的声音（或阻止他人被听到）方面胜过其他群体或个人，并含蓄地将自己狭隘的关切变成了需要集体解决的公共问题。此外，将一个项目列入系统议程是不够的。我们需要的是跨议程的行动，从系统到机构（政府）再到决策。这往往需要有说服力，使人们相信某些项目比其他项目更值得政府采取行动。第二，感知对哪些问题被认为重要以及为什么重要有着至关重要的影响。尽管许多问题在任何时候都值得政府关注，但只有少数问题会成为公共问题。转化问题的过程包含一个感性因素（Kingdon，1984）。决策者、舆论制造者和公众生活中的其他人常常有选择性地报告和解释事件，以便激活（或停用）大众对某个项目的同情或支持。第三，效力是指一个给定问题的后果的强度或严重性。一般来说，后果的严重程度越大，政府议程上的问题就越突出。人们更倾向于关注那些似乎对自己的生活有更直接（地理上或时间上）影响的问题。影响越直接或越接近，这个问题可能受到的关注就越大。第四，接近涉及人们的生活，如安全、幸福等，接近深刻地塑造了人们的注意力。这些变量既有直接的影响，也有交互的影响。在一个给定的制度环境中，权力配置和感知偏见会影响议题的位置及其在议程上的移动情况。效力和接近在议程上有间接影响，因为它们是通过权力和感知过滤的。制定议程的过程包括 4 个"P"之间的一些连接配置。虽然不同的理论模型可能会在该过程中添加更多变量并指定替代关系，但它们都必须以某种方式处理四个基本要素。

第五节　政策议程的可能性原理、
模型和理论命题

一　如何将问题提上议程：可能性原理

彼得斯（Peters，2016：73－78）从六个方面提出了如何把问题提上议程的议题，我们称之为"从问题到议题的可能性原理"。

第一，问题的影响。一个问题的第一个方面会影响其在议程上的位置，也就是它会影响谁，影响到什么程度。问题的极端性、集中性、范围和可见性都会影响它们在议程上的位置。

可能性原理 1.1：问题的影响越极端，就越有可能被列入议程。

可能性原理 1.2：即使问题不威胁生命，让受害者集中在一个地区也可能引发公众行动。

可能性原理 1.3：受问题影响的人员范围可能影响问题在议程上的位置。

可能性原理 1.4：对于那些采取多元化议程设置方法的人来说，影响的强度以及公民的政策偏好是一个主要问题。

可能性原理 1.5：一个问题的可见性可能会影响它作为一个活动问题在议程上的位置。

第二，类似和溢出议程设置。一个问题的另一个重要方面可能会影响它被列入议程，那就是它与其他公共项目的相似之处。

可能性原理 2.1：一个新问题越是看起来像一个老问题，就越有可能被提上日程。

可能性原理 2.2：一个政府项目的存在可能会产生对其他项目的需求。这种溢出效应对将新项目纳入议程和解释公共部门的扩张非常重要。

第三，与符号/象征的关系。

可能性原理 3：一个问题与重要的国家象征联系越紧密，被列入议程的可能性就越大。

第四，聚焦事件。一些外部活动引起了对这一问题的关注，并有助于为公共部门的行动打开一个政策窗口。

可能性原理4：尽管这一事件使参与政策进程的政治和行政行动者的注意力得以集中，但这些事件在使公众意识到潜在的政策问题方面可能更为重要，因为人们期望公众会对这一问题有所了解或至少感兴趣。

第五，私人手段的缺失。政府避免或不愿意承担新的责任，尤其是在预算不足的情况下（即使实现了预算平衡）。

可能性原理5：市场而不是集体行动已经成为比较好政策的标准。然而，社会上有一些问题不能单靠私人市场活动来解决，经典的例子就是涉及公共产品或外部性的社会问题。

第六，技术的可用性。

可能性原理6：除非有一种技术被认为能够解决问题，否则这个问题一般不会被列入公共议程。

二　政策议程的模型

克尼尔和托孙（Knill，Tosun，2020：85－90）提出了研究政策议程的四个观点。

（1）过程视角。基于进程的评估都侧重于议程设置动态的一般模式。因此，议程设置是从更抽象的角度来描述和解释的，侧重于塑造政治进程的系统因素。

（2）权力分配视角。过程视角无法解释为什么某些问题被提到了议程上，而其他问题却没有，所以需要加入权力分配视角。现有的理论特别强调参与者之间的权力分配。

（3）制度要素视角。其强调制度结构在确定冲突线和权力平衡方面的作用。这个框架试图解释为什么政治进程通常以稳定和渐进主义为特征。当涉及决策议程的规范时，制度规则的影响尤其重要。

（4）权变视角。权变模型（Contingency Model）认为议程设置是一个受偶然性影响的过程，而不受理性计算和政治特征的影响。中心论点是，决策基本上是关于政策问题和政策解决方案的耦合，它们被认为是相互独立发展的。

表9-1总结了与四个观点对应的四种模型的主要特点，并讨论了它们在分析时的焦点、优点和缺点。

表9-1　政策议程的四种模型在分析时的焦点、优点与缺点

	过程模型	权利分配模型	制度要素模型	权变模型
焦点	议程设置的一般形式分析	分析谁有权构建和重新构建问题	制度（否决点、否决者、更广泛的政治体制）如何影响分析	流的耦合和机会窗口的打开
优点	便于比较研究的抽象概念化	以行动者为中心的方法，促进战略方法的分析	对行动者和制度的整合分析	议程设置的现实模型建构
缺点	静态和简化主义概念	过分强调行动者的战略，而很少关注非战略行为	过分强调行动者的战略，而很少关注非战略行为	单个分析成分（流）不能相互分离

资料来源：Knill，Tosun（2020）。

三　政策议程的理论命题

彼得森和琼斯（Peterson，Jones，2016：106）认为，议程受到人们如何理解、定义、处理和关注政策问题的重大影响。将叙述纳入议程设置对学术研究有三大帮助（Peterson，Jones，2016：107）。第一，叙述有助于理解人们的政策知识、偏好和注意力是如何受到政策影响的。第二，叙述有助于理解政策行动者如何操纵政策以战略性地影响人们，将其注意力转移到偏好的问题概念上，或维持现状，以便操纵政策议程。第三，在文化或制度层面上检查叙述可能有助于解释制度性决策议程是如何随着时间的推移而改变或保持不变的。

叙事政策框架理论有助于研究政策形象和问题定义，政策企业家在议程设置中的作用在于理解制度议程和政策结果等（Peterson，Jones，2016：108）。叙事政策框架可能会增加议程设置中的学者构想和研究信息处理情况和注意力的规格（Peterson，Jones，2016：112）。叙事政策框架理论有

10 个命题（Peterson，Jones，2016：113 – 125）。

命题 1：在一致的信仰系统下，说服的叙述机制增加了政策偏好转移的可能性。

命题 2：说服的叙事机制增加了对问题定义和政策形象的关注。

命题 3：政策行动者和群体战略性地操纵政策叙述，以便操纵议程的获取和内容。

命题 4：战略性叙事操纵增加了目标受众发生系列转变的可能性。

命题 5：政策垄断、政策圈的稳定和成功与包含类似政策形象/叙事结构的深度叙事相关联。

命题 6：非议程项目的特点是不一致和不稳定的政策叙述。

命题 7：战略场地的改变将与叙事策略的使用增加相关。

命题 8：与政策学习相关的场地变更将与子系统主导的叙述的变更相关。

命题 9：政策企业家战略性地操纵政策叙述，以便管理对拟建议的议程项目的联盟支持。

命题 10：制度议程的变化以占主导地位的制度叙事中的标点符号的变化为特征。

关于叙事政策框架与议程设置文献交叉的命题见表 9 – 2。

表 9 – 2　关于叙事政策框架与议程设置文献交叉的命题

变量	叙事政策框架的增值	分析层次	命题
信息加工	增加了对议程设置中的学者如何构想信息处理和注意力的说明	微观	命题 1
问题定义	增加了问题定义和对策略映像的说明	微观	命题 2
权利	通过增加叙述来扩大日程异端文献	中观	命题 3
政策映像和问题定义	用叙述性组件说明政策映像和问题定义	中观	命题 4
政策垄断和政策圈	利用叙述性政策形象的具体说明来解释垄断或社区的成功、稳定、形成和解散	中观	命题 5

续表

变量	叙事政策框架的增值	分析层次	命题
非议程	扩大对政策垄断和社区的解释，以确定非议程项目的特征	中观	命题 6
场所购物	提供更详细的场馆变更说明	中观/宏观	命题 7 和命题 8
政策企业家	提供对政策企业家行为的更多说明	中观	命题 9
制度	提供了一种从政策沟通的角度审视制度变迁的手段	宏观	命题 10

资料来源：Peterson, Jones（2016：106 – 131）。

总　结

通过整理政策议程设置的概念、理论和命题系统可以看出，由于政策议程的研究文献主要是在美国的背景下发展起来的，因此在运用政策议程设置理论时，要特别注意它的适用性。要找出可以普遍运用的原理，改造不适用的部分，如政策企业家；再根据中国政策实际，把政策议程设置理论向前推进。未来中国政策议程设置理论研究可能有四点需要关注：一是领导人（包括政策领导力）和政策议程设置；二是非正式沟通渠道和政策议程设置；三是治理能力、治理机制和政策议程设置；四是渐进主义和政策议程设置。

参考文献

Baumgartner, F. R., Jones, B. D.（1993）. *Agendas and Instability in American Politics*, Chicago, IL：University of Chicago Press.

Baumgartner, F. R., Green-Pedersen, C., Jones, B. D.（2006）. Comparative Studies of Policy Agendas. *Journal of European Public Policy*, 13（7）.

Baumgartner, F. R., Jones, B. D., Wilkerson, J.（2011）. Comparative Studies of Policy Dynamics. *Comparative Political Studies*, 44（8）.

Capella, A. C. N.（2016）. Agenda-Setting Policy：Strategies and Agenda Denial Mechanisms. *Organizações & Sociedade*, 23 (79).

Cobb, R. W., Elder, C. D. (1971). The Politics of Agenda-Building: An Alternative Perspective for Modern Democratic Theory. *The Journal of Politics*, 33 (4).

Cobb, R. W., Elder, C. D. (1972). *Participation in American Politics: The Dynamics of Agenda-building*. Baltimore: Johns Hopkins University Press.

Cobb, R. W., Ross, J. -K., Ross, M. H. (1976). Agenda Building as a Comparative Political Process. *The American Political Science Review*, 70 (1).

Dearing, J. W., Rogers, E. M. (1996). *Agenda-Setting*. London: Sage.

Desai, A. (2011). *Policy Agenda-Setting and the Use of Analytical Agenda-Setting Models for School Sport and Physical Education in South Africa*. http://etd. uwc. ac. za/ xmlui/bitstream/handle/11394/3668/Desai_ PHD_ 2011. pdf? sequence = 1.

Jones, B. D. (2016). A Radical Idea Tamed: the Work of Roger Cobb and Charles Elder. In Zahariadis, N. (ed.). *Handbook of Public Policy Agenda Setting*. Cheltenham: Edward Elgar.

John, P., Bertelli, A., Jennings, W., Bevan, S. (2013). *Policy Agendas in British Politics*. Basingstoke: Palgrave Macmillan.

Kingdon, J. W. (1984). *Agendas, Alternatives, and Public Policies*. Boston, MA: Little, Brown.

Knill, C., Tosun, J. (2020). *Public Policy: A New Introduction*. London: Palgrave Macmillan.

McCombs, M. E. (2014). *Setting the Agenda: The Mass Media and Public Opinion*. Cambridge: Polity Press.

McCombs, M. E., Shaw, D. L. (1972). The Agenda-Setting Function of Mass Media. *Public Opinion Quarterly*, 36 (2).

Peters, B. G. (2016). *American Public Policy: Promise and Performance*. London: Sage.

Peterson, H. L., Jones, M. D. (2016). Making Sense of Complexity: The Narrative Policy Framework and Agenda Setting. In Zahariadis, N. (ed.). *Handbook of Public Policy Agenda Setting*. Cheltenham: Edward Elgar.

Rogers, E. M., Dearing, J. W. (1988). Agenda-Setting Research: Where Has It Been? Where Is It Going? *Annals of the International Communication Association*, 11 (1).

Zahariadis, N. (2014). Ambiguity and Multiple Streams. In Sabatier, P. A., Weible, C. M. (eds.). *Theories of the Policy Process*, Boulder, CO: Westview.

Zahariadis, N. (2016). Setting the Agenda on Agenda Setting: Definitions, Concepts, and Controversies. In Zahariadis, N. (ed.). *Handbook of Public Policy Agenda Setting*. Cheltenham: Edward Elgar.

第十章　政策贯彻落实理论（上）

普雷斯曼和维尔达夫斯基（Pressman，Wildavsky，1973）的《贯彻落实：华盛顿的巨大期望在奥克兰破灭》所进行的个案研究被认为是政策贯彻落实研究的先驱。在此后 50 年里，政策贯彻落实研究呈现一片繁荣景象，涌现了大量的理论研究成果。本章和下章将对政策贯彻落实的概念、规范性和方法论、框架、模型，以及勉强的伙伴和贯彻落实悖论、政策分歧和贯彻落实失灵、有效贯彻落实、贯彻落实的业绩、改进政策贯彻落实和改进的建议等进行系统整理和整合，以供读者和政策研究者学习和参考。

第一节　概念

研究政策贯彻落实有六个概念需要澄清和理解。

（1）贯彻落实。贯彻落实就是将公共政策付诸实践。在政策运行过程中，贯彻落实是连接政策制定和政策结果的中间环节。政策贯彻包括那些公共和私人（或群体）的行动，行动指向先前政策确定的要实现的目标。这既包括通过一次性的努力将决策转变为操作性术语，也包括通过持续的努力实现基于政策决策强制执行的大大小小的变革（Van Meter，Van Horn，1975：445 - 488）。分析政策贯彻落实通常涉及关于意图的政策结果和实际完成的结果这两个判断（Knill，Tosun，2020：122）。希尔（Hill，2003：265 - 282）提出了理解贯彻落实的三个要点。第一，大量的贯彻落实和公共行政管理文献假定政策的含义在政策研究者、贯彻者及其管理者之间是共享的。第二，传统贯彻落实和公共行政管理文献的重点主要放在政府或至少名义上受政府控制的实体上。第三，贯彻落实者可能认识到了他们缺乏忠实执行政策所需的技能或知识。

（2）贯彻落实结构。贯彻落实结构是指为实施一项政策而建立的正式组织安排（Knill，Tosun，2020：123）。在大多数国家，政策贯彻落实主要由不同层级政府承担。贯彻落实涉及各种社会组织、机构的合作。"贯彻落实结构"是项目执行者用来实现项目目标的行政实体，可用于描述和评估项目的实施和管理情况，也是行政管理分析的单位（Hjern，Porter，1981：211－227）。第一，项目通过多重组织集群得到贯彻。第二，分析项目和行政管理命令（规则）。把贯彻落实结构作为分析单位的第一步是分析立法批准项目背后的"行政管理命令"。第三，组织储蓄池。在特定地域内提供基本信息和贯彻的规则。第四，进行组织合理性说明和项目合理性说明。组织合理性说明嵌入组织内。作为有意图的实体，组织包含几个项目的部分，但几乎没有项目完全由单一的组织贯彻。贯彻落实结构像行政结构一样，通过采取有意图的行动而被组织利用。第五，贯彻落实结构更可能是自我选择的而不是通过权威关系设计的。许多关于贯彻落实结构的信息仅仅能够通过确认他们的个体成员获得。

（3）二元贯彻落实。布朗和维尔达夫斯基（Browne，Wildavsky，1983：206－231）的观点如下。第一，有两个贯彻过程：一个是一套被最初察觉、正式定义的、前预期的因果联系，被要求产生期望结果的贯彻过程；另一个是未预期的、在贯彻过程中实际演进的因果连接。第二，正式的预期来源于政策决策，但政策制定者不能预见所有的贯彻困难。由于政策没有在形成阶段被综合考虑，在贯彻过程中通常有未知的领域，因此在贯彻落实期间，在政府和社会组织层面，二元（预期的和有弹性的）贯彻落实图像被向下转移，进一步复杂化。第三，为了将领域概念整合到以相互适应为基础的贯彻落实模型中，每个领域可以被想象为责任领域，责任领域针对锻造特殊因果联系系列。第四，大多数延长的贯彻落实是这样一种情况，即按在政府几个层级工作的许多行动者的时间长度要求匹配详细的责任。决策领域与操作者领域之间距离越长，偶然的后果发生的机会就越多。

第五，政策贯彻需要更多的自由决定权。

（4）贯彻落实问题。贯彻落实问题可以用两种基本方式来定义（Cline，2000：551 - 571）。第一，贯彻研究的第一个也是更传统的焦点是组织管理问题。这涉及单个权威结构（涉及组织或中央权限）有效地管理贯彻过程的能力。根据这种观点，政策管理者将目标规范和对下属的控制视为基本的贯彻落实问题。基于贯彻落实问题的这种定义产生的解决方案集中于创建更有效的方法来管理沟通交流、资源和官僚配置。有效的管理是解决贯彻落实问题的关键。第二，贯彻落实问题可以被理解为过程中的利益冲突。

（5）政策贯彻落实工具。霍利特（Howlett，2019：165 - 236）认为，组织贯彻落实工具涉及广泛的治理工具，治理工具依赖政府和非政府机构的人员使用来影响政策产出和政策过程变化。第一，组织贯彻落实工具包括实质性组织工具和程序性组织工具。实质性组织工具涉及直接的政府和准政府或基于社会的组织工具。程序性组织工具通常涉及政府机构的组织和政策的重组，以影响政府活动的关键参数和政府在制定公共政策时面临的参数。第二，权威性贯彻落实工具包括实质性权威工具和程序性权威工具。实质性权威工具包括直接和间接政府管制。程序性权威工具包括政策网络激活和动员工具。第三，财金贯彻落实工具包括实质性财金工具和程序性财金工具。实质性财金工具包括以现金为基础的财金工具、以税收为基础的财金工具、与现金或税收相等的财金工具。程序性财金工具包括政策网络创建工具和网络动员工具。第四，以信息为基础的贯彻落实工具包括实质性信息工具和程序性信息工具。实质性信息工具包括信息传播工具、信息和知识收集工具。程序性信息工具包括信息发布工具和信息发布阻止工具。

（6）合作贯彻落实（Collaborative Implementation）。与政策贯彻落实不同，合作贯彻落实通常涉及没有政治权力的贯彻落实建议，网络是贯彻落实合作行动的重要因素（Koontz，Newig，2014：416 - 442；Margerum，2011：182）。第一，对于志愿者项目，伙伴关系可以利用现有的人际网络来鼓励采用建议。第二，组织间网络对于贯彻落实协议也是至关重要的，它们在一定程度上可以提供协调一致的行动、资源和结构来实现成员更替。第三，政治网络是贯彻落实跨政治管辖区的合作政策建议的关键。第四，情境因素和合作协议特征在影响贯彻落实上具有重要性。

政策贯彻与合作贯彻比较（Koontz，Newig，2014：416－442）。第一，传统的政策贯彻依赖这样的政策设计，即给出明确指示、标准和对否决点较少的机构进行行政责任界定。合作贯彻依赖为解决利益相关者之间的目标冲突提供明确标准的建议。如果决策是联合的，而不是顺序的，则可以通过多个决策点来促进组织间政策贯彻。第二，传统的政策贯彻依赖具有良好组织间沟通的过程和支持政策的执行机构，合作贯彻更多依赖网络互动、知识、学习和有效的领导力。第三，传统的政策贯彻和合作贯彻都取决于有利于实现政策目标的社会经济和政治条件，合作贯彻还取决于与其他政治和规划过程的整合。第四，传统的政策贯彻取决于对目标群体的普遍支持程度以及这些群体抵制政策的能力，合作贯彻更多取决于目标群体参与创建建议和代表利益相关者利益的多样性的程度。

第二节　规范性和方法论

一　规范性问题

规范性问题主要有两点需要关注（Hill，Hupe，2002：65－66，79－81）。

（1）莱恩（Lane，1987：527－546）对理解贯彻落实的规范性问题做出了重要贡献。第一，莱恩质疑对整合贯彻落实理论的探索，他提出贯彻落实被视为涉及"最终状态或政策成就"和"过程或政策执行"的概念。这个二分法强调的是规范性区别，而不是方法上的区别。第二，莱恩继续强调与他的二分法相关的两个可替代的考虑因素：责任和信任。他认为，"责任"关注的是"目标和结果之间的关系"，而"信任"关注的是"政策付诸实施的过程"。莱恩认为，自上而下的模型强调"责任方"，而自下而上的模型强调"信任方"。第三，贯彻落实理论一直在寻找某种模式或方式来构建贯彻落实过程，从而使政策成功的可能性很大。这导致了相信控制、计划和等级制度的人与相信自发性、学习和适应是解决问题的技巧的人之间的争议。第四，贯彻落实理论的方向是调查在贯彻落实政策时如何坚持问责制，以及有多少信任能符合问责制的要求。

（2）阐述规范性议题。第一，在《公正的制度很重要》这本书中，罗斯坦（Rothstein，1998）探讨了一些关于国家角色的基本问题，特别是与社会福利有关的问题。这本书将关于国家应该做什么的哲学问题与关于国家能有效做什么的问题联系起来。罗斯坦对"公正制度"的态度根植于社会政策对普遍性的长期捍卫。第二，罗斯坦认为对贯彻落实的研究有助于回答上述问题。他的目标是将"经验国家理论"与"规范国家理论"融合起来。这意味着他对贯彻落实研究的主要贡献是解决规定性的问题，但他要说的话与方法论的论点有关（Rothstein，1998：7）。第三，罗斯坦对贯彻落实理论的关注在很大程度上是规定性的，可以从两个意义上来说。首先，他旨在通过提醒人们注意通过政策合法化的多种方式来解决关于问责制的自上而下/自下而上的争论。其次，他希望政策制定者能从贯彻落实分析中了解到，如果政策不能保持简单，就必须关注"部分自主生产者和公民"之间关系的结构化（Rothstein，1998：115）。在提出这些规定性论点时，他还提醒我们注意在努力描述和研究贯彻落实的过程时必须解决问责关系中的一些复杂问题。

二 后向映射方法

后向映射方法涉及以下四点（Elmore，1982：18－35）。

（1）贯彻落实研究长于描述，短于对策（解决方案）。大多数贯彻落实研究是案例研究，但当它把研究转化为对政策制定有用的指导的时候，它不陈述特定问题。对于贯彻落实研究，至少有两个清楚的、可区分的方法，即前向映射和后向映射。

（2）当人们思考政策制定者如何努力影响贯彻落实过程的时候，前向映射是容易记住的战略。前向映射开始于过程的顶端，尽可能清楚地陈述政策制定者意图，并通过一系列越来越多的、更加具体的步骤来定义每个层级贯彻者的预期是怎么进行的。在过程底端，尽可能精确地按照最初陈述的意图来测量令人满意的结果。总之，前向映射中的前向绘图开始于目标，阐述实现目标的日益具体的一套步骤，对照可以测量的成功或失败陈述结果。它与政策分析的标准框架、传统的管理科学的技术和决策分析一致。前向绘图最严重的问题是它的含糊的和有疑问的假设，即政策制定者控制影响贯彻落实的组织的、政治的和技术的过程。政策制定者对政策实施或应当实施某些直接的和决定性的控制。

（3）后向映射与前向映射共享一个概念，即政策制定者对影响贯彻落实过程和政策结果有着强烈的兴趣。但是后向映射明确地质疑这一假设，即政策制定者应该对在贯彻落实过程中发生什么实施决定性影响。后向映射还质疑这个假设，即明确的政策指示、管理责任陈述和确定好的结果必然将增加政策成功贯彻落实的可能性。在所有重要方面，后向映射的逻辑是前向映射的对立面。它不是开始于贯彻落实过程的顶端，而是开始于最后可能的阶段，即管理行动和私人选择的交织点。它不是开始于意图的陈述，而是开始于最低层级的贯彻落实过程的具体行为的陈述。尽管后向映射采取政策制定者关于贯彻落实过程的观点，但不假定政策只是或甚至主要对参与贯彻落实过程的行为的影响。进一步讲，它不把遵守政策制定者意图作为成功或失败的标准，它提供成功的标准在所有方面是有条件的。

（4）后向映射和贯彻落实研究。对于同一个问题，运用前向和后向映射会得出非常不同的结论。前向映射提供的分析解决办法强调倾向集权化控制和容易被政策制定者操控的要素：资金方案、正式的组织结构、行政管理单位的权威关系、管制和行政管理控制（预算、规划编制和评估要求）。后向映射提供的分析解决办法强调控制的分散，聚焦可以只被政策制定者间接影响的要素：底端层级行政管理者的知识和解决问题的能力，有关政策运行的激励结构，在各级贯彻过程中的政治行动者中间讨价还价（达成协议）的关系，影响自由选择的资金的战略使用情况。观点的关键不同来源于是否选择依靠最初的使权威集权化的命令和控制的正式设计，或者依靠分散权威的授权和自由决定权的非正式的设计。

三　方法论发展

贯彻落实研究领域由于过度依赖案例研究而在一段时间受到指责，不过现在出现了一些新的研究方法（O'Toole，2000：263 - 288）。

（1）一些贯彻落实分析者已经开发了标准极高的小 n 研究，并证明有多种途径可以理解。

（2）尽管案例数量相对有限，但一些实证研究利用了精心设计的优势，允许进行统计推断。

（3）无论如何操作，目前已经完成了一些较大 n 的多变量调查，这些调查在总体上证明了中心控制变量和情境变量在解释贯彻落实结果方面的重要性。

（4）转向多变量解释和大量案例使贯彻落实研究面临新的或更新的挑战，这些挑战尚未被充分应对。

此外，政策分析的解释性方法引入了一系列关于政策含义如何传达给多个受众的问题，探索这些问题是理解政策贯彻落实的更传统的实证方法的有用替代方法（Yanow，1993：41 - 61）。解释性方法认为严格区分事实和价值观之间的实证主义科学哲学是站不住脚的，它挑战了中立和无偏见观察的可能性（Pülzl，Treib，2007：99 - 100）。

第三节　框架

没有框架就难以进一步在不同政策领域和管辖权情境中理解政策贯彻落实过程（Van Meter，Van Horn，1975：445 - 488）。

一　政策贯彻落实的概念框架

政策贯彻落实的概念框架由六个观点构成。

（1）理论观点的基础。为发展政策贯彻落实的理论框架，需要用三个类型的文献作为指导：第一，组织理论，关于组织变迁（革新）和控制论的文献；第二，公共政策的文献，特别是司法决策的文献；第三，政府间关系的研究文献。

（2）阐述政策贯彻落实的理论框架的自然起点是政策本身，在政策中，目标被建立，贯彻落实的过程也从这里开始。

（3）贯彻落实过程的变化取决于所要实施的政策的性质。不同类型的决策将展现影响公共政策贯彻落实的独特的过程、结构和要素之间的关系。

（4）按照两个显著的特征对政策进行分类：所涉及的变革的数量、在贯彻过程中参与者对目标一致同意（共识）的程度。至少从两个方面讲，变化元素重要。一是贯彻落实受到现有政策偏离先前政策的程度的影响。二是贯彻落实过程受到所要求的组织变化的数量的影响。

（5）政策的其他关键特征是对目标的冲突或共识的程度。至于在什么程度上贯彻者会同意项目目标，就需要确定影响目标共识和随后贯彻落实的几个要素，而要素之一是贯彻者参与政策制定的程度（Gross et al.，1971：24－29）。

（6）假设仅仅有边际的变化被要求并且有高的目标共识时，贯彻最成功。相反，主要的变化是强制执行的目标共识低，有效贯彻的前景最令人怀疑。比起变化要素，目标共识对政策贯彻落实过程产生的影响更大。

二　政策贯彻落实的分析框架

政策贯彻落实的分析框架由理解贯彻落实和贯彻落实过程的概念框架两部分构成（Mazmanian，Sabatier，1993：18－41）。

（1）理解贯彻落实的概念框架。第一，理解贯彻落实有两个极端。一方面，实践者想知道贯彻过程以便决定在哪个层级推动项目运作。或者，如果项目处在设计和形成阶段，其想知道什么特征被包括在法规或政府指令中，以确保目标达成。因此，贯彻分析家认为，实现特定目标实际需要去除对实践者很少有用或引起兴趣的长期文化价值或人性基本信条。他们的贯彻落实观点是具有极端实践性和前摄性的观点。如果贯彻分析家不能提供螺母螺栓式的答案，那么其几乎没有提供政策制定的真实世界。另一方面，社会科学家对事实始终敏感。事实指在贯彻努力的过程中发生了什么，而这不能被政策制定者和贯彻者改变。

第二，良好的贯彻落实分析必须领会三个观点：一是要充分认识到贯彻落实发生在其中的社会特征；二是要认识到一系列接入点，在这些接入点，制定者和贯彻者可以影响事件过程；三是要认识到在具体的贯彻落实努力中首要的社会和制度因素不会轻易受到目前行动的影响。

第三，贯彻落实分析框架融合了那些基本的且仍然没有被控制的要素。这些要素被认为对决定和限制社会变革的能力至关重要。这些要素包括可获得的资源、经济能力、技术知识、政治规则。通过社会经济条件、技术、公众支持、态度和选民资源、等级整合（管理机构的）、机构最高统治者（首席执行官、立法机构或法院）的支持等变量，广泛的社会、经济和文化要素被纳入贯彻落实分析框架。

第四，充分理解政策贯彻必须基于组织理论家和其他在应对贯彻中关注政策制定的理论家的贡献。在广泛的历史、文化、经济条件和组织的"必须履行的责任"内，可以假定：增加贯彻落实过程的力量是渴望权力、保障福祉的个人的理性追求。通过处理选民态度、获得最高统治者的支持和承担贯彻任务的官员的承诺，那些具有最直接影响的贯彻落实过程偏好被纳入框架。

（2）贯彻落实过程的概念框架。贯彻落实分析的重要作用是确定影响合法目标通过贯彻落实过程实现的变量。变量可以分为三大类：被纠正的问题的易处理性、法规顺利地制度化贯彻落实的能力、政治变量平衡支持法定目标的能力，具体涉及过程的变量情况见图 10 - 1。

第一，问题的易处理性，包括技术难题、多样性的被禁行为、目标群体占总人口的比例、行为被要求改变的程度。应当小心过分强调要纠正的问题的易处理性。

第二，结构化贯彻落实的政策决策能力，包括清晰的和持续的目标、

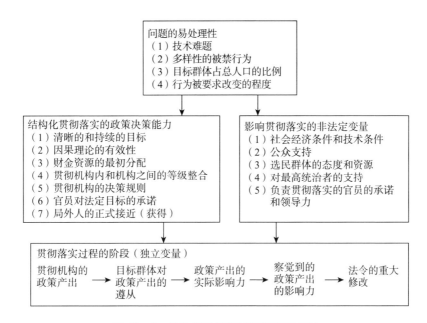

图 10 - 1　具体涉及贯彻过程的变量情况

资料来源：Mazmanian，Sabatier（1993）。

因果理论的有效性、财金资源的最初分配、贯彻机构内和机构之间的等级整合、贯彻机构的决策规则、官员对法定目标的承诺、局外人的正式接近（获得）。

　　第三，影响贯彻落实的非法定变量。贯彻机构的政策产出本质上是立法结构和政治过程之间互动的函数。影响贯彻落实的非法定变量包括社会经济条件和技术条件、公众支持、选民群体的态度和资源、对最高统治者的支持、负责贯彻落实的官员的承诺和领导力。

　　第四，贯彻落实过程的阶段，包括贯彻机构的政策产出、目标群体对政策产出的遵从、政策产出的实际影响力、察觉到的政策产出的影响力、法令的重大修改。

　　第五，作为动态过程的贯彻落实。用易处理的、法定的和非法定的变量把贯彻落实过程的各个方面聚合在一起，可以看出政策贯彻落实具有动态变化过程。

三　政策贯彻落实的体制框架

贯彻落实体制框架是建立在贯彻落实问题的利益冲突概念之上的，由斯托克（Stoker）首先提出，是唯一的第三代贯彻框架。它明确指出，在冲突环境中引发合作的问题是更有效贯彻落实的核心（Cline，2000：551 - 571）。斯托克的政策贯彻落实的体制框架要点概括如下（Stoker，1991：55 - 60）。

（1）体制观点。第一，从贯彻落实体制框架的观点来看，贯彻落实过程是一种战略性互动，参与者享有实质性的自治，但必须通过合作实现他们的结局。在贯彻落实过程中，策略行动有两种形式：当参与政府政策是强制性的时，策略行动实际上是设法回避或减轻政府政策需求的效果的一种改变；当参与政府政策是自愿的时，策略行动的界定被延伸至包括非合作。第二，体制分析检验贯彻落实过程以决定促进合作和政策协调的情境或机制是否存在。两个基本的情境要素是策略情境（指在互动中参与者冲突的程度）和制度情境（指在贯彻过程中鼓励合作的机制或安排）。第三，尽管贯彻落实发生在已经建立的治理系统中，体制框架假定要在贯彻落实过程中合作就必须被培育。第四，在联邦治理系统中，合作联邦主义的前提是相互利益是政策合作的充分条件。冲突解决理论支持这一主张，即相互利益对于合作来说是必需的，但相互利益单独没有保证。相互利益对于诱导合作是足够的，这一假设必须按照关于独立行动者之间合作和政策协调问题的理论重新检验。第五，在混合动机背景中，利用其他人合作行动的激励会使合作变得困难。要克服这一困难，体制文献应确定方便自治行动者之间合作发展的背景条件。可能的行动包括议题联系、建立行为（实施）规则、促进合作奖励、把项目分解为一系列更小的交换等。

（2）贯彻落实体制。体制是一种政治安排，这种政治安排把对公共决策来说重要的价值进行了制度化。但体制也是一套组织安排，组织安排帮助界定和支持内在于组织中的政治价值。因此，贯彻落实体制可以是贯彻参与者中的一种安排，这种安排确定在贯彻落实过程中被送达的价值，并提供组织框架来促进这些价值。在组织层面，体制是规则、规范和程序系统，在一些集体决策中治理参与者的互动。治理可以改变决策过程汇总的交易成本、信息的可利用性，或不确定性水平。治理通过使参与者之间的关系更规律和更可预测，可以促进合作。贯彻发生的政治情境主要被体制的组织安排限定。谁被定位去影响贯彻落实过程结果？谁应当被咨询（在什么环境中）？什么信息与谁共享？可接受的行为标准是什么？标准和程序如何被执行？

（3）体制的创建。第一，强制与合作。强制对于诱导合作起作用，它能够通过操纵业绩后果，甚至可能为不服从提供惩罚或为合作提供奖励，强迫贯彻者参与。强制力能够改变贯彻参与者的激励和贯彻发生的战略情境。第二，政策制定的作用。从体制的观点看，国家政策创设的构想是意图的宣告。这种宣告是重要的，它可以结构化贯彻者的预期，可以动员潜在的贯彻合作者或他们的顾客，可以使对公共资源的要求合法化。它可以通过指定一些人作为贯彻参与者以对他们赋权，可以分配公共资源。它还可以影响特殊结果发生的可能性，通过使政府做出承诺而实现特殊结果。

（4）体制框架假设，随着时间的推移，贯彻落实过程将从背叛成本低的情况转向背叛成本高且鼓励合作的情况。体制框架还承认，这些诱导合作的努力不是在政治真空中进行的（Cline, 2000：551 - 571）。

总之，贯彻落实体制框架为我们提供了一个非常不同的概念，即如何在权力分散的情境下定义贯彻落实问题。

第四节　模型

一　自上而下方法、自下而上方法和混合方法

关于自上而下方法和自下而上方法的研究很多（Pülzl, Treib, 2007：90 - 97）。本章重点介绍萨巴蒂尔关于自上而下方法和自下而上方法的观点（Sabatier, 1986：21 - 48）。

（1）自上而下方法。第一，陈述。自上而下方法的本质特征是其开始

于政府（通常指中央政府）官员的政策制定，然后询问以下问题。一是在什么程度上贯彻官员和目标群体的行动与政策决策一致。二是在什么程度上目标被实现，即在什么程度上结果与目标一致。三是影响政策产出和结果的主要因素是什么，包括官方政策和其他政治上有意义的政策。四是政策如何基于经验重新制定。第二，合法目标有效贯彻落实具有六个必要条件。一是清晰和一致性的目标。清晰的合法目标被视为提供评估标准和贯彻官员重要的立法资源（Van Meter，Van Horn，1975：445 - 488）。二是足够的因果理论。政策干预融合了关于如何实现社会变迁的内隐理论。三是贯彻落实过程被合法地结构化，以提高贯彻官员和目标群体的遵从程度。四是忠诚的和有技能的贯彻官员。五是利益群体和统治上层的支持。六是不可持续的社会经济条件的变化侵蚀政治支持或因果理论。总之，在贯彻落实过程中，前三个条件可以被最初的政策决定处理，后三个条件主要是随后的政治和经济压力的产物。

（2）自下而上方法。第一，陈述。自下而上方法开始于确定涉及在一个或多个地方领域服务发送的行动者网络，询问关于他们的目标、战略、活动和契约。这种方法使用契约作为发展技术网络的媒介，来确定介入规划、资金和执行政府的和非政府项目的地方和中央行动者。它为基层官僚晋升为高层决策者提供了一个机制。第二，四步模型（Sabatier，Mazmanian，1980：528 - 560）：一是贯彻的官员与目标群体对政策勾画的目标和程序的一致性程度；二是他们对目标达成的聚焦程度；三是他们评估影响政策结果的主要因素；四是他们建议基于经验，分析政策是否和如何完善。第三，自下而上方法认为用过程定位的方式可以有效贯彻落实，放弃了政策形成与贯彻分割。贯彻者可以在贯彻落实过程中按照地方的特殊需求调整政策，具有灵活性和自治权。

混合理论试图通过引入自上而下、自下而上和其他理论模型的要素来克服另外两种方法之间的分歧和不足（Pülzl，Treib，2007：95 - 97）。此外，最近还出现了一种叫"新综合方法"的贯彻落实模型，要点主要有三个（Russell，2015：17 - 26）：第一，新综合方法是一种将综合和治理方法纳入公共社会政策贯彻落实的方法；第二，假设模型建立在以前模型的基础上，并纳入了交互式方法的元素；第三，它强调受影响社区积极参与政策制定、改革和街道一级的贯彻落实阶段，努力为目标社区增加预期的立法目标成果。

二　过程模型

模型不仅要指出自变量和最终因变量的关系，还要说明自变量之间的关系。过程模型要点如下（Van Meter，Van Horn，1975：445－488）。

（1）过程模型将贯彻落实的政策特征和贯彻机构的制度特征连接起来，探察其与相关的组织、情境因素（包括经济的、政治的和社会的环境）是如何相互联系的。模型假设：当其他情况不变、政策产出仅仅要求边际变化时，当公共和私有行动者之间对目标达成高度一致时，贯彻落实最成功。

（2）政策贯彻落实过程模型。基本模型假定有六个变量塑造政策和业绩之间的联系。第一，政策标准和目标，即业绩指标评估目标实现的程度。第二，政策资源。政策资源包括资金或其他项目激励、鼓励或方便有效贯彻落实的条件。第三，模型还包括另外四个要素，即组织间沟通和实施活动，贯彻机构的特征，影响贯彻落实发生在管辖范围或组织内的经济的、社会的和政治的环境，贯彻者的意向。每个要素包含几个变量：跨组织共同执行活动、贯彻机构的特征、经济和社会以及政治条件、贯彻者的意向、模型组成要素之间假设的联系。

三　政策贯彻落实的模糊－冲突模型

模糊－冲突模型要点如下（Matland，1995：145－174）。

（1）综合的贯彻模型：理论基础。模糊－冲突模型是一个权变模型（Contingency Model），试图为理解贯彻提供一个更综合的和连贯的基础（见图10－2）。第一，政策冲突。在区别决策模型中，冲突扮演中心角色。政策冲突直接影响接近贯彻落实过程的容易程度。接近低水平的冲突相对容易。而对于高水平的冲突，进入的障碍相对更高，强度（烈度）也随着冲突水平升降。冲突解决机制的类型也在变化：分析的方法如劝说或问题解决在低水平冲突中最常见，而讨价还价和强制在高水平冲突中最常见。第二，政策模糊。贯彻落实过程中出现的政策模糊主要有两类原因，即目标模糊和手段模糊。在政策设计中，目标模糊和冲突通常是负相关的。限制冲突的一种方法就是模糊性。目标越清楚越可能导致冲突。模糊不限于影响目标，也影响政策手段。避免政策手段的模糊，就要求把政策限定在理解行动如何发生的那些领域，以及认识到如何实现期望的目标的那些领域。

（2）四个观点。第一，中心原理：描述对贯彻结果影响最大的预期要素。第二，贯彻过程描述：特别强调政策模糊和冲突的意义。第三，对预期陷阱进行讨论。第四，探索作为过程描述的自上而下方法和自下而上方法的适当性。

图 10 - 2　政策贯彻落实过程中的模糊 - 冲突模型

资料来源：Matland（1995：145 - 174）。

（3）对四个观点的阐述。第一，行政的贯彻落实：低政策模糊和低政策冲突。在决策理论中，模糊和冲突低的选择机会为理性决策提供了先决条件。目标是既定的，解决现存问题的技术（手段）是已知的。行政管理贯彻的中心原理是：结果由资源决定。第二，政治的贯彻落实：低政策模糊和高政策冲突。低政策模糊和高政策冲突是典型的政治决策模型。在政治贯彻中，中心原理是：贯彻结果由权利决定。第三，实验性的贯彻落实：高政策模糊和低政策冲突。如果政策展示高水平模糊和低水平冲突，那么结果将主要取决于积极的和介入最多的行动者。驱动这种贯彻落实的中心原理是：背景条件支配过程。第四，象征性的贯彻落实：高政策模糊和高政策冲突。象征性政策在确认新目标、重新致力于旧目标确认、强调重要价值和原理这些方面起着重要作用。中心原理是：地方层次的协同强度（联盟力量）决定结果。

四　标准模型

政策贯彻落实的标准模型要点如下（Torenvlied，Akkerman，2004：31－58）。

（1）"政策漂移"（Policy Drift）指决策者的政策意图和贯彻机构实际业绩之间的差异。实际上，"标准模型"被研发出来用于解释政府执行部门的业绩。"标准模型"确认三套变量来解释政策漂移，即决策过程的特征，贯彻机构的属性和要执行的任务，监督、控制和奖惩贯彻机构的行政管理程序。

"标准模型"最初被研发是为了能更好地理解以国家为中心的政策制定系统中的贯彻落实。随后，"标准模型"的出发点是在大家熟悉的在以国家为中心的政策制定系统中的政府三个分支机构之间的分工，这三个分支机构是：法律制定者、执行者和司法机关。

（2）在新政策情境中的标准模型。政策贯彻落实的标准模型尽管有许多探讨政策贯彻落实问题的方法，但所有贯彻落实模型的核心是在集体决策者和贯彻者之间假定的信息不对称。由于这个原因，政策贯彻落实的"最先进的模型"聚焦"遵从悖论"（Paradox of Compliance）问题，即政治家没有完全的关于贯彻机构行为的信息，却成功获得遵从的政策业绩。

有五个变量和因果机制解释政策漂移的水平。一是贯彻机构可能有激励来偏离集体决策的结果。二是所有模型基于委托－代理理论的一些变体——集体决策者和贯彻机构之间的关系是有等级的，具有信息不对称的特征。三是决策者之间的一致性程度会影响这些行政程序的有效性。四是对行政管理程序有正面影响的一个解释变量是回旋余地（Room for Manoeuvre）。贯彻机构的回旋余地是决策者监督其行为的能力和适当惩罚的运用。回旋余地取决于贯彻机构的组织特征和具体任务特征。五是影响政策偏离行为中的一个变量是贯彻机构依附于被贯彻落实的政策的显著性水平。

（3）贯彻落实模型的基本假设。贯彻落实模型有两个出发点。第一个出发点是演绎模型。模型包含明确的机制，可检验的假设来源于机制。第二个出发点是"国家中心"（State-centric）系统的情境。两个出发点都要求对贯彻落实过程的性质提出三类强烈的假设：界定"政策空间"的假设、界定行动目标和行为选择的假设、界定政策贯彻的结构的假设。第一类系列假设涉及濒临险境的政策议题。第二类系列假设关注所涉及的行动者即决策者和贯彻机构的目标与行为选择。第三类系列假设关注贯彻过程的结构，即决策者和贯彻机构的互动机制。

所有这些假设均遵从政策制定过程的国家中心概念。首先，所有模型均含糊地或明确地假定贯彻结构的存在，贯彻结构界定决策者和机构之间的委托－代理关系。其次，集体决策的结果对所有介入贯彻的行动者均有约束力。这种限定在集体决策中缺乏。由于所有行动者被假定对集体决策的结果有充分的信息，因此任何政策偏离都是自愿的背叛。

（4）多级（层次）政策制定系统。多级治理特征：第一个特征是多层级集体决策的存在；第二个特征是不同层级的集体决策的相对自治权利；第三个特征是"软政策"工具的出现，这些工具是无约束力的政策贯彻、指南（指导方针）、信息设置或自愿协议。

（5）贯彻落实理论的困惑。真实的困惑是保持演绎模型方法，适应标准模型假设以适合多级政策制定的三个特征。第一，在一个政策空间里呈现的决策－结果和贯彻－业绩的假设可能与不同层级集体决策的自治不和（相抵触）。第二，不同层级集体决策的相对自治权认为，在标准模型中完全不同的协调安排的存在不同于贯彻结构及其等级的委托－代理关系。第三，贯彻结果不是单一组织的业绩，而是不同层级集体决策的结果。

（6）解释多层级系统中的政策一致性（连贯性）（Cross-Level Policy Coherence），主要阐述多层级政策制定系统中的"软"政策贯彻落实的一般理论。第一，议程和结果中跨层级的政策一致性。建议是将"跨层级的政策一致性"作为一个新的依赖变量。这个变量被定义为一个层级的软政策被另一个层级的一个或更多集体决策反映的程度。第二，标准模型的修正。关于贯彻者行为选择的假设必须从选择服从或漂移转变为产生反映层级－Ⅰ政策的集体决策。解释理论必须从假定委托－代理模型转变为多级集体决策模型。关于有约束力的集体决策的执行的假设，必须从监督和控制转变为在自治层级的集体决策中的协调机制。第三，认可的逻辑。认可假设：在层级－Ⅰ协调、层级－Ⅱ议程和层级－Ⅱ集体决策的结果之间有完全的跨层级政策一致性。第四，多层级协调的逻辑。议程协调假设：一是倡议协调的层级－Ⅰ谈判者的代表把协议推给层级－Ⅱ议程；二是在层级－Ⅱ议程中跨层级政策协调与对层级－Ⅰ建议的集体支持积极关联在一起。第五，结果协调假设：一是在层级－Ⅱ结果中跨层级政策一致性与对层级－Ⅰ建议的集体支持没有关联；二是在层级－Ⅱ结果中跨层级政策一致性由层级－Ⅱ介入集体决策的代表的政策立场的加权分布来解释。

五　乘法模型

概率理论可以和贯彻落实过程联系的思想不是新的思想，它起源于普雷斯曼和维尔达夫斯基（Pressman，Wildavsky，1973：1－34）的经典研究。他们使用从概率理论中得到的乘法模型来强调他们的观点，即"联合行动"的复杂性导致出现贯彻落实的极端的贫乏机会。普雷斯曼和维尔达夫斯基没有进一步探讨概率理论对贯彻落实讨价还价的意义，但他们关于联合行动复杂性的观点影响了贯彻落实研究。鲍恩（Bowen，1982：1－21）发展了普雷斯曼和维尔达夫斯基概率理论的乘法模型，有三个要点。

（1）作为讨价还价的贯彻落实。第一，长期以来，政治科学偏好使用冲突模型而不是共识模型，趋向使用原子主义而不是整体主义，不太关注权威（当局）和其他形式权利的区别。因此，也就不奇怪为何政策科学家在研究官僚的政策贯彻落实时，在许多方式上背离了韦伯的官僚模型。第二，政治科学家做的许多贯彻落实研究是用一种假定冲突的方式探讨政策贯彻落实，把共识看作例外，把官僚缩小为冲突中更小的个人或群体单位，用政治或讨价还价模型替代基于合法/理性权威的遵从。第三，大多数贯彻研究落实关注在性质上属于政府间或公共机构内的项目，因此"命令和控制"模型和下属自动遵从上级命令指导模型不可运用。事实上，普雷斯曼和维尔达夫斯基使用概率理论的乘法模型导致所有多阶段贯彻落实场景中出现失败的预测，即使在每个阶段与成功相关的概率很高的情况下。

（2）在开放系统中作为不对称的讨价还价的贯彻落实。由于概率理论而不是博弈理论对贯彻落实过程更有意义，因此事实必然是，比起类似两个（或更多）选手之间讨价还价的阶段，贯彻落实更类似"反自然博弈"。

（3）对普雷斯曼和维尔达夫斯基概率理论的乘法模型的四个补遗。第一个补遗：持续性。一个以上的试图获得每个许可（Clearance）的持续性因素将被贯彻者制定。第二个补遗：许可打包（Packaging of Clearance）。独立行动者之间的协商涉及（影响）许可打包，这样任何既定的协商涉及几个项目要素的许可。第三个补遗：潮流（Bandwagon）。另一个贯彻落实过程建模的路线可以这个概率为假设前提，这个概率是：在一个许可点的一致同意的概率是在前一个许可点的协议结果的函数。遵从这一路线，可以假定有动态的或潮流的效果。在贯彻过程中，这样实际获得的一致性（不管之前获得的概率）可以增加获得其他许可的概率（可能性），而获得许可的失败减少与随后出清相联系的概率。第四个补遗：政策化简。把大项目分解成多个小项目。

参考文献

Bowen, E. R. (1982). The Pressman-Wildavsky Paradox. *Journal of Public Policy*, 2 (1).

Browne, A., Wildavsky A. B. (1983). Implementation as Mutual Adaptation. In Pressman, J., Wildavsky, A. (eds). *Implementation*, 3rd Edition. Berkeley: University of California Press.

Cline, K. D. (2000). Defining the Implementation Problem: Organizational Management versus Cooperation. *Journal of Public Administration Research and Theory: J-PART*, 10 (3).

Elmore, R. F. (1982). Backward Mapping: Implementation Research and Policy Decision. In Williams, W. (ed.). *Studying Implementation: Methodological and Administrative Issues*. Chatham, New Jersey: Chatham House.

Gross, N., Giacquinta, J. V., Bernstein, M. (1971). *Implementing Organizational Innovations*. New York: Basic Books.

Hill, H. C. (2003). Understanding Implementation: Street-Level Bureaucrats' Resources for Reform. *Journal of Public Administration Research and Theory: J-PART*, 13 (3).

Hill, M., Hupe, P. (2002). *Implementing Public Policy: Governance in Theory and in Practice*. London: Sage.

Hjern, B., Porter, D. O. (1981). Implementation Structure: A New Unit of Administrative Analysis. *Organization Studies*, 2 (3).

Howlett, M. (2019). *Designing Public Policies: Principles and Instruments*. New York: Routledge.

Knill, C., Tosun, J. (2020). *Public Policy: A New Introduction*. London: Palgrave Macmillan.

Koontz, T. M., Newig, J. (2014). From Planning to Implementation: Top-Down and Bottom-Up Approaches for Collaborative. *The Policy Studies Journal*, 42 (3).

Lane, J.-E. (1987). Implementation, Accountability and Trust. *European Journal of Political Research*, 15 (5).

Margerum, R. D. (2011). *Beyond Consensus: Improving Collaboration to Solve Complex Public Problems*. Cambridge, MA: MIT Press.

Matland, R. E. (1995). Synthesizing the Implementation Literature: The Ambiguity-Conflict Model of Policy Implementation. *Journal of Public Administration Research and Theory*, 5 (2).

Mazmanian, D. A., Sabatier, P. A. (1993). *Implementation and Public Policy*. London: Scott, Foresman and Company.

O'Toole, L. J. Jr. (2000). Research on Policy Implementation: Assessment and Prospects. *Journal of Public Administration Research and Theory*, 10 (2).

Pressman, J. L., Wildavsky, A. B. (1973). *Implementation: How Great Expectations in Washington Are Dashed in Oakland.* Berkeley: University of California Press.

Pülzl, H., Treib, O. (2007). Implementing Public Policy. In Fischer, F., Miller, G. J., Sidney, M. S. (eds.). *Handbook of Public Policy Analysis.* Boca Raton: CRC Press.

Rothstein, B. (1998). *Just Institutions Matter: The Moral and Political Logic of the Universal Welfare State.* Cambridge: Cambridge University Press.

Russell, H. A. (2015). Neo Synthesis Approach to Policy Implementation of Social Programs: An Alternative Approach to Policy Implementation. *Journal of Sociology and Social Work*, 3 (1).

Sabatier, P. A. (1986). Top-Down and Bottom-Up Approaches to Implementation Research: A Critical Analysis and Suggested Synthesis. *Journal of Public Policy*, 6 (1).

Sabatier, P. A., Mazmanian, D. A. (1980). The Implementation of Public Policy: A Framework of Analysis. *Policy Studies Journal*, 8 (4).

Stoker, R. P. (1991). *Reluctant Partners: Implementing Federal Policy.* Pittsburgh: University of Pittsburgh Press.

Torenvlied, R., Akkerman, A. (2004). Theory of "Soft" Policy Implementation in Multilevel Systems with an Application to Social Partnership in the Netherlands. *Acta Politica*, 39 (1).

Van Meter, D. S., Van Horn, C. E. (1975). The Policy Implementation Process: A Conceptual Framework. *Administration and Society*, 6 (4).

Yanow, D. (1993). The Communication of Policy Meanings: Implementation as Interpretation and Text. *Policy Sciences*, 26 (1).

第十一章 政策贯彻落实理论（下）

第一节 勉强的伙伴和贯彻落实悖论

勉强的伙伴和贯彻落实悖论主要有四个值得关注的要点（Stoker，1991：14－18，20－45）。

（1）贯彻落实悖论。第一，无能和悖论。可以认为贯彻落实过程是自相矛盾的，如果不情愿的伙伴稀释政府官员的权威，就减少了联邦政府实现结果的能力。当不情愿的伙伴加入贯彻落实过程时，他们的参与和代表利益的自然倾向可能限制可利用的选择或更改资源用于服务他们的议程。政府诱导合作的能力是有限的，并且取决于贯彻参与者的不确定的和不可靠的倾向，即使在高度有力的环境中。第二，领导力和扩散的权威。贯彻过程关注实现集体目标的权利。从此观点出发，贯彻过程的基本任务是创造一种情境，参与者在此情境中能够相互协调以实现国家政策目标。在此情境中，不能假定参与者之间的合作能够自动遵循他们的共同利益要求。因此，贯彻落实过程必须被检验以决定提高合作的激励的情境或机制是否存在。贯彻落实的体制框架确定可以帮助获得不情愿伙伴合作的情境条件、组织战略和政策行动。

（2）权威范式。第一，权威范式把贯彻者仅仅视为工具，即按照政府意愿操纵的工具。第二，贯彻落实是生产过程，会产生与政策制定者意图一致的政策结果。第三，贯彻落实问题有许多来源，但通常开始于对政府政策制定者意图的歪曲或误传。第四，权威范式把贯彻落实过程看作一系列决策，可以推动过程驶向或偏离政府政策目标。权威范式中合作和贯彻失灵、权威和贯彻悖论这两个议题需要更加关注。

合作和贯彻失灵。第一，政策制定者必须确信贯彻参与者致力于实现政府政策目标。决定或拒绝合作被认为取决于贯彻参与者与政府政策冲突的程度。政府政策制定者可以通过奖励或惩罚来操纵贯彻者的倾向。第二，关注贯彻落实过程中的策略行为。权威范式承认分散的权威可能创造策略行为。如果参与者策略行事，寻找机会来利用过程，贯彻落实就可以被视为博弈。如果参与者策略不行事，贯彻落实中就可能出现问题。第三，评估贯彻落实业绩。判断贯彻落实业绩的适当标准是效率和保真度。

权威和贯彻悖论。第一，贯彻是一个悖论，因为当贯彻落实行动授权给潜在的对手时，就难以实现国家政策目标。第二，要解决贯彻落实悖论，必须寻找方法加强对贯彻过程的控制。第三，权威范式提出了三种战略避免贯彻悖论。一是通过扩展政府专有权威，创建以前没有的等级界限等，绕过享有公共权威的贯彻落实实践。二是政府政策制定者可以用命令参与的方式要求不情愿的伙伴合作，寻求在政府系统内巩固他们的权威。三是采取有限政府战略。

（3）交换和市场模型。从交换范式的观点来看，政府政策的意图通常是含糊的或矛盾的，政府对贯彻落实过程的控制是一个神话。有效的问题解决要求权威分散的分配，权威分散的分配允许关键的参与者调整政策以适应手上的任务。从这个观点看，激励和自我利益在贯彻落实中起着重要的作用，合作和政策协调通过交换发生。

贯彻理论中的交换。第一，贯彻落实活动的具体性质，迫使贯彻者重新思考和解决在政策形成时被压制的或未知的启动成本和矛盾。第二，谨慎的政策制定者在政策设计时需考虑和容纳贯彻参与者的利益。第三，交换范式基于决策模型假定贯彻落实过程的相互依赖是互惠的。这种类型的相互依赖至少需要两个自治的参与者，一个参与者的行为可以影响另一个参与者。互动的结果由他们选择的交叉点决定。

交换和贯彻悖论。交换范式包含三个避免贯彻悖论的战略。第一，考虑到对贯彻参与者满意度的强调，国家政策的范围可以限定在一些意图中，针对这些意图，有意愿的伙伴可以被发现。第二，绕过不情愿的伙伴，创建伪市场，在伪市场中，政府可以通过直接给消费者赋权来提供服务。这个战略意味着特殊的贯彻参与者对于建设性的变革来说是根深蒂固的障碍。第三，政府通过提供奖励和优厚条件来引诱不情愿的合作伙伴进行合作、承担项目。通过为合作提供激励，贯彻者可能成为政府政策制定者的建设性合作伙伴。

（4）新观点：治理。如果贯彻落实被看作治理问题，那么就需要提出新观点。政府行政管理理论认为，合作是贯彻落实国家政策的关键。

第二节　政策分歧和贯彻落实失灵

一　贯彻落实中的政策分歧

政策分歧是指执行机构采取的行动方针与立法机构的政治决策结果（政策决定）不一致。机构可能完全或部分拒绝采取必要的行动，可能对政策决定采取实质上不同的解释，或者可能简单地继续运作。贯彻落实中的政策分歧主要有三点（Oosterwaal，Torenvlied，2012：195–217）。

（1）政策冲突。影响机构政策分歧程度的一个重要因素是机构的"政策偏好"：机构最偏好的政策选择。我们把政策冲突的程度定义为机构最偏好的政策选择与立法机关通过的政策决定之间的差距。因此，政策冲突反映了一个机构在政策决策和政策备选方案之间的差异程度。

假设1：一个机构与一个政策决策之间的政策冲突越大，该机构在贯彻落实过程中越容易偏离这个政策决策。

（2）政治冲突。官僚机构的政治控制模型假定，立法者可以限制机构的分歧行为，这些立法者通过建立行政程序来控制对政策的贯彻落实，如政治任命、监管控制和监督利益集团。由于政治冲突限制了事前控制的潜力，并且由于政治冲突，事后控制程序的有效性降低，因此机构执行更接近其偏好的政策决定的机会增加。可以预见，只有当一个机构的偏好不同于政策决策时，政治冲突的积极影响才会发生。

假设2：立法者之间的政治冲突越大，政策冲突对政策分歧的影响就越大。

（3）决策者集群。多数的立法者集群可以基于一个正式机构，或因支持一个政策备选方案而形成。

假设3：政府联盟成员之间的政治冲突越大，政策冲突对政策分歧的影响就越大。

假设4：当不存在多数替代选择时，政策冲突对政策分歧的影响更大。

二 重新审视贯彻失灵： 政策体制的视角

基于政策体制的视角，针对贯彻失灵主要从三点进行重新审视（May，2015：1-23）。

（1）重新检查贯彻落实失灵。贯彻落实研究为政策失灵的研究做出了两个贡献。第一个贡献是找出政策失灵的根源。第二个贡献是提出一套关于如何加强贯彻落实和吸取政策失灵可能性教训的方法，如改进政策设计的方法，包括涉及明确目标和简单贯彻落实结构的更多法律一致性、改善政府间沟通、加强对政府间合作的激励、提高执行机构贯彻落实特定政策的能力和加强政治承诺等。

（2）考虑体制的观点。政策体制可以被认为是解决政策问题的治理安排。根据定义，体制是治理的中心方面，将政策愿望转化为提供利益、规范活动、重新分配资源和施加负担的行动的手段。

（3）政策体制、反馈和政策成功或失灵。反馈是通过对政策背后核心理念的认识、总结贯彻落实政策的机构的经验，以及支持或反对政策的利益方提出的想象来调和的。强有力的体制通过促进实现共同的目标感、建立注重相关政策目标的制度安排，以及争取支持性选民参与来加强政治承诺。第一，政策合法性。政策合法性可以被理解为被统治者接受解决问题的目标和方法，认识到实际中从来没有完全的一致。政策合法性是通过评估体制背后的思想力量、相关机构的权威，以及对体制的利益支持而形成的。更强大的体制通过被广泛接受的思想、体现这些思想的制度安排，以及超过反对派的利益支持来增强政策合法性。第二，政策一致性。政策一致性可以被认为是在处理给定的一组政策问题或目标群体的行动时一致性。政策一致性因共同的目标感而得到加强，这种目标感由强有力的理论基础和共同支持该理论的制度结构推动，而选区为持续一致的行动提供政治支持。第三，政策持久性。政策持久性可以理解为政治承诺随着时间推移的可持续性，它反映了解决一组特定问题的政治承诺的寿命。

第三节　有效贯彻落实

一　政策有效贯彻落实的条件

政策有效贯彻落实需要具备五个条件（Sabatier，Mazmanian，1979：481－504）。

（1）项目是基于一个将目标群体行为的改变与期望最终状态（目标）的实现联系起来的合理理论。

（2）法规（或其他基本政策决定）包含明确的政策指令，并结构化贯彻落实过程，以便最大化目标群体按期望贯彻落实的可能性。

（3）贯彻落实机构的领导人具有实质性的管理和政治技能，并致力于实现法定目标。

（4）项目受到有组织的选民团体和少数关键的立法者（或行政长官）在整个贯彻落实过程中的积极支持，法院中立或给予支持。

（5）随着时间推移，法律目标的相对优先权不会因相互冲突的公共政策的出现或相关社会经济条件的变化而受到显著损害，这些变化会破坏法律的"技术"理论或政治支持。

后来，政策有效贯彻落实的条件被扩展为六个（Mazmanian，Sabatier，1993：41－42）。

（1）可行的立法或其他法令授权（批准）政策目标，政策目标是清晰且一致的，或至少能为解决目标冲突提供实质性的标准。

（2）将可行的立法纳入合理的理论，合理的理论确定影响政策目标的主要要素和因果联系。可行的立法给予贯彻机构的官员对目标群体和其他杠杆点足够的管辖权，以实现至少是潜在期望的目标。

（3）可行的立法将贯彻落实过程结构化，以便最大化贯彻机构的官员和目标群体如所期望的那样实现目标的可能性。这涉及给予赞同机构足够的等级整合、支持性的决策规则、充裕的资金来源和足够的支持者。

（4）贯彻机构的领导拥有实质性的管理和政治技能，并致力于实现法定目标。

（5）在贯彻整合过程中，项目受到选民群体和少数关键立法者（或首席执行官）的积极支持，同时法院中立或给予支持。

（6）法定目标的相对优先权始终没有被冲突的公共政策或相关的削弱法令的因果理论或政治支持的社会经济条件的改变所侵蚀、削弱或者破坏。

二　有利于贯彻落实成功的假设

这主要有三个假设（Chackerian，Mavima，2001：353－377）。

分析的一个假设是：一般来说，贯彻落实的资源相对于这些资源的需求规模是有限的。根据这个假设，如果改革具有相对低的短期边际贯彻落实成本，则它们将获得贯彻落实优势。以多种方式实现的低成本涉及所需资源被定义为很少，所需资源由于财富或先前的学习和已建立的例行程序而丰富，所需资源由于其他政策不需要相同的资源而丰富。

假设1：与互动类型相关的条件。

1a. 当增量资源需求相当且和所需资源相似时，政策之间的协同作用最有可能实现。

1b. 当贯彻落实所需的资源相似且巨大时，政策之间的权衡就更有可能实现。

1c. 当贯彻落实所需的资源有限且不同时，政策之间的规避是最可能的。

假设2：制度条件的影响。制度条件通过影响所需的贯彻落实资源的定义和规模，对一些改革提供贯彻落实的优势，而对另一些改革提供贯彻落实的劣势。

假设3：互动类型和贯彻落实成功的可能性。当政策之间的协同作用很大时，贯彻落实前景更好，因为协同作用有效地降低了成本。当政策之间进行权衡的程度高时，贯彻落实的可能性就较小。当规避是政策关系的特征时，交互并不影响政策贯彻落实的可能性。

第四节　贯彻落实的业绩

一　贯彻落实的业绩问题

制定政策容易，贯彻落实政策难。所以要认识贯彻落实问题，确定政府间的贯彻落实战略（Fesler，Kettl，1991：239－269）。

（1）业绩问题。什么因素对贯彻落实最有影响？如果政策制定者期望特别的结果，那么什么因素影响获得结果的机会？此时，五个议题不断浮出水面。第一，环绕项目的不确定性。第二，做工作所需要的资源。第三，决定官僚如何对问题做出反应的组织特征。第四，指导官僚贯彻落实不同议题的领导力。第五，政府层级之间、政府与私有和非营利部门之间不断增长的相互依赖。政府活动范围与其他实体之间的界限越来越模糊。一方面，政府在制定政策上为整个社会承担越来越重要的责任；另一方面，政府越来越依靠第三机构——其他层级政府、非营利组织和私有组织来贯彻落实项目。因此，贯彻落实成为调节和管理政府与许多项目实际代理人之间相互关系的复杂事业。许多项目的技术复杂性使政府雇用承包商来帮助解决问题变得具有吸引力。

（2）政府间的贯彻落实战略有三种。第一，拨款项目，即上级政府通过给下级政府拨款来做想要做的事情。第二，管制的项目，有时候会与拨款联系在一起，有时候不会。管制的项目会迫使政府改变行为。第三，预算外项目，如税收支出和贷款项目等，以为政府提供额外的支持。

二 贯彻落实的业绩模型和假设

政策贯彻落实业绩可以被分成三个领域：第一，政策产出和政策结果；第二，政策影响力；第三，评估政策是否会推动一个国家或整个社会发展。为成功贯彻落实政策而开发的模型有五个（Khan，Khandaker，2016：538－548）。

（1）理性模型。该模型主要基于以下假设，即政策贯彻落实需要澄清目的、任务和目标、详细的规划、适当的工作分配、有效的监督和评估、全面且有效的操作程序，以及协助执行者根据政策目标确定职责范围的技术。

假设1：目的和目标越明确，政策成功贯彻落实的机会越大。

假设2：规划更准确和更一致，政策成功贯彻落实的可能性越大。

假设3：明确而详细的任务分配将促使业绩被更好地贯彻落实。

假设4：标准化将增强政策贯彻落实业绩，并导向成功的贯彻落实。

假设5：监督水平越高，成功贯彻落实的机会越大。

（2）管理模型。该模型基于这样的信念，即政策贯彻落实的业绩取决于许多因素，如组织结构、人员和人力资源、一线执行者的活动、设备和技术、协调与合作的水平、行使职权和作为贯彻落实的基础设施地点。

假设1：预算规模越大、使用效率越高，成功贯彻落实的机会就越大。

假设2：正确的组织结构有助于贯彻落实的成功。

假设3：快速、清晰、双向的沟通有助于确保在政策贯彻落实期间取得更好的业绩。

假设4：人（主要利益相关方或受益者）作为共同生产者的参与程度越大，政策得到富有成效和成功的贯彻落实的机会就越大。

假设5：足够的设备和适当的技术将提高政策业绩的有效性。

假设6：贯彻落实过程的正确位置将减少延迟并增强成功的可能性。

（3）组织发展模型。该模型假设政策贯彻落实的业绩在组织领导能力、团队建设、参与者、激励、协调和承诺等方面存在缺陷。

假设1：贯彻落实的成功在很大程度上取决于有效的领导能力。领导越有效率，政策贯彻落实就越成功。

假设2：激励将导向成功的贯彻落实。

假设3：人们的参与将导向成功的贯彻落实。

假设4：团队越有责任心和富有成果，贯彻落实成功的可能性就越大。

假设5：领导者决策的准确性有助于政策的成功贯彻落实。

（4）官僚模型。该模型考虑一线工作人员在贯彻落实政策中的作用。其思想是：成功的政策贯彻落实在很大程度上取决于直接与利益相关者接触的工作人员的作用。该模型旨在确定与前线执行者的自由裁量权有关的社会现实。该模型基于自下向上理论建立。

假设1：一线执行者的正确自由裁量权对政策贯彻落实有正向影响。

假设2：一线执行者之间的能力将导致延迟和失败。

假设3：控制一线执行者的行为有助于政策贯彻落实的成功。

假设4：一线执行者的承诺将使政策贯彻落实成功。

（5）政治模型。该模型假定从经济、政治和社会角度来看，政策贯彻落实的业绩取决于代理（机构或代表）能力、谈判能力、冲突解决、外部环境因素之间的相互作用的结果。政策贯彻落实的业绩是有关社会中冲突程度和冲突管理效率的结果。

假设1：联合行动的复杂性越低，贯彻落实成功的机会越大。

假设2：谈判能力越强，贯彻落实成功的可能性越大。

假设3：政治参与者之间的和谐有助于贯彻落实成功。

假设4：以积极的政治动机贯彻落实将导向成功的贯彻落实。

假设5：将压力政治的影响最小化有助于贯彻落实的成功。

三　成功的条件

贯彻落实成功的决定因素有六个（Knill，Tosun，2020：132－141）。

（1）政策工具选择。工具偏好模型假设：某些政策工具比其他的装备更容易产生有关意图的政策结果，因为这更容易贯彻落实。政策工具选择的适当性取决于两个维度：一是政策环境的复杂性；二是按照制度限制，国家实施变化的能力。

（2）政策设计的精确性和清晰度。

（3）控制结构。政治家有两种可以控制管理和贯彻落实政策的方式：第一种方式是形式上的监督，第二种方式是法定的控制。

（4）制度设计。政策贯彻落实需要建立适当的结构和程序。完美的制度设计可以为政府贯彻政策设计提供足够的资金、法律方面的资源和个人资源。

（5）行政管理能力。

（6）社会接受。

第五节　改进政策贯彻落实

一　如何改进政策贯彻落实

改进政策贯彻落实的要点有八个（Ingram，Schneider，1990：67-88）。

（1）有缺陷的法规是许多贯彻落实问题和政策失败的根源，然而，政策学家在提供连贯一致的改进方向方面没有取得很大进展。第一，宪法制度会在通常通过的法规类型和将要遇到的贯彻落实问题方面产生差异。第二，建议法令与贯彻落实的关系应由贯彻落实的代理人通过贯彻机构检查政策设计的"增值"来实证确定。第三，用这个建议来评论四种不同的分配自由裁量权的模式，即强硬法令、威尔逊视角（The Wilsonian Perspective）、基层方法和支持建设方法（Support Building Approach）。

（2）政策内容及其后果。第一，在政治科学中，大多数政策内容的概念化基于某种目的，而不是将法规的差异与贯彻落实的差异联系起来。政策贯彻落实不仅影响支持方和反对方，还包括更多的政治支持和反对。第二，贯彻落实研究已引起人们对法令或正式组织结构所产生的意外事件和功能失调关系的关注。第三，虽然贯彻落实过程而非内容已趋向于成为贯彻落实研究的中心，但政策内容的几个特征仍十分重要。第四，在评估法律对贯彻落实进行结构化的能力时，学者已经研究了执行机构之间的关系是否具有层次性和严密结构，以及法令要求采取行动以实现政策目的的否决权或决策点的数目。

（3）法令设计与增值贯彻。第一，从设计角度看，政策内容包含排列在基础策略逻辑中的元素，这些元素反映价值并表示改善问题的意图。第二，可以通过检查贯彻落实过程中的"增值"来观察和测量贯彻落实。价值增加视角有助于化解学者对贯彻落实的定义或测量达成一致的困难。

（4）强硬法令。第一，强硬法令倡导者建议，法定设计者应当保留对设计要素（即目标、代理人、规则、工具、假设）的自由裁量权；贯彻者不应该有增加价值的自由裁量权，而是应该忠实地复制法令设计。第二，强硬法令方法还提供了关于代理-目标链中的结构方面和联系的建议：决策点应该最小化，直接关系比间接关系更可取。第三，强硬法令的另一个重要基本假设是遵从导致期望的结果，因此遵从应该是"成功贯彻落实"的措施，而法令的主要作用是产生遵从性。

（5）威尔逊视角。第一，威尔逊视角在关于目标具体性上与强硬法令取向相同，但是它在其他事项上给予了行政机关广泛的自由裁量权，包括组织结构、目标人群的具体说明、规则、工具和因果理论的选择。第二，在政策逻辑的发展上有明确的责任划分，并且章程保持对政策目标和目的的完全控制，而机构则被留下来添加与提供实现目标的手段有关的细节。第三，威尔逊视角的背后隐藏着一种观念，即应该避免行政的党派政治化。第四，威尔逊视角专注于问责制的问题。通过要求明确的目标，让机构对目标负责，但对手段留有广泛的自由裁量权，使贯彻落实过程非政治化，同时强调专业标准和专门知识，从而避免治理中的特殊利益。第五，威尔逊视角有两个主要问题，第一个问题是治理变得被动，难以成为社会变革的积极力量；第二个问题源于对可量化目标的偏好。威尔逊视角过分强调具体的量化目标，将焦点从合法的定性关注中转移，最终导致目标紧缩，因为法定设计者认识到机构不能完全控制目标的实现。第六，与强硬法令的遵从性取向相反，威尔逊视角规定问责制是成功贯彻的指标。第七，有效的威尔逊视角贯彻落实面临的主要威胁是对规则的操纵。立法者不应干预法律规定的一般规则的行政适用，也不应根据具体情况修改这些规则。这种观点假定，如果官僚被排除在政治之外并被追究责任，那么他们就有专业动机按照政策采取行动。这种观点认为，问责制将遏制官僚议程。

（6）基层方法。第一，基层方法与强硬法令的观点截然相反，认为对政策逻辑的所有要素的自由裁量权不应该在法令中得到贯彻落实，而应该分配给最低级别的执行者或目标人群本身。第二，从基层角度来看，模糊的和非特定的法令实际上可能是优点，因为模糊性为地方级别的执行者提供了最大余地，允许他们根据当地的需要调整法令。第三，基层观点的一个变体表明，法令的作用应该是促进基层学习，并且地方执行者能够根据所学到的内容修改行为和项目。第四，基层方法的建议很容易遵循，但是遵循该建议的立法效力出现了问题。第五，贯彻落实成功的衡量标准是地方目标的实现，而不是对法令的遵守和对上级政府的问责。

（7）支持建设方法。第一，支持建设方法更强调法令如何影响价值观和参与模式，以及不同团体如何协调利益。第二，支持建设方法的拥护者认为，阻碍有效政策的因素不是缺乏知识，而是缺乏共识。障碍在于缺乏对有效行动的支持，而这些行动必然影响重要的价值观和利益。第三，从支持建设角度来看，法令制定者应首先注意有关谈判场所和政治领导力激励的规定。第四，支持建设方法的基本假设是，冲突的政治解决掩盖了政策的实质。

（8）解决的五个途径：将法令设计与情境相匹配、低支持情境下的法令设计、低知识和不确定性情境下的法令设计、缺乏动机和能力的情境中的法令设计、混合情境下的法令设计。

二　改进所需的资源

改进所需的资源的要点有四个（Hill，2003：265-282）。

（1）学者已经确定了300多个可能影响贯彻落实的变量，其中大部分属于影响贯彻落实的一般类别（共四类）。第一类变量是涉及政策和政策过程的变量，政策塑造了结果。第二类变量是组织及其环境。第三类变量是代理人，其偏好和领导能力可以进一步塑造政策结果。第四类变量是贯彻落实执行可能受到执行环境内的条件的影响，即群体行为受政策、经济条件和舆论的影响。

（2）贯彻落实资源。在形式上，贯彻落实资源被定义为个人或组织，可以帮助进行了解政策、贯彻落实政策的最佳实践或旨在改变所交付服务的特性的专业改革。第一，资源可以为贯彻者提供机会，以学习贯彻政策所需的理论和技能，扩展自己的专业知识。第二，资源可以通过提供这种或其他信息来说服基层贯彻者采取政策目标导向的行动。第三，资源可以通过提供使基层贯彻者确信需要贯彻的原因或信息来解决这个问题。第四，贯彻资源可以被理解为专业化的副产品，并且可以根据公共行政学者早期对专业和官僚机构的研究来解释。

（3）作为政策评估的贯彻落实。在贯彻落实过程评估中，有五个基本问题可能最为关键。第一，何时？当政策或项目演进以应对环境时贯彻落实的演进特征发生。第二，何地？在贯彻落实研究的设计中，关注点是基本的考虑。第三，为谁？测量选民的满意度，而不仅仅是测量结果。第四，什么？定量和效率测量可能是成功贯彻落实最明显的标准，但这只是开始，还有政策影响变化的能力、问题的规模，以及许多变量。第五，为什么？贯彻落实分析能够直接影响贯彻落实过程吗？只有在贯彻落实分析中才能理解政策意图和政策结果之间的关系。

（4）演进的观点。在责任从一个中心点分散到许多地方的过程中，在最初授权的贯彻落实过程中，有益的和有害的适应可以被预期。政策贯彻需要更多的自由决定权。

第六节　改进的建议

一　合作政策设计和适应性政策贯彻落实

合作政策设计和适应性政策贯彻落实有四个要点（Ansell et al.，2017：

467 - 486)。

（1）合作政策设计和适应性政策贯彻落实有助于公共政策制定者改进政策执行，从而为解决贯彻落实问题提供一个新的视角。

（2）经典的贯彻落实理论过于狭隘地关注行政绊脚石，而新公共管理强化了政治和行政之间的分裂。

（3）改善政策贯彻落实的尝试必须从政策设计开始，而政策设计可以通过上游和下游行动者之间的合作和审议来改善。

（4）合作政策设计和适应性政策贯彻落实提供了在理论和实践中可能如何运作的广泛概述。

二　规划系统和政策贯彻落实

规划系统和政策贯彻落实有三个要点（Hambleton，1983：397 - 418）。

（1）其涉及政府规划理论和实践的两个发展主题：英国政策规划系统的激增，以及一些国家对贯彻落实过程的关注。

（2）政策规划系统的发展可以从程序规划理论、组织间理论和财政危机理论等多个角度进行分析。

（3）影响规划系统和政策贯彻落实过程的五个主要因素为政策信息、代理人的多样性、观点和意识形态、资源、计划政治。

三　给公共部门领导人的建议

给公共部门领导人的建议主要有四个要点（Lindquist，Wanna，2015：209 - 242）。

（1）研究的问题。第一，公共部门的运行环境在贯彻落实的挑战方面有何特殊性。第二，公共部门领导人应如何预见政策改革的必要性，并理解对可能参与或可能不参与改革设计和贯彻机构的影响。第三，公共部门领导人如何与政府以及其他公共组织合作以支持改革，需要什么样的领导策略和组织能力。第四，与成功贯彻落实相关的关键因素是什么，公共部门领导人如何才能知道改革何时停滞不前，以及评估贯彻落实的业绩的指标是什么。第五，为什么改革和贯彻落实会脱轨或失去动力。

（2）政策贯彻落实文献综述。第一，增加使用更复杂的概念和方法，以便更好地认识和分析在政府寻求提供政策和服务时出现或遇到的更广泛的组织网络。第二，更多地运用委托代理、公共选择和博弈论的观点来加强对政策贯彻落实的洞察力，思考可检验命题和进行实证研究。第三，对选择多种政策工具的优点和影响力的兴趣增加，以便构建导航网络并挑战实现环境。第四，提高对整个政府、跨政府、横向和多级治理环境的贯彻落实的认识水平。第五，促进组织间合作。第六，把预期和协作作为适应多层次、动态贯彻落实环境的策略。第七，检查代理机构如何获得信息、解释和构建要贯彻落实的政策的技能。第八，更仔细地检查各种组织能力，以指导以政府为中心的贯彻落实。第九，如果贯彻落实可以被视为民主治理进程的一部分，那么各个利益相关方应努力调整政策以满足群体和社区的需要就是合理的。

（3）政策贯彻落实的组织维度。第一，执行人员必须预见并准备进行组织变革。第二，执行人员必须评估组织文化适应贯彻落实任务的情况。第三，执行人员必须确定新的价值观、意义和叙述。第四，新任务需要不同的专业知识和关系。第五，新任务可能意味着结构的改变和新的项目。第六，嵌入变化是一项艰苦的工作。第七，内部变化和外部变化一样重要。第八，重视网络的领导组织。第九，关注期望变化。

（4）保持政策贯彻落实在正轨。第一，与政治领导人商谈并合作以争取对贯彻落实倡议的持续支持。第二，随时向政治领导人通报进展情况，并根据需要，确定他们可能如何做出战略贡献。第三，划定牵涉的利益集团、网络和联盟的全部范围。第四，找到加强受益于和支持改革贯彻落实的实体的方法。第五，与各级政府机构建立强有力的工作关系，以建立和加强改革联盟，并定期发布报告和提供战略制定机会。第六，制定切实可行的改革时间（两年或十年）框架，以管理内部和外部期望，并聚焦改革的基本要素。第七，了解当前的激励/抑制措施，并构建适合贯彻落实政策的新的激励结构。第八，在机构和更广泛的贯彻落实网络中稳步招募合适的领导和技术专家。第九，确保有足够的贯彻落实资源来支持行政人员和其他执行者。第十，如果需要，可以在合适的时刻进行充分的结构性变革，但在其他方面则需依赖良好的沟通、临时工作团队和协调结构。第十一，制定战略沟通方法，确保与员工、外部联盟、执行伙伴和政府赞助商的双向渠道畅通，鼓励反馈和监测，制定向更广泛的公众通报进展情况的程序。第十二，开发强健的、有重点的、相关的报告系统，以识别大多数贯彻落实创设的紧急和进化机制的质量。第十三，研究所员工要具备对客户满意度的反馈能力和储备，并确保及时收集数据。第十四，设计报告系统，以便为评估贯彻落实政策的业绩情况提供信息，不管是计划的还是紧急的。

总　　结

政策科学家在政策贯彻落实研究中以宽阔的视野、敏锐的洞察力、富有创造性的真知灼见，为政策科学留下了一笔宝贵的财富，启迪和激励我们继续探索。中国学者需要在此基础上，立足中国的政策实际，努力探索，可围绕以下五点展开。第一，政策制定的质量和贯彻落实。第二，非正式沟通和政策贯彻落实。第三，创造性和政策贯彻落实。第四，政策贯彻落实和政策结果。第五，企业家精神和政策贯彻落实。

参考文献

Ansell, C., Sørensen, E., Torfing, J. (2017). Improving Policy Implementation through Collaborative Policymaking. *Policy & Politics*, 45 (3).

Chackerian, R., Mavima, P. (2001). Comprehensive Administrative Reform Implementation: Moving beyond Single Issue Implementation Research. *Journal of Public Administration Research and Theory: J-PART*, 11 (3).

Fesler, J. W., Kettl, D. F. (1991). *The Politics of the Administrative Process*. Chatham, N. J.: Chatham House.

Hambleton, R. （1983）. Planning Systems and Policy Implementation. *Journal of Public Policy*, 3 （4）.

Hill, H. C. （2003）. Understanding Implementation: Street-Level Bureaucrats' Resources for Reform. *Journal of Public Administration Research and Theory: J-PART*, 13 （3）.

Ingram, H. , Schneider, A. （1990）. Improving Implementation through Framing Smarter Statutes. *Journal of Public Policy*, 10 （1）.

Khan, A. R. , Khandaker, S. （2016）. A Critical Insight into Policy Implementation and Implementation Performance. *Public Policy and Administration*, 15 （4）.

Knill, C. , Tosun, J. （2020）. *Public Policy: A New Introduction.* London: Palgrave Macmillan.

Lindquist, E. , Wanna, J. （2015）. Is Implementation Only about Policy Execution? Advice for Public Sector Leaders from the Literature. In Wanna, J. , Lindquist, E. A. , Marshall, P. （eds. ）. *New Accountabilities, New Challenges.* Canberra: ANU Press.

May, P. J. （2015）. Implementation Failures Revisited: Policy Regime Perspectives. *Public Policy and Administration*, 30 （3 – 4）.

Mazmanian, D. A. , Sabatier, P. A. （1993）. *Implementation and Public Policy.* London: Scott, Foresman and Company.

Oosterwaal, A. , Torenvlied, R. （2012）. Policy Divergence in Implementation: How Conflict among Decisive Legislators Reinforcesthe Effect of Agency Preferences. *Journal of Public Administration Research and Theory: J-PART*, 22 （2）.

Sabatier, P. , Mazmanian, D. （1979）. The Conditions of Effective Implementation: A Guide to Accomplishing Policy Objectives. *Policy Analysis*, 5 （4）.

Stoker, R. P. （1991）. *Reluctant Partners: Implementing Federal Policy.* Pittsburgh: University of Pittsburgh Press.

第十二章 政策风格、政策企业家、治理和渐进主义

政策风格指政府制定和执行政策的不同方式，用于比较政策分析者解释不同国家处理类似政策问题的方式的差异。政策企业家是研究那些利用机会影响政策结果以增加自身利益的个人。治理和政策研究介入政策运行中的治理安排。渐进主义所描述和阐释的是解决政策问题所采取的策略和价值取向。本章整理出了这四个理论研究文献的主要观点和内容以供参考。

第一节 政策风格

一 定义

"政策风格"概念最早出现在理查森（Richardson，1982）主编的《西欧的政策风格》（*Policy Styles in Western Europe*）一书中，最初的表述旨在帮助比较政策分析者解释不同国家处理类似政策问题的方式的许多差异。

（1）政策风格是指政府制定和执行政策的不同方式（Richardson et al.，1982：1 – 16）。不同的政策风格为行为者影响决策提供了不同的可能性，例如机会结构（Leiren et al.，2021：33 – 47）。政策风格的本质都在于世界各国政府制定政策的方式，即为了制定政策而与谁互动，以及以何种方式互动（Howlett，Tosun，2021a：2）。政策风格强调不同类型的行为者及其在决策中如何相互作用，以及为此目的建立的程序和框架

如何影响所发生的各种相互作用和做出的各种决定（Howlett，Tosun，2021b：17）。

（2）在比较公共政策中，政策风格的概念被用来描述和解释以下内容：由于历史遗产和制度结构的存在，政策制定倾向于以类似的方式发生，并产生类似的结果，这些历史遗产和制度结构将决策程序化（Mukherjee，Howlett，2016：24－42）。其中尤其要注意的是，政策风格能够以重要的方式影响政策结果的形状和特征，并有助于确定其有效性或内容等方面（Howlett，Tosun，2021a：2）。

（3）理查森等（Richardson et al.，1982：1－16）认为，政策风格在两个方面有所不同：政府解决问题的方法（即政府在解决社会问题时是发挥积极作用还是被动作用）和政府在决策和执行过程中与其他行动者的关系（即政府是试图与有组织的团体达成共识还是不顾反对强加决定）。

（4）政策风格与"鉴于每个国家存在的国家－社会关系的性质，观察到的各国政府对某些类型的工具的偏好"有关（Howlett，1991：1－21）。

（5）从分析单元开始，政策风格指政策代理人的行为，但它也有一个严重的结构性或制度性组成部分，因为它假设这些代理人不是自由浮动和不受阻碍的，而是在至少部分决定他们行为的制度情境下运作的（Howlett，Tosun，2021a：3）。

（6）政策风格可以被认为是作为更大的政策制度或治理模式的一部分而存在的，还会随着时间的推移、政策继承的发生而出现（Mukherjee，Howlett，2016：24－42）。

（7）我们需要意识到，政策风格是一个宽泛的概念。国家风格可以有变化，政策风格也可以随着时间而变化。风格概念的效用在于它可以帮助我们捕捉这个动态过程的结果（Richardson，2018：5）。

二　分析视角

（1）检查政策风格的研究往往侧重于国家层级，认为决策过程因政府的机构组成而异，而政府又产生构成其决策结构和过程的例行程序和标准作业程序（Howlett，Tosun，2021a：2）。从这个角度来看，政策风格的概念非常符合以行动者为中心的制度主义的逻辑。

（2）在对政策风格进行分类和推进这一讨论时，最重要的两个问题是那些与政策制定中结构和行动、制度维度和过程维度之间存在的关系有关的问题，以及在发展和应用这些概念时使用的适当分析单位和水平的问题（Howlett，Tosun，2019：3-19）。

（3）概念的作用。国家政策风格的概念有助于加深我们对政治和政策之间关系的理解。它不仅有助于描述可能导致也可能不会导致变化的典型政策进程，而且有助于捕捉政策动态的一个重要方面，即这些安排相对持久的性质（Howlett，Tosun，2021b：15）。对部门的关注始于提出这样一种可能性，即国家风格可能没有看起来那么截然不同，因为所有政策制定者都面临相同的基本问题：需要在复杂的政策制定环境中解决自己的有限理性问题，但他们对这种环境的理解有限，甚至控制力更弱。当许多政治体系中的政府试图通过将政策制定分部门来使决策更易于管理时，同样的基本压力可能有助于产生某种风格上的趋同。部门政策风格似乎与我们在宏观政治层面上的政策制定风格相去甚远，或者至少我们可以发现跨部门和分部门的政策风格的差异与正式政治制度的差异同样重要（Cairney，2021：77）。部门政策风格有助于我们探讨其逻辑在多大程度上破坏了部门间政策制定的追求（Cairney，2021：78）。

（4）政策风格研究的一个核心方法论问题是确定政策风格的本体论性质（Howlett，Tosun，2021a：5）：与其说是政策风格的定位和特征，不如说是对政策风格在解释公共政策时应被视为独立变量还是因变量这一问题缺乏理解。这种模糊性源于理查森等（Richardson et al.，1982：1-16）在研究中对政策风格概念的最初表述，该表述将决策过程的描述（"共识"或"强加"）与这一过程的产出或结果（"预期"或"反应"）并列在一起。

（5）未来推进对政策风格概念理解的研究和学术努力应该集中在三个

方面（Howlett，Tosun，2021a：8）。第一，从分析维度看，期望政策风格对国家、部门或两者都有区别是否合理。相关的视角是，政策风格如何与治理的概念相关联，以及行政和政策风格之间的关系是什么。第二，过程维度是指政策过程的各个阶段。这在政策风格的文献中受到的关注较少，但非常有研究价值，因为它弥合了比较公共政策与政治学其他分支学科之间的差距，如比较政治学、立法研究、政治传播和公共行政。第三，贯穿上述两个方面的是政策风格的稳定性和持久性问题。随着时间的推移，制度和过程的风格都会有所不同，需要解释在风格上观察到的变化。政策风格是一个对动态模型开放的概念，然而，需要明确讨论哪些因素既带来了稳定性，又带来了我们所观察到的变化。

第二节　政策企业家

一　定义和特征

金顿（Kingdon，1984）出版的《议程、替代方案和公共政策》一书开创了对政策企业家的研究。

政策企业家是基于公共企业家产生的。

（1）金顿（Kingdon，1984：214）将公共企业家（Public Entrepreneur）视为"愿意投入资源以换取他们青睐的未来政策"的个人。

（2）波尔斯比（Polsby，1984：171）将公共企业家视为"专门识别问题并寻找解决方案"的个人，他们提供想法和议题，以及解决方案的技术支持。在与政治领导人建立这种交流关系的过程中，公共企业家得到帮助，制定他们认可的政策。

（3）公共企业家通常指这样一些个人：他们发展一个新想法，将其转化为更正式的声明（如提案、法案或法律），然后将其作为一个新项目而用于公共实践（Roberts，King，1991：147－175）。

对于政策企业家，相关定义如下。

（1）政策企业家（Policy Entrepreneur）指在正式政府系统之外工作，

将创新理念引入、转化到公共部门实践的人（Roberts，King，1991：147 –
175）。

（2）大多数人认为，政策企业家是愿意利用自己的专业知识、毅力和
技能实现他们喜欢的某些政策的人（Weissert，1991：262 – 274）。

（3）政策企业家是指寻求启动动态政策变革的人。政策企业家可以在
确定政策问题方面发挥关键作用，既能吸引决策者的注意，又能表明适当
的政策反应（Mintrom，1997：738 – 770）。

（4）政策企业家指有意图的人，他们利用所拥有的资源或获得关键资
源的不同途径，以及影响政府议程的技能，推进他们偏好的政策想法或感
知的利益（Bakir et al.，2021：397 – 422）。

（5）科恩（Cohen，2016：180）提出以下观点。第一，政策企业家是
那些利用机会影响政策结果以增加自身利益的个人，他们没有单独实现这
一目标所需的必要资源。第二，他们不满足于仅仅在其他人建立的机构内
增加自身的利益。相反，他们试图用创新的想法和策略影响一个既定的现
实，从而创造新的机会。这些坚持不懈的人利用创新的思想和非传统的战
略来促进实现预期的政策成果。第三，无论是来自私人、公共部门，还是
第三部门，他们的一个显著特征就是愿意投入资源（时间、精力、声誉，
甚至金钱），以期在未来获得回报。第四，议程设置是政策企业家精神的
重要组成部分，成功的政策企业家投入大量精力吸引人们关注他们所提出
的政策。第五，界定问题并将其拟议解决方案列入政治议程，是政策企业
家面临的主要挑战之一。然而，即使在这些努力中取得了成功，经验丰富
的政策企业家也知道，必须继续施加压力，按照希望的方向制定政策，以
使之合法化，促进政策执行，并对政策进行评价。

政策企业家有三个主要特征（Cohen，2012：5 – 26）。第一，由于旨
在影响政策结果的活动增加个人利益，因此政策企业家试图影响公共政
策，以促进达成目标。第二，由于缺乏以共同的、预期的方式影响政策结
果所需的资源，因此，政策企业家总是会受到资源匮乏的困扰。第三，存
在影响政策结果的机会。

政策企业家精神有四个核心要素。这些要素可以进一步分为两类：属性和战略（Mintrom，Norman，2009：649-667）。第一，属性。一是表现出社会敏锐性，这意味着企业家深谙社会政治情境。在这种情境下，他们相互作用，在理解他人和参与政策对话方面表现出了高度的社会敏锐性。因此，他们可以确定在现有社会秩序中引入创新政策的机会之窗。二是界定问题，是指人们如何将具体问题与自身利益联系起来以描述行动。从这个角度看，政策问题的定义始终是一种政治行动。第二，战略。一是打造团队，这突出了政策企业家是团队的参与者这一事实。他们真正的实力来自他们与政策领域其他参与者有效合作的能力。因此，他们在一个由具有各种知识和技能的个人组成的紧密团队中运作，这些人能够在寻求变革的过程中相互支持，并利用他们的个人和专业社交网络建立一个政治联盟以挑战现状（Schneider，Teske，1992：737-747）。二是以身作则，这意味着政策企业家要经常采取旨在降低决策者对风险的认识水平的行动。当企业家以身作则时，他们就会把一个想法付诸行动，表明真正致力于改善社会结果。

二　政策企业家议题

（1）政策企业家在政策过程中的功能和活动结构（Roberts，King，1991：147-175）。第一，政策企业家的功能。一是倡导新思想并提出建议；二是定义和重构问题；三是指定替代政策；四是在众多政策行动者之间协调想法；五是动员公众舆论；六是帮助建立决策议程。第二，政策企业家的活动结构：想法生成活动、问题框架活动、传播活动、战略活动、示范项目活动、培养官僚内部人士和倡导者的活动、与知名精英团体的合作活动、争取当选官员支持的活动、游说活动、吸引媒体关注和支持的活动，以及行政和评价活动等。

（2）对于在国家层级运作的政策企业家来说，跨国联网对于政策创新也很重要，原因如下（Mintrom，1997：738-770）。第一，通过这些接触，他们可以更多地了解其他地方政策创新的细节。通过了解这些细节，可以提高政策企业家的可信度，因为他们可以更容易地对提出的有关政策创新的问题或反对意见做出听起来具有权威性的回应。第二，政策企业家可以从其他国家的专家那里获得关于政策创新早期经验的证词。第三，通过跨国联网，可以让政策企业家了解兜售特定政策创新的策略在其他国家是否取得成功。

（3）情境和政策企业家研究。政策企业家研究需要认识情境因素、这些情境下的个人行动，以及情境如何塑造这些行动。有两个情境因素特别值得探究（Gunn，2017：271 - 272）。第一，更广泛的政治情境。已有研究提醒我们，政治情境是决定性的，拥有权力的政治精英是政策变化的关键因素（Hogan，Feeney，2012：1 - 24）。第二，制度情境。政策企业家必须调整战略，以适应所处的特定的制度情境。制度情境还提供了一个特殊的机会结构（Huitema et al.，2011：717 - 733）。

（4）政策企业家成功改变政策议程的六个命题（Cohen，2016：190 - 193）：前三个命题涉及政策企业家工作的结构条件，后三个命题涉及他们的创业属性。

命题1：随着机会之窗的扩大，政策企业家影响公共政策的机会也会增加。也许成为成功的政策企业家最重要的条件就是存在一个机会，这让政策企业家有机会从时间和结果的角度创造价值。

命题2：随着与政策企业家可以组成联盟的潜在盟友数量的增加，他们影响公共政策的机会也会增加。为了取得成功，政策企业家必须吸引政策领域关键角色的支持，尤其是当反对变革和支持维持现状的派别势力强大时，巩固支持变革的联盟可以降低风险。此外，支持者在政治上越强大，政策企业家就越容易招募到建立新议程所需的资源，然后进行正式的政策改革。因此，在公共政策领域，与政策企业家合作的潜在盟友的存在可能会增加其成功的机会。

命题3：随着政策领域反对派的力量的减弱，政策企业家影响公共政策的机会将增加。少数强大的反对派增加了政策企业家成功推进他们所期望的议程的机会。因此，如果一个特定的政策领域有少数强有力的反对者，我们就可以假设政策企业家成功的机会将增加。反对变革的人越多，政策企业家就越有可能认为，与现有现实相比，这种变革对社会更为有益。

上述三个命题涉及环境，而不是政策企业家个人。然而，环境本身并不能解释政策企业家的成功，因为最终决策的还是人，而不是机构或结构条件。因此，对政策企业家成功的预测必须考虑内生因素和外生因素。在考虑了上述命题中的外生因素后，接下来的三个命题将聚焦内生因素——政策企业家的思想和特征。

命题4：随着政策企业家政治能力的提高，他们影响公共政策的机会也会增加。政策企业家的修辞和说服技巧，以及他们在政策周期和圈子中形成联盟和网络的能力，可能是其成功的良好预测因素。他们与团队合作以及与政策领域其他参与者有效互动的技能也是其成功的良好预测因素。此外，他们以身作则的能力对减少决策者对风险的看法也很重要。

命题5：政策企业家的想法越有说服力，他们影响公共政策的机会就越多。政策企业家的解决方案能够解决的需求或问题越多，他们成功的机会也就越多。

命题6：随着政策企业家相对竞技场中的其他参与者愿意承担经过计算的风险，他们影响公共政策的机会将增加。愿意承担经过计算的风险可能是政策企业家成功的一个很好的预测因素。此外，在某种程度上，以一种经过计算的方式可以预期政策企业家采取的战略。这可能在表面上比政策企业家估计的风险更大，因为机会可以产生更大的利益。

（5）实证研究议程。政策企业家的实证研究聚焦五项任务（Petridou，Mintrom，2020：1－25）：第一，将政策企业家界定为一个独特的行为者阶层；第二，调查鼓励政策企业家出现的背景因素；第三，进一步确定政策企业家部署的策略；第四，提升对政策企业家在政策过程中发挥作用的衡量水平；第五，识别政策企业家会在何时推动大范围变革。关于这些方向的新的理论与实证贡献，能大力促进我们对当代政治中行为主体能力和架构的理解。

第三节　治理

一　理解治理

治理的要点如下（Rhodes，1996：652－667）。

（1）治理意味着政府含义的改变，指的是新的治理过程，或者有序规则的改变条件，或者治理社会的新方法。

（2）治理至少有六种不同的用途：作为最少国家介入的治理、作为公司治理、作为公共管理、表示"良好治理"、作为一个社会控制论系统，以及作为自组织网络。

（3）治理是一个规定性的概念。治理指的是自组织、跨组织的网络。任何规定的定义都是任意的，但这个定义包含其他用途的重要元素，比较显著的是治理作为最少国家介入的治理、作为社会控制论系统和作为自组织网络。

（4）政府间管理。有效的治理需要重新审视政府的工具包。第一，驾驭引导（设定规范的过程）与直接性（该过程的结果）是分开的，政府需要工具来弥合这一差距，而政府间管理可以提供这些服务。第二，政府间管理是关于应对几个管辖区以解决特定的问题，并建立通信网络，以产生有益的结果。第三，政府间管理有12种管理方法，其中包括"流程修订"、"讨价还价和谈判"、通过相互调适解决问题、"合作管理"、协议管理等（Agranoff，1990：25－26）。

总之，组织间网络已经很普遍了，这一趋势不仅对中央政府的做法产生影响，而且对民主问责制产生重要影响。作为自组织网络的治理是对可治理性的挑战，其注定会成为缩小政府管理范围、减轻政府压力的典范。

二　作为治理的政策体制观点

作为治理的政策体制观点如下（May，Jochim，2013：426－452）。

（1）体制观点为推进政策过程的理论化提供了基础。广义而言，体制观点提供了一个考虑思想、利益和制度安排相互作用的视角。作为一个描述性的视角，体制观点能够对给定政策问题的治理安排进行反向映射——识别政策体制的轮廓。作为一个分析视角，体制观点揭示了公共政策如何设置和重塑政治环境的反馈过程。

（2）作为治理安排的政策体制具有如下特点。第一，将政策体制概念化为解决政策问题的治理安排。这个建构的价值是描述性和分析性的。第二，作为一项描述性工作，体制观点可以用来构建一个概念图，考虑解决政策问题所涉及的一系列想法、制度安排和利益。第三，作为一个分析视角，体制观点可以用来理解政策是如何以及以何种效果建立影响政策合法性、一致性和持久性的反馈过程的。分析性的贡献在于揭示公共政策如何建立反馈过程、重塑政治环境，进而影响公共政策的效力。

（3）有三个命题表明一个体制的力量如何影响政策的合法性、一致性和持久性。

命题1：更强有力的政策体制有助于提高政策的合法性。

命题2：更强有力的政策体制可以促进具有更高的政策一致性。

命题3：更强有力的政策体制更持久，但很少有不受破坏性力量影响的政策体制。

三 作为多重治理的政策过程：社会政策中的问责制

具体要点如下（Hill，Peter，2006：557－573）。

（1）"制度分析和发展"（IAD）框架。第一，其包括三个相关但不同的分析层面：操作层面，解释了行动的世界；集体选择层面，解释了"权威决策"的世界；章程层面（Constitutional Level），解释了"集体选择机制的设计"（Kiser，Ostrom，1982：184）。第二，操作层面的个人"根据预期的突发事件，采取直接行动或未来行动的策略"。他们通常被"授权在这个级别采取各种各样的行动，而无须事先与其他人达成协议"（Kiser，Ostrom，1982：207－208）。第三，集体决策由官员做出，以决定、执行、继续或改变制度安排内授权的行动。这些集体决策是未来行动的计划。第四，宪法决定（Constitutional Decision）是关于治理未来授权行动的集体决策的选择。换句话说，章程选择是关于决策规则的决定（Kiser，Ostrom，1982：208）。第五，在这个框架中，制度安排将每一级决策与下一级决策联系起来。章程决定确立了集体选择的制度安排及其实施。集体决定反过来为个人行动建立制度安排及促进其执行。在这个框架中，只有在操作层面上，物质世界中的行动才会直接来自决策。

（2）基于IAD模型：多重治理框架。第一，给框架定位。现代治理世界中的政策过程由三大类活动组成，我们称之为构成性、指向性和操作性治理。第二，构成性治理的概念源于章程选择概念，章程选择基于影响运营活动的框架，在确定谁有资格制定一套集体选择规则时影响运营。第三，"指令治理"来源于集体选择，它的方向代表了对集体所期望的结果的制定和决策。第四，操作治理关注实现过程的实际管理。第五，构成性治理、"指令治理"、操作治理三个行动层次分别是结构导向、内容导向和过程导向的活动集。

（3）多重治理框架是IAD框架的智力衍生，但存在一些重大差异。这些差异不仅是术语上的修正，而且被证明有理由制定一个单独的框架。第一，多重治理框架将政策过程的研究与治理的概念明确地联系起来。至关重要的是共同关注行动，而不（仅仅）关注法律意义上的制度、"垂直"和"水平"方向的结合以及强调具体的分析水平和区分经验与规范事项。第二，多重治理框架的一个具体特征是在一系列政治－社会关系的各种行动情况下，实现各种治理活动的本地化。第三，多重治理框架将IAD框架的微观经济基础假设转变为主流社会科学框架。第四，政策创新方面的"内容"问题对构建后续决策非常重要。

（4）多重治理框架的功能。第一，框架为政策过程研究中的情境理论构建提供概念（元）基础。第二，在研究问题的说明中，框架指导变量的选择。第三，框架为选择合适的分析单元提供了灵活性。第四，框架帮助确定行动选择。

第四节　林德布洛姆的渐进主义

一　林德布洛姆的观点

在政策领域，林德布洛姆（Charles E. Lindblom）最早提出了渐进主义，他的观点如下。

他提出脱节渐进主义（Dis-jointed Incrementalism）。脱节渐进主义寻求使策略适应决策者有限的认知能力，并缩小和减少信息收集和计算的范围和成本（Lindblom，1959：79-88；Etzioni，1967：385-392）。林德布洛姆总结了模型的六个要点（Lindblom，1965：144-148）。第一，决策者不是试图对所有备选方案进行全面调查和评估，而只关注那些与现有政策逐渐不同的政策。第二，决策者仅考虑相对少量的政策选择。第三，对于每种政策选择，决策者只评估有限数量的重要后果。第四，决策者面临的问题不断被重新定义：渐进主义允许无数的目的-手段和手段-目的调整，这实际上会使问题更容易管理。第五，决策者没有一个决定或"正确的解决方案"，而是通过一系列分析和评估对手头的问题进行"永无止境的一系列攻击"。第六，渐进决策被描述为补救性的，更多的是为了缓解当前具体的社会缺陷，而不是为了促进实现未来的社会目标。

许多渐进主义的批评者认为，做得更好通常意味着远离渐进主义。渐进主义者认为，要解决复杂的问题，通常意味着更熟练地实践渐进主义，而很少背离渐进主义。渐进主义作为政策分析方法有三层含义（Lindblom，1979：517-526）。第一，仅限于考虑替代政策的分析，所有政策都只是逐渐不同于现状，这被称为简单的渐进分析。第二，对于以一套相互支持的简化和聚焦策略为标志的分析，简单的渐进分析只是其中之一，这种复杂的分析方法被称为脱节渐进主义。（1）将分析局限于几个比较熟悉的政策替代方案，其中一种可能的形式是简单的增量分析，即考虑与现状仅略有不同的替代政策。（2）对政策目标和其他价值观的分析与解决问题的经验交织在一起。也就是说，不要求首先规定价值观，然后找到促进价值观实现的方法。（3）对需要补救的弊病的分析性关注超过了对积极目标的追求。（4）通过进行一系列试验，寻找错误和修正试验。（5）只对被考虑的替代方案的一些重要的可能后果进行分析，而不是全部。（6）将分析工作分散给政策制定中的许多党派参与者，每个人都关注整体问题领域。第三，分析仅限于任何经过计算或深思熟虑选择的策略，以简化复杂的政策问题。也就是说，简化传统上全面的"科学"分析。这种做法在现在被称为战略分析。脱节渐进主义是战略分析的可能形式之一，简单的渐进分析是脱节渐进分析的要素之一。

脱节渐进主义的概念基于战略分析进行的一系列决策确定。这是一种复杂的分析方法，以一套相互支持的简化和聚焦策略为标志。

二　对林德布洛姆的观点进行批评和存在误解的观点

（1）对林德布洛姆的主要批评是，脱节渐进主义无法充分应对现代社会的技术复杂性和快速变化（Gregory，1989：139 – 153）。

（2）埃齐奥尼（Amitai Etzioni）对林德布洛姆的观点提出了一些批评，其中有两点值得关注（Etzioni，1967：385 – 392）。第一，作为规范模型的渐进方法批判。渐进主义倾向于忽视基本的社会创新，因为它着眼于短期，只寻求实现过去政策的有限变化。第二，渐进主义的概念和经验批判。一是渐进主义策略清楚地认识到不适用的情况的一个子集，即"大"或基本决策。二是虽然渐进主义者认为决策涉及两种模型之间的选择，但需要注意两点：大多数渐进决策指定或预期基本决策；渐进决策的累积价值受相关基本决策的影响很大。三是渐进主义者认为渐进决策往往是补救性的，在"正确"的方向上采取小步骤，或者在方向明显"错误"时改变路线。在这里，我们必须再次超越渐进模型，以确定这些标准的设置方式。

（3）对渐进主义有四个持久批评：缺乏目标导向、具有保守主义色彩、适用范围有限，以及对分析持否定态度。由于这些误解，相当多的政治学者和政策学者开始认为渐进主义具有以下问题（Weiss，Woodhouse，

1992：255-273）：第一，不够积极主动，是目标导向和雄心勃勃的；第二，过分保守，由于渐进范围小，讨价还价有利于有组织的精英；第三，仅在范围过于有限的决策环境中有用；第四，太敌视分析。

（4）其他误解。关于渐进主义的一个更大的误解是，在过去的30年里，人们的头脑中出现了一种非常混乱的现象：他们没有区分作为一种分析策略的渐进主义、倾向于推进政治过程的脱节渐进主义，以及由小步骤组成的政策结果。在最初的表述中，它们相互交织，但在分析上截然不同，现在它们已经混杂在一起了（Woodhouse，Collingridge，1993：137）。

（5）对渐进主义的主要批评是离谱的。但仅仅反驳批评者是不够的，因为有些事情显然是错误的。对于围绕用"小大脑/大问题"这一短语表达的人类困境的战略应对工作中的部分问题，我们需要对相关任务感到"舒适"。关于脱节渐进主义的原始提法的一些东西困扰许多学者表明问题是相关学科普遍不愿意或没有能力承担林德布洛姆试图布置的任务。林德布洛姆讲述的故事显然足够好，看起来非常完整，不需要详细阐述和测试，但也很难使用，甚至难以完全为人相信（Woodhouse，Collingridge，1993：137）。

希克（Schick，1983：1-25）提出"渐进主义是一种尚未充分发展成理论的想法的标签"。这具有重要性，但其在捕捉政治、经济和组织生活的关键特征方面具有相当大的弹性，所以对它的批评其实被夸大了（Good，2011：41-51）。

第五节 拓展的渐进主义观点

一 古丁的观点

格雷戈里（Gregory，1989：139-153）认为，古丁主要关注的是政策制定中的形式理论。他的主张是渐进主义者要么根本不使用形式理论；或者如果他们使用了，但使用得不够；或者他们使用得过于谨慎。古丁的观点如下（Goodin，1982：19 – 38）。

事实上，不存在单一形式的渐进主义。取而代之的是三个形式，且每个都有独特的目标、战略要务和理由。然而，每一个都采用了足够相似的基本程序，以在所有类型中产生家族相似性。

（1）渐进主义最标准的形式严格来说是一种"决策策略"，被称为渐进策略。它要求我们继续进行以前已经产生了理想结果的那种渐进干预。渐进策略的基本要点如下：第一，任意选择一个渐进干预；第二，如果结果是肯定的，就在稍大的范围内重复；第三，如果结果是负面的，就换成其他一些任意选择的干预措施，这些措施到目前为止还没有产生任何明显的负面结果。

（2）渐进主义认识论的基本说明。渐进主义声称能够在对我们干预的系统没有任何理论理解的情况下生存。现在的研究已经表明，渐进主义总是需要一些理论。任何理论，无论多么拙劣，都能满足这个简单的要求。然而，一旦我们引入相关理论，渐进主义的本质就会改变。渐进主义对政策产出反应迟钝，而渐进主义承认它依赖系统如何工作的理论，并利用渐进程序来完善这些理论。渐进主义战略的实质是：第一，从一个关于系统的理论假设开始；第二，在此基础上，非任意地选择一种渐进干预，而选择这种干预是为了发挥它的实际效用和认知效用；第三，观察干预的结果；第四，修改假设，或在必要时改变它；第五，重复实验程序。

（3）渐进主义适用性的基本说明。渐进主义规定性案例中的第三个次要主题是：通过缓慢而谨慎地进行，我们可以纠正错误，并根据过去的经验调整未来的行动。渐进主义策略的本质如下：第一，从一个关于系统的理论假设开始；第二，在此基础上，非任意地选择期望效用最大化的增量干预，但有一个约束条件，即无论采取哪种行动，都必须是可逆的；第三，观察干预措施的结果，以获得关于替代行动方案比较优势的数据；第四，修改假设，或在必要时改变它；第五，如果修正后的理论指示重复这个过程，则回溯并寻求替代的行动方案。

对渐进主义的三个形式的调查得出了两个基本结论。首先，任何负责任的政策都必须基于对它所干预的系统的某种理论的理解。有些人倾向于认为，在有理论的地方，政策制定者当然应该使用它，但当没有理论可用时，他们也应该追求渐进策略。与这些说法相反，如果渐进主义有任何意义，则需要一些理论。其次，从完全广义角度来看，政策干预没有最佳规模。增量主义者声称，在某些情况下，只需要做一些小的改变。在这里，基于我们对有关特定系统的理论的理解，有时往大处想是恰当的，有时往小处想也是恰当的。显然，最危险的做法是否认理论的必要性，拒绝思考。

二　格雷戈里的观点

格雷戈里的观点的要点如下（Gregory，1989：139 – 153）。

（1）与渐进主义这一术语相关的思想集合构成了公共政策制定的林德布洛姆范式，它体现了一种特殊的理性含义。这一含义与公共政策制定理论辩论中的另外两个核心合理性概念有着本质的区别，即技术（或形式）合理性和经济合理性。前者是指选择实现既定目标的适当手段，后者是指在相互竞争的目的中确定对资源的最有效利用。

（2）渐进主义的多重含义。渐进主义的第一种含义关注形式分析在政策制定中的作用。渐进主义的第二种含义涉及公共政策制定的社会/政治情境。林德布洛姆"脱节渐进主义"的核心概念在本质上是第一种含义的混合体，因为它试图传达决策者如何简化他们的分析任务。他的"简单渐进分析"（第二个含义）是脱节渐进分析中的要素之一，而"脱节渐进主义"则是"战略分析"的可能形式之一，即"分析仅限于任何经过计算或深思熟虑选择的策略集，以简化复杂的政策问题"。

（3）作为分析的渐进主义。所谓的理性主义者和渐进主义者之间的辩论一直是如何"改善"公共政策过程和结果。什么是公共政策制定的"改进"是一个偏好问题，可以用几乎无限的标准来进行衡量。

（4）作为政治的渐进主义。渐进范式从社会和政治互动过程的角度解释了它所认为的政策变化的典型边际和渐进特征，即不同群体寻求利益保护具有完全不同的目的，而基本上没有提及任何一套总体的、共同的目标。

（5）渐进主义的具体化。所有用法都是具体化的一种形式：它把客观的、具体的现实归因于人类行为的形式，这些形式在某些社会创造的背景下可以用个人动机来恰当地解释，或者只是在需要清晰的地方制造混乱。

三 维斯和伍德豪斯关于渐进主义的建设性观点

维斯（Weiss）和伍德豪斯（Woodhouse）关于渐进主义的建设性观点有以下三个要点（Weiss，Woodhouse，1992：255－273）。

（1）海斯（Hayes，1992：2）试图重新思考和扩展渐进主义，提出了如下问题：第一，是什么样的制度和其他力量导致政策制定如此频繁且胆怯地进行？第二，在什么情况下尝试过规模大于典型的政策举措？第三，在哪些具体情况下，激进的政策措施可能是可取的？虽然大规模变革成功的可能性并不像政策改革者声称的那样高，而且是理性的——综合分析由于林德布洛姆最初列举的所有原因而失败，但海斯指出了需要大胆进行政策创设的情况并且有合理的机会改善现状，而不是通过一系列小改革就能实现。他特别指出，成熟的政策网络在目标和"政策事实"上达成一致，可以令人满意地替代对大胆举措的分析。

（2）新渐进主义方法。第一，一个非常不同的新渐进主义研究路线关注长滞后反馈的问题，比如睡眠者效应。第二，新渐进主义的方法显然是以目标为导向的，并且很明显倾向于产生违背某些老牌精英及其组织利益的政策指针。第三，关注当理解非常不完整，错误不可避免，甚至错误可能是灾难性的时，政策制定应该如何进行。

（3）需要着手完成林德布洛姆很多年前勾画的任务：政治参与者和政策专业人士如何应对不确定性？什么样的策略能让他们做得更好？有哪些实际上和潜在的体制安排可用于促进战略分析和行动的熟练与公平使用，包括但不限于脱节渐进主义？可以说，社会科学的很大一部分可以围绕这些问题以及其他有待阐明的相关问题进行重新安排。

概括来说，渐进主义分析方法的最大优点是可行，这与一些社会科学家所渴望的概要或综合分析形成了鲜明对比。但脱节渐进分析似乎在无情地承认人类在有限的时间和理解方面牺牲了很多，这困扰了不少学者。总之，渐进分析不是保守的或无目标的，它的适用范围也不限于狭窄的决策环境，渐进主义对理论和证据的友好程度也不亚于任何其他现实的策略。

总　结

政策风格、政策企业家、治理和渐进主义四个议题对我们采用政策策略，以顺应经济社会的快速发展和科学技术日新月异的变化，形成国家政策风格非常具有借鉴意义。未来有三点值得继续研究：第一，立足中国实际深化渐进主义研究，不断丰富和改进渐进主义理论；第二，基于中国政策实践，逐步归纳既具有中国特点，又具有普遍适用性的政策风格；第三，关注中国政策运行中的治理安排。

参考文献

Agranoff, R. (1990). Frameworks for Comparative Analysis of Intergovernmental Relations. Occasional Papers in Comparative and International Affairs, School of Public and Environmental Affairs, Bloomington, IN.

Bakir, C., Akgunay, S., Coban, K. (2021). Why Does the Combination of Policy Entrepreneur and Institutional Entrepreneur Roles Matter for the Institutionalization of Policy Ideas? *Policy Sciences*, 54 (2).

Cairney, P. (2021). The Concept of a Sectoral Policy Style. In Howlett, M., Tosun, J. (eds.). *The Routledge Handbook of Policy Styles*. New York: Routledge.

Cohen, N. (2012). Policy Entrepreneurs and the Design of Public Policy: Conceptual Framework and the Case of the National Health Insurance Law in Israel. *Journal of Social Research and Policy*, 3 (1).

Cohen, N. (2016). Policy Entrepreneurs and Agenda Setting. In Zahariadis, N. (ed.). *Handbook of Public Policy Agenda Setting*. Cheltenham, UK: Edward Elgar.

Etzioni, A. (1967). Mixed-Scanning: A "Third" Approach to Decision-Making. *Public Administration Review*, 27 (5).

Good, D. A. (2011). Still Budgeting by Muddling through: Why Disjointed Incrementalism Lasts. *Policy and Society*, 30 (1).

Goodin, R. E. (1982). *Political Theory and Public Policy*. Chicago: Chicago University Press.

Gregory, R. (1989). Political Rationality or "Incrementalism"? Charles E. Lindblom's Enduring Contribution to Public Policy Making Theory. *Policy and Politics*, 17 (2).

Gunn, A. (2017). Policy Entrepreneurs and Policy Formulation. In Howlett, M., Mukherjee, I. (eds.). *Handbook of Policy Formulation*. Cheltenham: Edward Elgar.

Hayes, M. T. (1992). *Incrementalism and Public Policy*. New York: Longman.

Hill, M., Peter, H. (2006). Analysing Policy Processes as Multiple Governance: Accountability in Social Policy. *Policy & Politics*, 34 (3).

Hogan, J., Feeney, S. (2012). Crisis and Policy Change: The Role of the Political Entrepreneur. *Risk, Hazards & Crisis in Public Policy*, 3 (2).

Howlett, M. (1991). Policy Instruments, Policy Styles, and Policy Implementation: National Approaches to Theories of Instrument Choice. *Policy Studies Journal*, 19 (2).

Howlett, M., Tosun, J. (2019). Policy Styles: A New Approach. In Howlett, M., Tosun, J. (eds.). *Policy Styles and Policy-Making: Exploring the Linkages*. Abingdon: Routledge.

Howlett, M., Tosun, J. (2021a). Introduction: Studying Policy Styles at the National Level and Beyond. In Howlett, M., Tosun, J. (eds.). *The Routledge Handbook of Policy Styles*. New York: Routledge.

Howlett, M., Tosun, J. (2021b). National Policy Styles in Theory and Practice. In Howlett, M., Tosun, J. (eds.). *The Routledge Handbook of Policy Styles*. New York: Routledge.

Huitema, D., Lebel, L., Meijerink, S. (2011). The Strategies of Policy Entrepreneurs in Water Transitions around the World. *Water Policy*, 13 (5).

Kingdon, J. W. (1984). *Agendas, Alternatives, and Public Policies.* Boston: Little, Brown.

Kiser, L. L., Ostrom, E. (1982). The Three Worlds of Action: A Metatheoretical Synthesis of Institutional Approaches. In Ostrom, E. (ed.). *Strategies of Political Inquiry.* Beverly Hills, CA: Sage Publications.

Leiren, M. D., Inderberg, T. H. J., Rayner, T. (2021). Policy Styles, Opportunity Structures and Proportionality: Comparing Renewable Electricity Policies in the UK. *International Political Science Review*, 42 (1).

Lindblom, C. E. (1959). The Science of "Muddling Through". *Public Administration Review*, 19 (2).

Lindblom, C. E. (1965). *The Intelligence of Democracy: Decision Making through Mutual Adjustment.* New York: The Free Press.

Lindblom, C. E. (1979). Still Muddling, Not Yet through. *Public Administration Review*, 39 (6).

May, P. J., Jochim, A. E. (2013). Policy Regime Perspectives: Policies, Politics, and Governing. *Policy Studies Journal*, 41 (3).

Mintrom, M. (1997). Policy Entrepreneurs and the Diffusion of Innovation. *American Journal of Political Science*, 41 (3).

Mintrom, M., Norman, P. (2009). Policy Entrepreneurship and Policy Change. *Policy Studies Journal*, 37 (4).

Mukherjee, I., Howlett, M. (2016). An Asian Perspective on Policy Instruments: Policy Styles, Governance Modes and Critical Capacity Challenges. *Asia Pacific Journal of Public Administration*, 38 (1).

Petridou, E., Mintrom, M. (2020). A Research Agenda for the Study of Policy Entrepreneurs. *Policy Studies Journal*, 0 (0).

Polsby, N. W. (1984). *Political Innovation in America: The Politics of Policy Initiation.* New Haven, Conn.: Yale University Press.

Richardson, J. J. (1982). *Policy Styles in Western Europe.* London: George Allen & Unwin.

Richardson, J. J. (2018). *British Policy-Making and the Need for a Post-Brexit Policy Style.* Gewerbestrasse, Switzerland: Palgrave Pivot.

Richardson, J. J., Gustafsson, G., Jordan, G. A. (1982). The Concept of Policy

Style. In Richardson, J. （ed.）. *Policy Styles in Western Europe*. London：George Allen & Unwin.

Rhodes, R. A. W. （1996）. The New Governance：Governing without Government. *Political Studies*, 44 （4）.

Roberts, N. C. , King, P. J. （1991）. Policy Entrepreneurs：Their Activity Structure and Function in the Policy Process. *Journal of Public Administration Research and Theory：J-PART*, 1 （2）.

Schick, A. （1983）. Incremental Budgeting in a Decremental Age. *Policy Sciences*, 16 （1）.

Schneider, M. , Teske P. （1992）. Toward a Theory of the Political Entrepreneur：Evidence from Local Government. *The American Political Science Review*, 86 （3）.

Weiss, A. , Woodhouse, E. （1992）. Reframing Incrementalism：A Constructive Response to the Critics. *Policy Sciences*, 25 （3）.

Weissert, C. S. （1991）. Policy Entrepreneurs, Policy Opportunists, and Legislative Effectiveness. *American Politics Research*, 19 （2）.

Woodhouse, E. J. , Collingridge, D. （1993）. Incrementalism, Intelligent Trial-and-Error, and the Future of Political Decision Theory. In Redner, H. （ed.）. *An Heretical Heir of the Enlightenment：Politics, Policy, and Science in the Work of Charles E. Lindblom*. New York：Routledge/Taylor & Francis.

第十三章　经验教训吸取和政策移植理论

"经验教训吸取"（Lesson Drawing）（Rose，1991：3 – 30，1993）和"政策移植"（Policy Transfer）（Dolowitz，Marsh，1996：343 – 357，2000：5 – 24）已经成为越来越有影响力的政策分析方法。其中的一些理论和思想观点对于中国各级政府借鉴国外和各地经验、制定和完善政策具有积极意义。为此，我们整理出了关于经验教训吸取和政策移植的一些经典文献的论述，以供参考。

第一节　罗斯的经验教训吸取研究

一　理解经验教训吸取

经验教训吸取的要点如下（Rose，1991：3 – 30）。

（1）面对一个共同的问题，城市、地方政府和国家的政策制定者可以从其他地方的同行那里学习应该如何应对。不仅如此，它还增加了政策制定者吸取经验教训的可能性，这些经验教训将帮助他们更好地处理问题。如果经验教训是积极的，那么一项行之有效的政策就会得到移植，并进行适当的调整。如果是负面的，观察者可以从观察别人的错误中知道什么不该做。

（2）定义经验教训吸取。在日常用语中，经验教训是具有教育意义的知识，是从观察或经验中得出的关于某一主题的结论。经验教训被定义为关于其他地方正在实施的一个或多个项目的行动导向的结论。背景可以是另一个城市、另一个州、另一个国家或另一个组织。因为政策制定者是行动导向的，所以经验教训聚焦政府已经或可能采取的具体项目。一个经验教训不仅是对一个项目本身在其情境中的评价，也意味着对在其他地方做的同样的事情的判断。因此，从分析其他政府的行动中吸取的经验教训就是政治道德。

（3）经验教训构成所学到的东西。一个经验教训不仅是为了了解它本身而被学习，还可以将其他地方的行动与政府机构的实质性问题联系起来。经验教训不需要改变行为以作为学习的条件，其他地方的项目可能会受到负面评价，或者结论可能是无法将其移植。社会科学家通常关注决策者如何学习，但很少关注决策者从学习中得出的结论或经验教训。

（4）关注一个项目从一个地方到另一个地方的可移植性是吸取经验教训的一个显著特点。尽管对一个已经实施的项目的评价以对其过去所做工作的肯定或否定的判断结束，但吸取经验教训的关键在于在一种环境下成功的项目是否可以移植到另一种环境中。为了恰当地吸取经验教训，有必要像评估移植的最初效果一样，对移植的可能性或不可能性进行研究。

（5）因为一个经验教训来自另一个城市、州、国家或组织，所以它本身不是创新。创新产生了一个全新的项目。一个经验教训被视为一条捷径，即利用其他地方的现有经验来设计一个对采用它的机构来说是新的和有吸引力的项目，因为有证据表明它在其他地方是有效的。在尝试模仿的过程中，或多或少的创新可能会通过模仿中的选择性在无意中进行。

（6）区别。第一，经验教训吸取不同于第一性原理的推理。第二，经验教训吸取从根本上不同于传统的社会科学比较，后者几乎完全集中在事实解释之后。第三，经验教训的产生不同于对历史上的使用和滥用的类比。第四，经验教训吸取过程不同于从创新的初始点到向其他州或国家的公共政策扩散的研究过程。

（7）吸取经验教训的替代方法。第一，复制。或多或少，甚至原封不动地实施已在另一司法管辖区生效的项目。第二，效仿。实施已在另一司法管辖区生效的项目，并根据不同情况进行调整。第三，杂交。结合两个不同地方的项目元素。第四，合成。将三个或更多不同地方的项目中熟悉的元素结合起来。第五，激发。其他地方的项目被用作智力刺激，以开发一种没有类似项目的新项目。

二　公共政策中的经验教训吸取

在《公共政策中的经验教训吸取》一书中，罗斯（Rose，1993）探索了如何基于政策制定者对现状的不满和其他地方的计划可能在他们的环境中实施的决定来吸取经验教训，要点如下。

（1）有意识和无意识地从经验中获得。第一，从经验中吸取教训有两个先决条件：容易获得关于其他政府正在做什么的信息，以及对共同问题的不同反应（Rose，1993：3）。第二，如果任何一个政府采取的行动要对集体问题做出有效的反应，那么相互依存就需要最强烈的吸取教训的形式，即不同政府采取共同政策（Rose，1993：7）。第三，经验教训吸取既是一种规范活动，也是一种实践活动。它是规范性的，因为在其他地方有效的项目应该被应用的规定是关于应该做什么的陈述。它也是实践性的，因为它关系到规定能否实施。因此，经验教训吸取不同于纯粹的规范性规定，后者没有说明如何实现规定的目标（Rose，1993：11-12）。

（2）经验教训吸取的原理和实践（Rose，1993：20-22）。第一，原理。一是只有在这种情况下，即系统地分析在什么情况下以及在什么程度上，一个在一个地方有效的项目才可以在另一个地方同样有效，通过吸取经验教训导入和导出项目才是有效的。二是在政策过程中，经验教训可以来自基于另一个城市、州或国家或同一组织在过去实施的一个或多个项目。三是经验教训比一条简单的准则或一条一般的决策规则更复杂。经验教训采取一个项目的形式，规定一种因果机制，通过这种机制，政府行动有望产生一种特定的政策结果。四是项目可移植性是经验教训吸取的显著特征。五是经验教训吸取不可能保持政治中立。第二，实践。经验教训吸取的实际问题不是是否选择信息，而是如何选择。吸取经验教训的过程涉及不同的分析阶段。首先，寻找在另一个地方或另一个时间里似乎带来了满足感的项目。其次，有必要从观察到的情况中构建一个因果模型。再次，创造一个经验教训项目。也就是说，基于在其他地方学到的经验教训，创造一个新的行动项目。最后，需要进行前瞻性评估，以了解采用这一经验教训的后果。需借鉴其他地方的经验证据，并推测如果采用这一经验教训，未来可能会发生什么。

（3）关于经验教训吸取有七个假设（Rose，1993：120-137）。

假设1：项目中独特性的元素越少，这个项目就越容易被替代。

假设2：项目交付机构越具有可替代性，项目就越具有可替代性。

假设3：政府间的资源等价性越大，项目的可替代性就越强。

假设4：项目的因果结构越简单，项目的可替代性就越强。

假设5：项目的应用导致的变化范围越小，项目的可替代性就越强。

假设6：不同司法管辖区开展的项目之间的相互依赖性越大，项目的影响就越具有可替代性。

假设7：政策制定者的价值观与计划价值观之间的一致性越大，其可替代性就越强。

（4）限制经验教训吸取的六个假设。第一，单一目标的项目比多目标的项目更容易移植。第二，问题越简单，项目越有可能发生移植。第三，问题和"解决方案"之间的关系越直接，项目越有可能被移植。第四，政策的副作用越小，移植的可能性越大。第五，掌握的关于一个项目在另一个地方如何运行的信息越多，项目越容易移植。第六，结果越容易预测，项目移植越简单。

此外，吸取经验教训有10个步骤（Rose，2005：Contents）。第一，学习关键概念：什么是项目，什么是课程，什么不是。第二，引起政策制定者的注意。第三，扫描备选方案，并决定在哪里寻找经验教训。第四，出国学习。第五，根据观察，构建一个外国项目运作的通用模型。第六，把模型变成适合自己国家情境的经验教训。第七，决定是否采用该经验教训。第八，决定是否可以应用该经验教训。第九，简化该经验教训的手段和目的，增加成功的机会。第十，如果被采纳，则前瞻性地评估课程的结果，并随着时间的推移不断进行项目评估。

第二节　多洛维茨和马什的政策移植研究

一　理解政策移植

政策移植的要点如下（Dolowitz，Marsh，1996：343-357）。

（1）效仿和经验教训吸取都是指了解政策、行政安排、机构等的过程，在一个时间或地点被用于在另一个时间或地点制定政策、行政安排和机构。

（2）"经验教训吸取"一词意味着一个国家的政治行动者或政策制定者从一个或多个其他国家吸取了经验教训，然后将其应用于自己的政治制度。这聚焦"自愿"政策移植，是政治行动者自由选择的结果。

（3）政策移植的一个重要类别涉及一个政府或超国家机构的推动，甚至迫使另一个政府采取特定的政策。政策移植是一个可以涵盖"自愿"和"强制"移植的术语，是一个更合适的术语。然而，我们之所以使用"经验教训吸取"一词，是因为在许多情况下，从其他地方或时代吸取的经验教训不会导致政策或体制的变化。因此在某些情况下，可能会得出一个关于如何不继续的负面教训。

（4）政策移植涉及六个主要行动者类别：当选官员、政党、官僚/公务员、压力集团、政策企业家/专家、超国家机构。

（5）政策移植涉及七个对象：政策目标，结构和内容，政策工具或行政技术，制度，意识形态，观念、态度和概念，消极的教训。

（6）影响政策移植的因素如下。第一，政策的复杂性会影响其可移植性。政策越复杂，移植就越困难。第二，过去的策略限制了在进行政策移植时可以移植什么和寻找什么。第三，政策移植还依赖拥有政治、官僚和经济资源来实施政策的移植政治系统。第四，如果实施超出了一个国家的技术能力，即使是可取的方案也不会被移植。

（7）总结。第一，政策移植是指行动者借用一种环境下制定的政策，在另一种环境下制定项目和政策的过程。第二，至关重要的是，这一概念的发展必须超越多元视角，而多元视角几乎是这一领域研究的唯一基础。

二 政策移植分析框架

政策移植分析框架的要点如下（Dolowitz，Marsh，2000：5－24）。

（1）将政策移植置于一个概念框架中可以促进我们对一些概念的理解，例如是什么促使政策制定者参与政策移植过程？不同的行动者是否参与政策移植过程的不同阶段？在政策制定周期内，何时可能发生政策移植？在政策制定周期内，移植的类型如何根据发生的情况而变化？不同的移植者是否进行不同类型的移植？因此，将政策移植置于一个更广泛的概念框架中有助于研究人员检查政策移植的过程，并帮助他们和从业者评估这一概念的"附加值"。

（2）框架是围绕六个问题组织的：行动者为什么要搞政策移植？参与政策移植过程的关键行动者是谁？移植了什么？从哪里吸取教训？有哪些不同程度的移植？是什么限制或促进了政策移植过程？通过对这六个问题的研究还产生了一个新问题，即政策移植的过程与政策"成功"或政策"失败"有什么关系？

（3）政策移植可以被视为因变量或自变量。我们既可以解释政策移植的过程，也可以用政策移植来解释政策结果。当然，为了能够把政策移植作为解释变量，我们还需要理解和解释移植的过程。

（4）为了理解政策移植，我们不仅要看到移植了什么，还要考虑其所涉及的动机，而连续体（Continuum）有助于完成这项任务。首先，连续体表明，一般来说，仅仅把移植当作一个全有或全无的过程来考察是不够的。其次，为了理解一个案例属于连续体的哪一部分，确定关键行动者是很重要的，因为不同的行动者会有不同的动机。再次，应该明确的是，不同的政策和项目自然会产生不同的动机。最后，当政策移植发生时，其很可能会影响参与这一过程的行动者的动机。

（5）政策移植和政策失灵。至少有三个因素对政策失灵有显著影响。

第一，借鉴国可能没有足够的信息来了解政策/制度以及它在被移植的国家是如何运作的，这种移植被称为不知情的移植。第二，虽然移植已经发生，但使政策或制度结构在来源国取得成功的关键要素可能不会被移植，这导致移植失败，这种移植被称为不完全的移植。第三，被移植的国家和借鉴国的经济、社会、政治和意识形态之间的差异可能没有得到足够的重视，这种移植被称为不适当的移植。

（6）需要强调的是，移植可能影响政策变化，也可能导致实施失败。这意味着即使我们可以将政策移植视为许多政策制定中的一个关键解释变量，也必须认识到，重要的是贯彻每一项政策，以了解不知情、不完整或不适当的移植是否会导致政策失灵。

第三节　拓展的政策移植研究

一　疑问、假设和前提条件

（1）疑问（James，Lodge，2003：179－193）。罗斯的"经验教训吸取"、多洛维茨和马什的"政策移植"对他们和从事类似研究的人来说很重要的问题很难提供令人信服的答案。第一，它们能否被定义为有别于其他更传统形式的独特政策制定形式？"经验教训吸取"与"理性"政策制定的传统说法非常相似，"政策移植"很难与许多其他形式的政策制定区分开来。第二，为什么会出现"经验教训吸取"和"政策移植"，而不是其他形式的政策制定？"政策移植"的支持者将一系列不同且相互冲突的理论放在一个共同的框架下，模糊了它们之间的差异。第三，"经验教训吸取"和"政策移植"对政策制定的影响是什么，它们与其他过程相比如何？虽然更多"经验教训吸取"的效果似乎是更"合理"的政策制定，但"政策移植"对政策"成功"和"失败"的影响不那么明显。总的来说，特别是在"政策移植"的情况下，研究人员最好从一系列替代方法中进行选择，而不是局限于这些概念框架。

（2）政治冲突和经验教训吸取的五个假设（Robertson，1991：55－78）。

假设 1：吸取经验教训的政治化诱使议题专家强调项目的描述性和技术性。

假设 2：激励变革倡导者利用经验教训在议程制定过程中提升自己的地位。

假设 3：一个提议的经验教训达到完全可能被采纳的程度时，促使反对变革的人从外国吸取反面经验教训。

假设 4：大多数政党不会同时采用保守和自由的方案，即使理论上其可以这样做。

假设 5：一群人接受某一特定经验教训的程度，取决于项目在经济和政治上的可行性。

（3）政策移植的前提条件（Bennett，1997：213 - 233）。科林·贝内特利用政策移植和融合的案例研究文献，开发了一套前提条件来确定政策移植是否已经发生。在以下情况，可以证实发生政策移植。第一，特殊的国内因素并不是政策采纳的独立原因。第二，这种采纳并不是类似的现代化力量在不同的国家产生相同或不同效果的结果。第三，政策制定者了解其他地方的政策采纳情况。第四，海外证据在国内政策辩论中得到了利用。

二 障碍和方法

（1）政策移植研究有助于克服该领域的各种障碍（Porto de Oliveira，2021：1 - 2）。第一，重要的是超越国内/国际和方法论民族主义的束缚，这种偏见认为公共政策与国内问题有关，而国际关系是与外交问题有关的领域。由于社会问题很少尊重国家边界，因此公共政策移植方面的解决办法随之而来，政策移植分析需要考虑政策的跨国移植。第二，分析政策移植需要将"高尔顿问题"（Galton Problem）带入讨论。这一"问题"本质上是在解释公共政策制定时在国际和国内变量之间建立平衡的一种方法上的困惑。第三，其自然地将国际关系研究与公共政策分析联系起来，为分享研究问题、概念和方法，以及分析国际和全球公共政策打开了大门。第四，其将跨国动态纳入比较公共政策分析。事实上，政策移植研究不仅促使分析者从传统的跨国（Cross-national）比较转向多国（Transnational）比较（包括观察政策移植的跨国过程），还促使他们将政策移植的结果与其在其他地方的起源进行比较。第五，与政策移植研究对历史和地理等其他学科的开放性有关，这使政治学领域的研究者重新思考领土的概念。这样的学科见解并不一定要求政治学家和政策学者从国家管辖权的硬边界来思考，而从更流动、更多元的边界和治理规模来思考。第六，政策移植分析可以成为从业者和公共政策制定者的重要信息来源，他们不断从其他地方寻找政策模式，以解决公共问题，并受益于关于移植政策的挑战以及什么有效、何时有效和如何有效的高质量信息。总之，克服该领域存在的本体论和认识论分歧、促进进行更协调的对话的重点是要提高我们对"政策旅行"（Policies Traveling）现象的理解质量。

（2）政策移植分析主要采用四种方法（Evans，2004：13）：以过程为中心的方法、观念方法（Ideational Approach）、比较方法、多层次方法（见表 13 - 1）。

表 13 - 1　政策移植研究主要采用的方法的情况

方法	重点	优势和劣势
以过程为中心的方法	在存在"共同亲属关系"和"约定文化"（Agreed Culture）的决策环境中，政策移植几乎完全基于个人互动。一种方法是将政策移植作为一个独立变量，关注政策目标和内容、工具或行政技术的移植；另一种方法是把政策移植作为因变量，试图解释为什么会发生移植，以及如何将经验教训纳入政治体系	优势：这是一种基于描述性和规定性分析的方法，并假定其合理性。这项研究展示了谁与谁有关系，并可以描述这些关系如何影响政策制定。劣势：过于注重个人的作用以及他们如何看待移植过程，而不是注重能够影响政策结果的转让网络和外部结构（技术除外）以及制度
观念方法	观念系统影响政治家和决策者学习，其以不同的方式解决政策制定者和社会何时以及如何学习的问题	优势：这种方法特别有助于帮助政策分析者识别政策移植的潜在障碍，并洞察如何发展学习型组织。劣势：政策分析者倾向于假设思想系统影响政策移植，而不是通过经验来证明
比较方法	其包括单一比较案例研究分析和跨国总体比较	优势：这种方法提供了比较的好处，即普遍性。劣势：这种方法过分强调更广泛的结构性因素，而不是说明移植过程的结构因素

方法	重点	优势和劣势
多层次方法	关注通过结合宏观和微观，或宏观、中观和微观层次的调查来理解政策移植的结果	优势：这种方法具有全面性。劣势：这种全面性过于复杂，因为识别了太多的变量，需要进行仔细的理论化和适当的分析整合

资料来源：Evans（2004：10－42）。

第四节　知识、政策转换和政策移植

一　政策移植和知识

要点如下（Soremi，2016：389－400）。

（1）政策移植不仅是知识的识别或交流或知识的积累，还是知识的使用。政策移植可以转化为在一种政治环境中确定的对象在另一种政治环境中的应用。根据这一认识，政策移植需要识别将要"使用"的知识及其来源。

（2）在确定知识并将其用于另一个政治管辖区时，关于知识的信息很可能会在不同政治环境中的政策行动者之间进行交流：询问或回答与知识将如何使用、在何处使用，以及何时使用相关的问题。最终的过程是对知识的实际运用，即知识的应用。

（3）这些过程可以总结为一个政策移植的一般流程，包括三个阶段：知识隔离（Knowledge Isolation）、知识传输（Knowledge Communication or Transportation）和知识应用（Knowledge Application）。对知识的提及也是从对政策移植过程的定义及其表述中推断出来的，即"固定来源，主要是国家政府，但也包括一系列其他行动者之间的知识转移或交流"（Benson，Jordan，2011：366－378）。

（4）基于所提出的政策移植的一般流程，政策移植的一般解释为：识别和应用与政策相关的知识的过程，这些知识来源于外部实体或由外部实体提供，以用于东道国管辖范围内的政策相关活动。这样一来，自愿和强制以及可以促进政策移植发生的各种机制，都可以被纳入代表任何类型的政策移植的通用流程。此外，其中还纳入了不同程度的移植以及意向性和外部性的概念。

二　政策转换和政策移植

要点如下（Hassenteufel，Zeigermann，2021：58-66）。

（1）政策转换（Policy Translation）可以被视为对政策移植的补充，因为它侧重于特定行动者在政策导向、政策设计和政策工具转变过程中的作用，这些行动者跨越了不同的空间和层面（Mukhtarov，2014：71-88）。它补充了政策移植研究，因为它掌握了政策移植的效果，以便不仅能够理解政策制定过程，还能理解政策执行。因此，转换视角将对超国家动态的分析与对国家和国家以下各级政策进程的理解结合在一起。

（2）政策转换可以理解为跨辖区修改政策理念和开发新含义的动态关系过程，它允许查看不同历史、文化、国家和地方过程之间的联系。

（3）转换的概念强调，需要从对比外部和内部的政策移植过程的线性方法转向对跨国政策制定过程中政策行动者之间复杂互动的更具社会学意义的理解。采用转换视角意味着将不同的政治层面联系起来，研究话语和制度的变化。这些变化是由其他情境下的变化决定的，也为其他情境下的变化提供信息，以及发挥特定政策行动者，即相互关联的行动者在政策过程中的作用。

（4）转换作为一种建构主义和基于机构的政策过程框架，对应政策移植研究的六个"分析取代"（Displacement）。第一个是主要注意力被吸引到国家和地方一级，而不是国际一级。第二个关于政策过程，该方法不仅掌握政策制定（政策移植研究的关键阶段），还掌握政策决定以及在其他层面首先阐述的政策观念、设计和工具的执行情况。第三个是对政策过程的复杂性和偶然性的关注。这是一个"捕捉政策过程流动性的动态框架，强调不断（重新）构建问题、话语和行动者网络，以作为真实人类机构的一部分"（Lendvai，Stubbs，2007：185）。第四个是政策转换的视角比政策移植机构清晰地考虑更多的行动者，研究主要集中于国际或跨国行为者

（Stone，2004：545－566）。第五个是政策转换的视角更加注重话语和机构相结合的意义建构和框架构建。第六个是政策转换更直接地与比较联系在一起，不仅是因为它关注语言，还因为它旨在解决政策移植文献没有完全解决的经验问题，特别是为什么和如何在一个情境中发生转移，而在另一个情境中没有（或不同地）发生移植的问题（Benson，Jordan，2011：366－378）。

（5）政策转换框架。政策转换框架结合了如下三个维度。第一，话语维度。对应分析来自国际机构、跨国行动者或其他国家的政策问题、政策想法、政策设计、政策工具的重新制定，以便使政策变化在国家一级可以接受和合法。从建构主义角度考虑公共政策的语言和文化纠葛有助于理解政策移植的内容。第二，行动者维度。其对应对介入上述重新制定过程的行动者的分析、对动员行动者支持和反对政策移植的分析，以及对行动者之间的权力互动的分析。行动者维度有助于从机构角度理解政策移植过程。第三，制度维度。其对应对将被移植的政策、想法、设计和工具嵌入现有机构和不同行动者在政策移植过程中使用的机构资源等的分析。制度维度有助于理解政策移植的实施和相关政策变化的范围。

三 政策移植和政策传播的机制

要点如下（Kuhlmann，2021：43－54）。

（1）基于机制的方法强调，一个解释应该关注出现某种结果的因果过程的基本要素，这些基本要素通常是黑箱作业。

（2）建立一套定义明确的机制来研究社会过程具有的优点，这与社会科学中的大多数概念是一样的。首先，它降低了复杂性，因为经验过程可以分为机制 A 或机制 B。其次，与第一个方面相关，机制提供了可比性。最后，如果事实证明现有机制通常不足以捕捉手头的现象，那么降低复杂性和提供可比性就完全不可能了。

（3）在政策移植和政策传播的研究中，由强制、竞争、效仿和学习组成的机制类型已经占据主导地位。虽然这些机制有时主要归因于扩散研究，但政策扩散和政策移植的研究人员实际上会分享这些机制，以解释为什么一个单位采用的政策会被另一个单位采用。

（4）要注意由强制、竞争、效仿和学习组成的机制在概念上可以区分，它们在实践中经常相互作用。这带来了在理论文献中很少被承认的问题，当然，很难从经验上检验这些机制。

（5）未来的研究必须检验这些概念上的进步是否真的能够改进政策移植和政策传播的研究，或者它们是否提出了新的问题。修改我们现有的机制和类型学，甚至引入新的机制和类型学，可能会成为一个合适的选择。

总　结

经验教训吸取、政策移植和政策转换等概念、理论都是西方学者从美国和欧洲等国家的理论和经验研究中概括出来的，因此包含很强的西方价值观。一方面，我们要慎用；另一方面，我们应该提取其中合理的要素，并在此基础上发展中国的政策借鉴理论。

参考文献

Bennett，C. J.（1997）. Understanding Ripple Effects：The Cross-National Adoption of Policy Instruments for Bureaucratic Accountability. *Governance*，10（3）.

Benson，D.，Jordan，A.（2011）. What Have We Learned from Policy Transfer Research？Dolowitz and Marsh Revisited. *Political Studies Review*，9（3）.

Dolowitz，D.，Marsh，D.（1996）. Who Learns What from Whom：A Review of the Policy Transfer Literature. *Political Studies*，44.

Dolowitz，D.，Marsh，D.（2000）. Learning from Abroad：The Role of Policy Transfer in Contemporary Policy-Making. *Governance*，13（1）.

Evans，M.（2004）. Understanding Policy Transfer. In Evans，M.（ed.）. *Policy Transfer in Global Perspective*. New York：Routledge.

Hassenteufel，P.，Zeigermann，U.（2021）. Translation and Translators in Policy Transfer Processes. In Osmany Porto de Oliveira （ed.）. *Handbook of Policy Transfer*, *Diffusion and Circulation*. Cheltenham， UK： Edward Elgar .

James， O.， Lodge， M.（2003）. The Limitations of "Policy Transfer" and Lesson Drawing' for Public Policy Research. *Political Studies Review*， 1 （2）.

Kuhlmann， J.（2021）. Mechanisms of Policy Transfer and Policy Diffusion. In Osmany Porto de Oliveira （ed.）. *Handbook of Policy Transfer*， *Diffusion and Circulation*. Cheltenham， UK： Edward Elgar .

Lendvai， N.， Stubbs， P.（2007）. Policies as Translation： Situating Transnational Social Policies. In Hodgson， S.， Irving， Z.（eds.）. *Policy Reconsidered： Meanings*, *Politics and Practices*. Bristol： Policy Press.

Mukhtarov， F.（2014）. Rethinking the Travel of Ideas： Policy Translation in the Water Sector. *Policy & Politics*， 42 （1）.

Porto de Oliveira， O.（2021）. A Prelude to Policy Transfer Research. In Porto de Oliveira， O.（ed.）. *Handbook of Policy Transfer*， *Diffusion and Circulation*. Cheltenham， UK： Edward Elgar .

Robertson， D. B.（1991）. Political Conflict and Lesson-Drawing. *Journal of Public Policy*， 11 （1）.

Rose， R.（1991）. What Is Lesson Drawing? *Journal of Public Policy*， 11 （1）.

Rose， R.（1993）. *Lesson-Drawing in Public Policy*. Chatham NJ： Chatham House.

Rose， R.（2005）. *Learning from Comparative Public Policy： A Practical Guide*. London： Routledge.

Soremi， T.（2016）. Policy Transfer： Revisiting Concept and Process. *International Journal of Arts & Sciences*， 9 （3）.

Stone， D.（2004）. Transfer Agents and Global Networks in the "Transnationalization" of Policy. *Journal of European Public Policy*， 11 （3）.

第十四章　知识效用和研究效用

通过对知识效用（Knowledge Utilization）、研究效用（Research Utiliza-tion）、连接研究和政策的理论与模型、社会科学与政策分析四个议题的经典文献的整理可以发现，虽然研究成果不多，但都是基础性和导向性的。这四个议题为我们推进政策理论建设、理解和实现知识的政策用途、解决实际问题提供了借鉴，需要引起我们足够的重视。

第一节　知识效用

知识效用是一个研究领域，涉及解释决策者在专业实践中利用科学和技术知识的因素（Landry et al. , 2001：396 - 422）。知识效用是一个复杂的过程，除了特定的信息或知识之外，还涉及政治、组织、社会经济和态度等因素（Larsen，1980：421 - 442）。

一　卡普兰的两界理论和知识效用观点

两界理论（Two-Communities Theory）和知识效用观点如下（Caplan，1979：459 - 470）。

（1）两界理论。第一，持这种观点的学者试图从研究者和研究系统与决策者和决策系统之间的关系角度来解释无效用。他们认为，社会科学家和政策制定者生活在不同的世界里，有着不同且经常冲突的价值观、不同的奖励制度、不同的语言。社会科学家关心纯科学和深奥的议题。第二，相比之下，政府政策制定者是注重行动、注重实际的人，关心明显而直接的议题。一些人认为，知识生产者和政策制定者之间的差距需要通过涉及信任、信心和同理心的个人关系来弥合。第三，其他人认为这种差距与文化差异无关。他们强调由谁来决定政策目标的冲突是让社会科学家和政策制定者分开的一个重要因素。一些人认为，政治权力滥用知识往往会扩大差距。第四，还有一些人，特别是那些认为需要建立联系机制的人，认为这种差距是由沟通失败或缺乏有组织的努力造成的，因此无法在最有可能使用社会科学知识的关键点以可用的形式将其系统地引入决策过程。

（2）知识效用观点。在用所考虑的政策决定的重要性差异来说明在尝试将生产者和用户群体联系起来之前，注意与效用相关的各种因素的重要性。第一，微观层面的问题：工具效用。这代表了机构效用系统对一些明显现实的直接反应。第二，政府机构中大多数与政策相关的信息需求属于这种类型，了解这种决策通常基于经验知识是很有价值的。主要的问题是，对这种类型的知识应用的专注产生了一种知识使用的技术概念，这种概念支配着关于效用以及如何改进利用的思考。更大的问题来自这样一个事实，即科学知识在公共政策中的使用没有得到充分的实现，因为其只强调价值的最实际方面。此外，对这种工具型应用的强调产生了一种利用可能性的概念，这种概念与处理元级问题所必需的概念完全不同：以这种方式收集和应用的信息造成了一种过于狭隘的现实形象，无法为涉及更重要的政策问题的决策提供合适的前提基础。第三，元级问题：概念效用。尽管这种以知识为基础的观点在概念效用方面发挥了重要的作用，但事实是，受访者对涉及社会问题和当代社会现实的非正式信息来源表现出极大的敏感性。此外，虽然这种观点可能包括使用机构提供的、基于经验的知识，但强烈的印象是，在高层决策中，更一般形式的社会科学知识（软知识）比通常通过常规信息渠道获得的专门的科学前提（硬知识）更为重要。

二 克诺特和维尔达夫斯基的知识效用模型和斯通的三种知识使用途径

克诺特和维尔达夫斯基（Knott, Wildavsky, 1980：537 - 578）提出，

知识效用并不意味着"直接和直接的影响"。他们提出的包括七个使用阶段的模型是为了理解决策者对信息的应用情况而开发的，这七个阶段如下。

（1）接收：收到相关信息。

（2）认知：信息被阅读、消化和理解。

（3）参考：信息改变了观点、偏好或对影响大小或概率的理解。

（4）努力：信息影响行动，努力采纳一项研究的建议。

（5）采纳：信息被纳入政策，并影响政策结果。

（6）贯彻落实：贯彻落实信息。

（7）影响：政策的实施取得了预期的效果。

斯通（Stone，2002：285 - 296）提出的三种知识使用途径，也可能是障碍，被采纳为知识利用模型的有价值的组成部分。斯通认为，知识是通过以下途径被使用的：供给侧、需求侧、情境侧。这些途径中的 12 个变量如下。

（1）供给侧：第一，相关研究不足；第二，缺乏或不公平地获得研究；第三，研究是有缺陷的，因为研究人员对什么是相关的缺乏理解；第四，研究人员无效地交流他们的研究。

（2）需求侧：第一，用户对研究不了解；第二，用户的时间和资源有限；第三，用户有反智主义倾向（对研究使用的负面偏见）；第四，用户无法解读和使用研究成果；第五，用户通过修改研究或有选择地实施研究来强化现有的信念和实践，从而将研究政治化。

（3）情境侧：第一，研究人员和用户之间的社会脱节导致用户依赖内部信息来源；第二，特定领域的研究相关性限制了对它的使用；第三，在研究者世界和使用者世界之间可能存在"有争议的知识有效性"或"意识形态"，因而限制了制度安排和权力制度的性质（或公共辩论文化、研究兴趣），或缺乏信息技术影响研究的使用。

三　兰德里、阿玛拉和拉马尔的知识效应模型和理论预测

兰德里、阿玛拉和拉马尔（Landry et al.，2001：396 - 422）提出了四

个解释知识效用的模型，虽然每种模型都侧重于研究结果在决策中的重要性，但它们在知识利用的主要决定因素方面存在差异。

（1）技术模型强调提供研究成果是知识利用的主要决定因素。

（2）在经济模型中，知识效用仅由用户的需求和环境来解释。当研究人员把他们的项目集中在用户的需求上，而不是只关注学术知识的进步时，知识效用就会增加。

（3）制度模型也被称为传播模型。这一模型借助两个决定因素来解释知识效用：使传播的研究产品适应用户的需求和传播努力。

（4）社会互动模型已经被开发出来，以克服对以前模型的批评。社会互动模型预测，研究人员和用户之间的互动越持续和激烈，就越可能出现利用。社会互动模型通过使用以下研究利用的解释因素，将先前模型的解释因素整合在一个通用模型中：研究产出的类型、用户的组织兴趣、所传播产品的适应性、传播努力，以及制度和社会之间的联系机制。

知识效用和进入壁垒解释的逻辑做出以下预测。

预测1：研究结果是由研究方法中的高水平专业知识、技能和诀窍定义的特殊产品。

预测2：研究项目的焦点要么是学术知识的进步，要么是定制化的问题。

预测3：资金来源会影响知识的使用和研究成果的定制化程度。

预测4：随着出版物数量的增加，作为定制化的副产品，研究人员有更多的研究成果可供从业者和专业人士使用。

预测5：当研究人员主要根据用户的需求定制他们的项目时，对知识的使用会增加。

预测6：用户情境的影响来源于需求拉动模型的解释变量。

预测7：胡伯尔曼和瑟勒（Huberman，Thurler，1991）已经为用户开发了有效和有趣的研究产品适应性指标。

预测8：当研究人员举行会议与用户讨论项目的主题和范围并向用户传播结果时，他们将资源投入传播工作中。

预测 9：除了整合之前模型的所有变量之外，社会互动模型还借助一个新的变量——链接机制来解释利用率。

四　测量知识效用的过程和结果

里奇（Rich，1997：11 - 24）认为，那些研究知识（尤其是基于研究的知识）如何影响决策（或其他类型的产出或结果）的人倾向于关注以下 10 个类型的问题。

（1）信息在决策中有哪些具体用途？

（2）哪些类型的信息比其他信息更受欢迎？有没有一些类型被选择性地忽略了？

（3）决策者在工作中考虑研究的程度如何？

（4）当信息/知识通过某种渠道进入一个组织的时候，它发生了什么？其扩散/传播模式是什么？

（5）当信息流经一个组织或一个特定的决策层级时，它遵循什么样的模式？

（6）信息在多大程度上证实了已经或将要做出的合法决定？研究对决策者已经倾向的立场的影响有多大？

（7）向决策者提供的新信息来源的采用率如何？

（8）社会科学研究的哪些特点使其对决策有用？

（9）信息在多大程度上有利于决策者或决策过程？

（10）人们可以在多大程度上记录信息的过早利用、故意不利用或选择性利用的情况。

里奇认为，文献中的重点一直是确定预测效用的因素，而不是区分信息类型或效用类型。因此，评估知识利用的综合方法应该认识到以下几点。

（1）不同类型的信息可能产生不同类型的效用。

（2）并非所有类型的使用都是相同的，使用的类型和级别可能会随着时间的推移而变化。

（3）效用会受到应用信息区域的影响。

（4）效用受到来源或渠道的影响，如内部来源（来自自己机构内部）传递的信息比来自政府以外的个人或组织的信息更容易被使用。

（5）解决问题的决策是利用信息和许多其他因素的函数。

（6）知名智库可能在确保效用方面发挥重要作用。如果信息是由这些组织之一产生的，用户很可能会认为它是"合法的"，这反过来也有助于提高效用。

里奇强调，"在测量效用时，我们不是在一个时间点检查一个单独的、不连续的事件。知识效用会随着时间的延长而逐渐发生，这是一个由几个事件组成的过程：信息提取、信息处理和信息应用"。

第二节 研究效用

一 理解研究效用

研究效用是通过整合、传播和使用研究产生的知识来影响或改变现有政策实践的过程。韦斯（Weiss，1977：531-545）的研究效用观点如下。

（1）尝试性的定义涵盖了广泛的活动：从直接和立即执行研究产生的建议到对社会科学研究强调的概念的普遍敏感性。研究效用的主流概念强调将具体的研究结论应用于具体的决策选择。另外，需要信息或理解来产生问题的解决方案或在备选解决方案中进行选择；研究提供了缺失的知识；决策者确定解决方案。决策者忽视社会研究的原因之一是，从事研究的社会科学家和预期会使社会研究的决策者之间在价值观上经常存在根本分歧。

（2）在研究利用的问题解决或社会工程模型中，社会研究者被期望在政策制定者的价值观框架下工作。出于对实际目的的考虑，这意味着研究人员必须从政策制定者的规范中了解问题是什么、目标是什么，以及哪些替代手段对于实现目标是可行的。如果社会科学家希望改变问题的定义或扩大选择范围，那么其就会被要求在进行研究之前得到决策者对新方案的同意。从某种程度上说，由于其偏离了政策制定者所坚持的目标和假设，其研究将与"现实世界"无关，因此也不会受到重视。

（3）研究使用的启蒙模型并不认为价值共识是有用研究的先决条件。它将研究的作用视为社会批评，并且找到了一个基于不同理论前提的研究场所。这意味着研究不一定要具备操作可行性，但研究提供了概念、方向和经验概括的知识背景，为政策提供信息。作为新概念和新数据，它们的逐渐累积效应可能会改变政策制定者遵守的惯例，并重新安排实际政策世界的目标和优先事项。

二　与研究效用相关的含义

与研究效用相关的含义主要有七个（Weiss，1979：426－431）。

（1）知识驱动模型。基本研究揭示了一些可能与公共政策相关的机会；开展应用研究，为实际行动界定和检验基础研究的结果；如果一切顺利，就开发适当的技术来实施这些发现，于是应用发生。

（2）解决问题模型。在研究效用的这种表述中，社会科学研究可以通过两种一般方式进入决策领域。第一种方式是，这项研究先于政策问题出现，是根据需要进行的。面临决策的政策制定者可能会从先前的研究中寻找信息，以界定问题的范围或确定有希望的政策回应。第二种方式是，有目的地委托社会科学家研究和分析以填补知识空白。

（3）互动模型。那些参与制定政策的人不仅会从社会科学家那里寻求信息，还会从各种来源——行政人员、从业人员、政治家、规划者、记者、客户、利益集团、助手、朋友等寻求信息。这个过程并不按照从研究到决策的线性顺序进行，而是一系列无序的相互联系和前后矛盾的过程，与简洁的图表不符。

（4）政治模型。政策制定者很少能够引用影响决策的特定研究的发现，但他们有一种感觉，即社会科学研究给予其一个已经产生重要后果的思想和方向的背景。

（5）策略模型。通过表明行动是基于社会科学研究的影响和建议，政策制定者可能会试图逃避不受欢迎的政策结果的责任，或者支持一个研究项目以成为一种策略，通过与高声誉的社会科学家结盟来提高其所在机构的声望。

（6）启蒙模型。在这个模型中，没有假设决策者在面临政策问题时寻求社会科学研究，甚至被他们接受或意识到的具体的研究结论。这种映像是社会科学的概括和定位渗透在知情的公众中，以塑造其思考社会议题的方式。社会科学研究通过多种渠道——专业期刊、大众媒体、与同事的交流等"迂回扩散"。随着时间的推移，它所处理的变量和提供的概括为决策者提供了从复杂世界中获得意义的方式。

（7）研究是社会知识事业的一部分。像政策一样，社会科学研究会对当时的思潮、时尚和幻想做出反应。社会科学和政策相互作用、相互影响，并受到更大的社会思潮的影响。

总之，我们可能需要更深入地思考社会科学在公共政策制定中的适当作用。也许是时候让社会科学家关注决策系统的必要性，并清醒地考虑他们能做什么，这不一定是增加研究的使用，而是提高研究对社会政策智慧的贡献（Weiss，1979：426－431）。

三　研究效用阶梯

研究效用阶梯（Ladder of Research Utilization）的要点如下（Blum，Brans，2017：344－345）。

（1）效用阶梯在将研究效用概念化为一个过程中是有用的，这一过程可以最终使报告研究被应用，但也可能在此之前终止。

（2）研究效用现在通常被理解为研究者和决策者都参与的互动过程。

（3）科学和政策互动与交流有三种形式。第一种形式是研究效用阶梯非常注重书面文件，如委托研究报告。第二种形式包括召集科学家传播知识的活动，如研讨会、会议或演讲。第三种形式包括非正式交流和个人接触，如背景介绍或个人简报等。

（4）效用阶梯还提供了一种或多或少可以直接获取知识并在政府政策

中使用的方法。当然，也有更多间接形式的知识被利用。知识的工具性、概念性和象征性使用之间往往存在区别。

表 14 - 1 显示了研究效用阶梯的 6 个阶段。

表 14 - 1　研究效用阶梯

阶段	名称	描述
1	传递	向关注某一议题的从业人员和专业人员传递研究成果
2	认知	从业者和专业人员已经阅读并了解研究成果
3	参照	从业者和专业人员在报告、研究和行动战略中引用研究成果
4	努力	从业者和专业人员已经努力地采纳研究结果
5	影响	从业者和专业人员的选择和决定受到研究结果的影响
6	应用	研究结果被关注该议题的从业者和专业人员应用和扩展

资料来源：Blum，Brans（2017：341 - 359）；Landry et al.（2001：396 - 422）；Knott，Wildavsky（1980：537 - 578）。

第三节　连接研究和政策的理论与模型

一　工程模型

工程模型（Engineering Model）把基础研究和应用研究区分开来（Janowitz，1969：305 - 321），包括五个要点（Jones，Seelig，2004）。

（1）研究 - 政策关系的工程模型包括"知识驱动"和"问题解决"模型（Weiss，1979：426 - 431）以及"技术"模型（Landry et al.，2001：396 - 422）。

（2）在工程模型中，研究和政策之间的联系本质上是线性的：存在一个问题，即缺乏信息或理解，无法产生问题的解决方案，也无法在备选解决方案中进行选择。研究提供了缺失的知识，并得出了解决方案（Bulmer，1982：42）。研究的目的主要是通过提供相关的经验证据和结论，来帮助解决政策问题（Weiss，1979：426 - 431）。

（3）在工程模型中，重点是应用研究，即研究主要由预期用户的需求驱动，并集中在特定问题或一组问题上。研究可以有很多种：定性的或定量的、理论的或描述的。

（4）工程模型的方向是技术官僚和工具，政策主要被视为以解决方案为重点，关注"什么有效"和结果。假设研究人员和政策制定者对社会目标有相当高的共识，这就反映了整个社会的类似共识。

（5）研究人员和政策制定者的角色被清晰地描述出来。研究人员主要扮演技术性的角色。社会科学提供了帮助解决政策问题的证据和结论。社会科学家是一个技术人员，通过掌握必要的知识来进行相关调查并解释结果（Bulmer，1982：42）。决策者委托研究人员进行研究以填补知识空白，并且是研究结果的最终用户。研究人员和政策制定者之间的关系本质上是契约性的，事实上也经常是契约性的。

总之，工程模型聚焦确定因果关系的必要性，它关注对特定问题和特定假设的明确回答，以便提出具体建议（Janowitz，1969：305 – 321）。工程模型对政策制定者和建议他们的人来说有着更直观和实际的吸引力，因为它似乎提供了直接有用的结果（Bulmer，1981：187 – 209）。

二 启蒙模型

启蒙模型（Enlightenment Model）强调清晰和共享的思维，也许社会科学研究经常进入政策领域的方式是启蒙（Weiss，1979：426 – 431）。启蒙模型由启蒙哲学演化而来，要点如下。

（1）启蒙模型并不强调基础研究和应用研究的区别。没有建立在有效理论基础上的应用研究几乎不可能为政策提供依据，没有根据趋势数据或特定的社会情境或实验情况进行持续检查的基础理论则可能会很快失去相关性（Janowitz，1969：305 – 321）。启蒙模型将社会科学研究产生的概念、理论观点和发现以扩散的方式渗透到政策研究和政策实践过程中以具有指导意义。

（2）在类型学上，启蒙模型分为"启蒙"模型和"智力事业"（Intellectual Enterprise）模型两种（Jones，Seelig，2004；Wilensky，1997：1241 –

1265)，有洞察创造能力、洞察启动（Insight Enablement）、洞察调度能力和洞察采用有效性四个象限（Collier et al.，2019）。

（3）启蒙模型是描述性和规定性的。研究"为政策提供信息的概念、方向和经验概括的知识背景"（Bulmer，1982：48）。有人认为，政策过程的大部分特点是潜在的，通常是默认的信念结构之间的竞争，参考框架而不是"证据"对政策产生主要影响（Jones，Seelig，2004）。

（4）在启蒙模型中，社会科学家和决策者之间的关系是间接的。开展研究不是为了决策者本身的利益，而是为了整个社会的利益。从这个角度看，研究人员对政策过程的立场是怀疑和超然的，其主要角色是社会批评家。研究往往是由学科的理论和概念框架驱动的，而不是由特定的政策问题驱动的（Jones，Seelig，2004）。

（5）在启蒙模型中，假设社会学家认识到了要与他的研究对象和必须负责的公众互动。工作对他有影响，研究结果会持续地影响他的研究对象和公众（Janowitz，1969：305－321）。

（6）启蒙模型并不假设通过应用社会科学可以实现科学控制。它强调影响过程的更大开放性，以及社会科学探究的更多扩散效应，其目的是进行战略分析（Bulmer，1981：187－209）。

总之，启蒙模型假定社会背景具有压倒一切的重要性，并侧重于开发可供决策者和专业人员使用的不同知识。它在寻求具体答案的同时，强调为问题的解决创造条件，其目标是为制度建设做出贡献（Janowitz，1969：305－321）。

三　研究和政策之间的关系模型

主要观点如下（Boswell，Smith，2017：1－10）。

建立这种关系有四种方法，即知识塑造政策、政治塑造知识、联合生产和自治范围。

（1）第一种方法为研究如何影响政策提供了一个更微妙的"启蒙"概念。这意味着研究可以通过扩散和渐进的过程进行观念上的调整，通常受到大量研究而不是个人发现的影响。

（2）第二种方法意味着政策和政治塑造知识的生产和使用，并且对影响议程更加怀疑。假设研究人员对权力说真话是幼稚的，那么这意味着研究人员不应该因为假定的影响而得到奖励，因为进行政策行动者雇佣研究出于政治原因，而不是经验/知识原因。

（3）第三种方法意味着需要一种更加复杂的方法来检验研究和治理是如何相互影响的。社会科学不一定应该被理解为社会问题的"解决方案"，因为它本身就可能产生这样的问题。

（4）第四种方法认为科学和政治是自治系统，认为可以通过一种理论更好地理解影响力，即政治如何有选择性地赋予源自科学系统的交流以意义。从这个角度看，影响议程的设计是为了适应政治系统而不是满足科学系统的需要，鉴于其可能使科学偏离主张真理的核心任务，研究人员应该谨慎对待。

四　在研究和政策之间架起桥梁

主要观点如下（Crewe，Young，2002）。

（1）研究和政策并不完全分离，但可以通过目标和方法在概念上加以区分；研究产生知识（例如通过行动研究或学术研究）；政策旨在延续或改变一种做法（从意图声明延伸到政策在实践中的发展）。

（2）我们融合了政治利益、行动者的构成和话语，考虑到了更广泛的市民社会和"街头官僚"所扮演的角色，并借鉴了心理学和市场营销的理念，从而创造了一种三维方法，它们分别由情境、联系和证据组成，来探索调查研究对政策的影响。

（3）这些领域之间的异同有助于了解以下内容：第一，决策者如何塑造、使用、忽视或重新解释研究成果；第二，研究人员如何更有效地为循证决策做出贡献。

（4）疑问。第一，政策情境：政治和制度。研究对政策制定的影响在多大程度上是由政治和制度结构、意识形态假设和政策在实践中的发展形成的？第二，证据：可信度和沟通交流。地方参与、研究质量和沟通交流战略在多大程度上影响研究对特定领域的政策制定？第三，链接：影响力和合法性。如果研究人员和政策制定者共享特定类型的网络，并为特定政策领域建立合法性链条，那么研究在多大程度上可以被更有效地用于政策过程？

第四节　社会科学与政策分析

一　社会科学和政策相关性

政策相关性（Policy Relevance）是一个广泛的研究项目的属性。在这个项目中，研究人员的累积努力为政策制定者带来了有用的答案（Lynn，1978：15）。威廉姆斯（Williams，1971：55）认为，一项研究的政策相关性程度取决于三个密切相关的问题。

（1）这项工作是否调查了容易被机构政策操纵的关键因素？

（2）研究的质量是否足以提供增加更好的政策结果可能性的信息？

（3）信息是否能被及时提供以影响重大决策？

但有几个密切相关的因素导致相关性缺失，主要原因如下（Williams，1971：59）。

（1）从20世纪30年代到反贫困战争期间，政府和学术界对弱势群体的问题缺乏兴趣，这导致在主要社会政策领域经验丰富的研究人员和信息严重匮乏。

（2）如今困扰社会机构决策者的未知因素往往需要采用与过去社会科学研究界主导的技术和方法不同、难度更大的研究方法确定。

（3）社会科学界（经济学界除外）的奖励结构不利于进行政策导向的研究，导致主要社会科学学科（经济学除外）的政策艺术水平较低。但在这里，政策能力过去（主要是现在）在传统领域，如货币和财政政策，不是社会政策。

（4）现有数据（包括由主要联邦机构统计调查产生的数据）通常不足

以支持社会领域的相关政策工作。由于存在严重的概念、方法和逻辑问题，政策相关数据难以开发。

（5）已经建立的政府/研究界关系允许学者在开展研究时有很大的自由，而决策者（尤其是中央分析师）未能描述这些需求，这两者的结合使学者对于什么信息与重大社会政策问题实际相关的看法相对幼稚。

林恩（Lynn，1978：18－19）关于政策相关性的标准问题要点如下。

（1）这项研究的结果是否被纳入政策？

（2）这项研究的结果是否已经被某个在政策过程中有影响力的人分析和讨论？

（3）这项研究的结果是否可能与当前的政策辩论相关？

（4）这项研究的结果是否可能与未来的政策辩论相关？

（5）这项研究是否揭示了社会问题或状况的性质，或者社会或人是如何运作的？

（6）这项研究是否有助于其他研究项目的制定、设计和实施？其结果是否有助于制定当前或未来的政策？

（7）这项研究是否推进了一门知识学科，从而提高了在该学科框架内开展的研究的社会效用？

（8）在合格的社会科学家看来，这项研究有科学价值吗？

二　连接社会科学知识和政策决定的理智主义模型

理智主义模型（Intellectualist Model）的要点如下（Gunnell，1976：30－37）。

这一模型的一个基本特征是认为社会科学和公共政策之间的关系是一种逻辑互补关系，类似于理论和实践之间的关系。对两个有代表性但表面上非常不同的三阶论点的研究将说明这一点。

（1）这并不是说社会科学在某种程度上可能与政策实践无关或没有益处，而只是说其相关性不是可以预先假定或预先判断的东西。关系理论不是一个逻辑理论，用传统的理论/实践模式来构思它是错误的。好政策不是应用社会科学的问题，也不是遵循从研究政策过程中归纳出来的先验准则或规则的问题。

（2）理智主义模型的假设阻碍了社会科学家认真考虑社会科学和公共政策之间的实际、可能和理想的关系，更广泛地说，是一阶、二阶和三阶研究之间关系的一般性质及其在各自的话语领域的情况。

（3）许多谈论政策过程理性化或提供将创造更好决策的信息的社会科学文献仅仅是幻想的文献，即便是最乌托邦的古典政治哲学家也是如此。

三　解释性社会科学和政策分析

詹宁斯（Jennings，1983：10）认为，解释性社会科学（Interpretive Social Science）和政策分析往往被视为根本上对立的事业，因为后者完全借鉴并加强了社会科学的强实证主义概念，而前者致力于拒绝实证主义作为哲学元理论和社会科学实践的模式。他的观点如下（Jennings，1983：10 - 35）。

（1）解释性社会科学的实践者应将注意力转向具体的政策问题，而不仅仅局限于元理论论述或一般人种学研究。此外，政策制定者应该密切关注解释方法所能提供的洞察力和技巧。如果社会科学知识和公共政策之间的关系比过去更加进步和更具建设性，就必须充分探索所谓解释性政策分析的前景和可能性。

（2）在评估解释性社会科学与政策分析的相关性时，调查模式有几个特征值得特别注意。第一，解释性社会科学将人类行为、社会关系和文化制品解释为文本，然后试图揭示这些文本对构成它们的主体以及在空间或时间上在它们之外的其他人的意义。第二，解释性社会科学关注三个关键概念：行动、意图和惯例。解释性社会科学旨在根据人在行动中的意图（或原因）来理解（阐明或解释）个人行动。第三，解释性社会科学强调所提供的解释的一致性概念，目的是展示构成行动发生的文化情境的各种惯例之间的相互联系，并展示人在任何特定行动中的意图如何与构成自我认同的项目和角色的整体模式相关联。

（3）三个承诺。解释性社会科学和政策分析提供的第一个承诺是，它可能激发对社会科学知识"局限性"的一套更现实的期望，并可能发展更为适当的批评和评估模型。第二个承诺是，它可能推动公共政策的新目标和社会目标的制定，并使对政府行动的社会学、文化和心理学影响有更深入、更敏感的理解。第三个承诺不涉及政策的内容或目标，而涉及政策的制定和贯彻落实过程。

综上，我们有理由得出这样的结论，即解释性社会科学倾向于重新调整治理的风格和精神，以便在分析决策者和公民之间的关系时采取更具参与性或对话性的形式。如果解释性社会科学能够推进这一目标，那么它肯定已经承担了当今应用社会科学面临的最重要的伦理责任：确保公共政策不仅现实、有效、高效，而且民主、合法。

第五节 社会科学知识在政策中的运用

一 社会科学知识在公共政策中的运用：一个框架

要点如下。

（1）社会科学的作用（Prewitt et al.，2012：11）。首先，社会科学有助于理解政策制定者关注的条件和后果。其次，社会科学有适用于调查科学在政策中的使用情况的方法和理论。

（2）社会科学的两个责任（Prewitt et al.，2012：12）。第一个责任是准确描述人类行为和社会条件，包括原因和后果，并在实施政策以改变这些行为和条件时评估其后果的责任。对于这种责任，最常被讨论的是对行为和社会条件的社会科学调查。我们强调，当政策意图、预期将受到人类行为和社会结构变化的影响时，责任就延伸到了许多应对自然条件的政策方面。第二个责任是将令人生畏的方法和理论集中在理解社会和自然科学知识如何在政策过程中被用作证据。

（3）社会科学知识在政策中的应用研究：一个框架（Prewitt et al.，2012：54）。研究框架分为三个标题：政策论证、心理过程和系统观点。

将科学理解为部署在政策论证中的证据需要做到：第一，调查在政策领域是什么构成了好的论证，即被政策制定者接受为有效和合理的论证，以及影响这种接受的心理过程；第二，考察认知操作，即心智模型、图式、先验知识、情境认知和相关组织环境，以及制度逻辑、实践、文化假设；第三，从系统的角度调查政策制定情况。

二 知识在政策过程中的政治用途

要点如下（Daviter，2015：491 – 505）。

（1）将政策知识的政治用途概念化。第一，大多数研究将知识的政治用途概念化为"在完全不同的基础上采取的政策立场的合理性的遮羞布"（Weiss，Gruber，1984：225 – 247）。第二，在很大程度上，由于存在狭隘的概念焦点，知识的政治用途通常被描述为仅仅是象征性的姿态，并与"有选择性地且经常扭曲地"使用分析信息的政治行为联系在一起（Knorr，1977：171）。第三，对知识的政治用途的任何定义，如果只是指出了知识的用途是对预先确定的政策立场的事后合理化，那么作为定义特征，就会缩小分析的范围，妨碍对现象进行任何有意义的调查。第四，对知识的政治用途的更具反思性的概念化包括分析信息对政策选择的权威性和控制情况。这种概念化表明，知识使用的条件和机制和已有文献所描述的条件和机制有很大的不同，对政策进程的影响也有所不同。

（2）政策过程中的两种知识效应。第一，知识蔓延（Knowledge Creep）。知识蔓延指新的信息和想法渗透到人们的意识中，改变了问题的框架和替代方案的设计方式（Weiss，1980：381 – 404）。知识蔓延的形成基于对知识影响政策选择的方式的修正理解，其强调的是概念上而不是工具上的知识使用。基线假设是，政策知识可以用来挑战既定的政策权威结构，按照政策权威的可竞争边界重新构建的知识比其他类型的知识更有可能进入政策过程。第二，知识转移（Knowledge Shift）。当政策权力被重新分配给新的决策机构时，冲突的信息进入政策过程。以这种方式影响政策选择的概念知识被更准确地描述为知识转移，而不是知识蔓延。在这种情况下，以前决策的信息基础被新的知识库所取代，现有的政策制度也被取代。因此，相互冲突的知识没有被纳入现有的政策结构，而是在取代这些结构方面发挥了重要作用。在给定的政策体系中，更开放和更分散的政策权威被组织起来，因此这两种类型的知识效应似乎更有可能出现。

总　结

知识效用和研究效用告诉我们，政策科学家既要考虑研究的学术价值，也要考虑研究效用和知识效用；不但要考虑科学知识，而且要重视普通知识，还要妥善处理学术与解决问题的辩证关系。如果一项研究能把学术研究与服务于政策制定和解决实际问题有效地结合起来，那就再理想不过了。

参考文献

Blum, S., Brans, M. (2017). Academic Policy Analysis and Research Utilization in Policymaking. In Brans, M., Geva-May, I., Howlett, M. (eds.). *Routledge Handbook of Comparative Policy Analysis*. New York: Routledge.

Boswell, C., Smith, K. (2017). Rethinking Policy "Impact": Four Models of Research-Policy Relations. *Palgrave Communications*, 3 (1).

Bulmer, M. (1981). Applied Social Research: A Reformulation of "Applied" and "Enlightenment" Models. *Science Communication*, 3 (2).

Bulmer, M. (1982). *The Uses of Social Research-Social Investigation in Public Policymaking*. London: Allen & Unwin.

Caplan, N. (1979). The Two Communities Theory and Knowledge Utilization. *American Behavioral Scientist*, 22 (3).

Collier, K., Brand, M., N, P. (2019). Models of Enterprise Intelligence. Thoughtworks, Inc.. https://www.thoughtworks.com/insights/articles/intelligent-enterprise-series-models-enterprise-intelligence.

Crewe, E., Young, J. (2002). *Bridging Research and Policy: Context, Evidence and*

Links. ODI Working Paper 173, Overseas Development Institute, London. https://cdn. odi. org/media/documents/184. pdf.

Daviter, F. (2015). The Political Use of Knowledge in the Policy Process. *Policy Sciences*, 48 (4).

Gunnell, J. G. (1976). Social Scientific Knowledge and Policy Decisions: A Critique of the Intellectualist Model. In Gregg, P. M. (ed.). *Problems of Theory in Policy Analysis*. Lexington, MA: Lexington Books.

Huberman, M., Thurler, G. (1991). *De la recherche à la pratique*. Éléments de base, Bern, Peter Lang SA, Éditions scientifiques européennes.

Janowitz, M. (1969). Sociological Models and Social Policy. *ARSP: Archiv für Recht-sund Sozialphilosophie / Archives for Philosophy of Law and Social Philosophy*, 55 (3).

Jennings, B. (1983). Interpretive Social Science and Policy Analysis. In Callahan, D., Jennings, B. (eds). *Ethics, The Social Sciences, and Policy Analysis*. New York: Plenum Press.

Jones, A., Seelig, T. (2004). *Understanding and Enhancing Research Policy Linkages in Australian Housing: A Discussion Paper*. AHURI Positioning Paper No. 75, Australian Housing and Urban Research Institute Limited, Melbourne. https://www. ahuri. edu. au/research/position-papers/75.

Knorr, K. D. (1977). Policymakers' Use of Social Science Knowledge—Symbolic or Instrumental. In Weiss, C. H. (ed.). *Using Social Research in Public Policy Making*. Lexington: Lexington Books.

Knott, J., Wildavsky, A. (1980). If Dissemination Is the Solution, What Is the Problem? *Knowledge: Creation, Diffusion, Utilization*, 1 (4).

Landry, R., Amara, N., Lamari, M. (2001). Climbing the Ladder of Research Utilisation: Evidence from Social Science Research. *Science Communication*, 22 (4).

Larsen, J. K. (1980). Review Essay: Knowledge Utilization: What Is It? *Science Communication*, 1 (3).

Lynn, L. E. Jr. (1978). The Question of Relevance. In Lynn, L. E. Jr. (ed.). *Knowledge and Policy: The Uncertain Connection*. Washington, DC: The National Academies Press.

Prewitt, K., Schwandt, T. A., Straf, M. L. (eds.) (2012). *Using Science as Evidence in Public Policy.* Washington, DC: The National Academies Press.

Rich, R. F. (1997). Measuring Knowledge Utilization: Processes and Outcomes. *Knowledge and Policy: The International Journal of Knowledge Transfer and Utilization,* 10 (3).

Stone, D. (2002). Using Knowledge: The Dilemmas of "Bridging Research and Policy". *Compare,* 32 (3).

Weiss, C. H. (1977). Research for Policy's Sake: The Enlightenment Function of Social Research. *Policy Analysis,* 3 (4).

Weiss, C. H. (1979). The Many Meanings of Research Utilization. *Public Administration Review,* 39 (5).

Weiss, C. H. (1980). Knowledge Creep and Decision Accretion. *Knowledge: Creation, Diffusion and Utilization,* 1 (3).

Weiss, J. A., Gruber, J. E. (1984). Using Knowledge for Control in Fragmented Policy Arenas. *Journal of Policy Analysis and Management,* 3 (2).

Wilensky, H. L. (1997). Social Science and the Public Agenda: Reflections on the Relation of Knowledge to Policy in the United States and Abroad. *Journal of Health Politics, Policy and Law,* 22 (5).

Williams, W. (1971). *Social Policy Research and Analysis: The Experience in the Federal Social Agencies.* New York: Elsevier.

图书在版编目（CIP）数据

政策科学的理论建设 / 李兵，岳经纶主编. -- 北京：
社会科学文献出版社，2023.8
ISBN 978 - 7 - 5228 - 2184 - 9

Ⅰ.①政⋯　Ⅱ.①李⋯ ②岳⋯　Ⅲ.①政策科学
Ⅳ.①D035 - 01

中国国家版本馆 CIP 数据核字（2023）第 141224 号

政策科学的理论建设

主　　编 / 李　兵　岳经纶

出 版 人 / 冀祥德
组稿编辑 / 恽　薇
责任编辑 / 孔庆梅
责任印制 / 王京美

出　　版 / 社会科学文献出版社 · 经济与管理分社（010）59367226
　　　　　　地址：北京市北三环中路甲 29 号院华龙大厦　邮编：100029
　　　　　　网址：www. ssap. com. cn
发　　行 / 社会科学文献出版社（010）59367028
印　　装 / 三河市尚艺印装有限公司

规　　格 / 开　本：787mm × 1092mm　1/16
　　　　　　印　张：16　字　数：232 千字
版　　次 / 2023 年 8 月第 1 版　2023 年 8 月第 1 次印刷
书　　号 / ISBN 978 - 7 - 5228 - 2184 - 9
定　　价 / 98.00 元

读者服务电话：4008918866